Theodor Breysig

Jahrbücher des fränkischen Reiches, 714-741

Die Zeit Karl Martells

Theodor Breysig

Jahrbücher des fränkischen Reiches, 714-741
Die Zeit Karl Martells

ISBN/EAN: 9783743669413

Hergestellt in Europa, USA, Kanada, Australien, Japan

Cover: Foto ©ninafisch / pixelio.de

Weitere Bücher finden Sie auf **www.hansebooks.com**

Jahrbücher
der
Deutschen Geschichte.

AUF VERANLASSUNG
UND MIT
UNTERSTÜTZUNG
SEINER MAJESTÄT
DES KÖNIGS VON BAYERN
MAXIMILIAN II.

HERAUSGEGEBEN
DURCH DIE
HISTORISCHE COMMISSION
BEI DER
KÖNIGL. ACADEMIE DER
WISSENSCHAFTEN.

Leipzig,
Verlag von Duncker und Humblot.
1869.

Jahrbücher des fränkischen Reiches.
714—741.

Die Zeit Karl Martells

von

Theodor Breysig.

AUF VERANLASSUNG
UND MIT
UNTERSTÜTZUNG
SEINER MAJESTÄT
DES KÖNIGS VON BAYERN
MAXIMILIAN II.

HERAUSGEGEBEN
DURCH DIE
HISTORISCHE COMMISSION
BEI DER
KÖNIGL. ACADEMIE DER
WISSENSCHAFTEN.

Leipzig,
Verlag von Duncker und Humblot.
1869.

Dem

Herrn Geheimen Ober-Regierungs-Rathe

Dr. Ludwig Wiese

in dankbarer Verehrung gewidmet.

Vorwort.

An die Anfänge des karolingischen Hauses, dem ersten Abschnitte der Einleitung zu der Geschichte des fränkischen Reiches unter den Karolingern, schließt sich vorliegender Band als die erste Fortsetzung an. Es war jedoch schon möglich, der Aufgabe, welche für die Jahrbücher des deutschen Reiches gestellt ist, die Thatsachen den Jahren nach genau zu trennen, mehr als bei der Geschichte der ersten Pippiniden zu genügen. Nur widerstrebend zwar fügt sich die gewaltige Gestalt Karl Martells in diese Zerlegung ihrer Thätigkeit; doch es entspricht die annalistische Darstellung der ursprünglichen Aufzeichnungsweise der Ereignisse in jener Zeit und unterstützt die kritische Untersuchung des dürftigen Materials.

Aeußerst kurze Angaben über die Ereignisse in den einzelnen Jahren, geschrieben von Mönchen mit sehr engem Gesichtskreise, kleine Chroniken, in denen schon die dynastischen Parteiinteressen den Thatsachen ihre Farbe verleihen, Klostergeschichten und Lebensbeschreibungen einiger Heiligen, in denen die allgemeine politische Geschichte nur sehr geringe Beachtung findet, nebst wenigen Urkunden und Briefen sind der Stoff, aus denen die Geschichte Karl Martells entnommen werden muß.

Je dürftiger das geschichtliche Material ist, desto mehr ladet es zu künstlicher Combination ein, um den Personen und Thatsachen eine kunstvolle Gestaltung zu geben; doch dieser verführerische Weg liegt der Aufgabe der Jahrbücher fern, und der Verfasser des vorliegenden Bandes zieht es vor, die Geschichte der Jahre 714—741 nach möglichst gesicherten Grundlagen einfach zu erzählen, als die Anzahl der schon vorhandenen glanzvollen, aber unkritischen Darstellungen zu vermehren.

Kulm an der Weichsel, Mai 1869.

Theodor Breysig, Dr. phil.,
Oberlehrer am Königl. Cadettencorps.

Inhalt.

Seite

Erstes Capitel. Einleitung. Die Mitglieder des Pippinischen Hauses im Jahre 714 . . . . 1—10

Die Enkel des Majordomus Pippin: Söhne Drogos von der Champagne 2—4. Arnulf 3. Hugo, Arnold, Drogo 4. Sohn Grimoalds, Theudald 5. Plektrud, Gemahlin Pippins 6. Chalpaida, Mutter Karls 7. Karls Geburt und Taufe 7—8. Gemahlin Karls Chrotrud 9. Söhne Karls, Karlomann und Pippin 9—10. Tod des Majordomus Pippin 10.

Zweites Capitel. 715. Ausbruch der Feindschaft Plektruds gegen Karl. — Kampf der Neustrier gegen die Pippiniden. — Angriffe der Nachbarvölker, der Sachsen und Friesen . . 11—20

Karls Gefangenschaft 12. Erhebung der Neustrier gegen die Pippiniden 12. Sieg der Gegner Plektruds und Theudalds im forêt de Cuise 13. Raganfred, Majordomus in Neustrien 14. Angriff auf Austrasien 14. Ratbod, Herzog der Friesen, im Bunde mit den Neustriern 15. Angriff der Sachsen auf Austrasien 15. Kriegszug des Bischofs von Auxerre, Savaricus; sein Nachfolger Haimmar 16. Karls Flucht aus der Gefangenschaft 17. Tod des Königs Dagobert; sein Sohn Theoderich ins Kloster Chelles gebracht 17—18. Wahl des Geistlichen Daniel zum König Chilperich durch die Neustrier 19—20.

Drittes Capitel. 716—719. Karls Kämpfe gegen die Neustrier und deren Verbündete, Ratbod, den Friesenherzog, und Eudo, Herzog von Aquitanien. — Karls Siege über Plektrud und über die Neustrier. — Karl, alleiniger Majordomus des Königs Chilperich . . . . 21—32

Im Jahre 716. Kämpfe Karls gegen König Chilperich und Herzog Ratbod 21—22. Karl, von Ratbod bei Cöln geschlagen, flieht 22. Ratbod und Chilperich vor Cöln 23. Plektrud macht mit ihnen Friede, Ratbods Rückkehr 23—24. Wynfrith in Friesland 24. König Chilperich bei Ambleve von Karl geschlagen 24. Karl in Auster mächtig 25. Absetzung des Abtes Benignus durch Raganfred 25.

Im Jahre 717. Schlacht bei Vincy 25—26. Karl entsetzt Rigobert, Bischof von Reims, belohnt seine Parteigänger; Milo, Bischof von Trier und Reims 26—28. Karl vor Cöln gegen Plektrud, deren Unterwerfung 28. Wahl des Königs Chlothar durch Karl 29.
Im Jahre 718. Krieg gegen die Sachsen 29.
Im Jahre 719. Eudo, Herzog von Aquitanien, Bundesgenosse Chilperichs. Ratbods Tod 30. Karl siegt bei Soissons über die Neustrier 31. Karl in Paris und Orleans, Chilperich von Eudo entführt, König Chlothar stirbt, Chilperich von Karl anerkannt 32.

Viertes Capitel. 720—723. Angriff der Araber auf das merovingische Reich. — Sieg Eudos bei Toulouse. — Wirksamkeit Wynfriths (Bonifaz) in Friesland und Deutschland östlich vom Rhein. — Karl, Schutzherr der Christianisirung daselbst. — Innere Unruhen . . . . 33—48

Im Jahre 720. Karls Vertrag mit Eudo. Chilperich freigelassen 33. Einfall der Araber in Aquitanien, sie belagern Toulouse. Angriff der Sachsen 34—35. Aenderungen in Friesland. Wynfriths (Bonifaz) erste Wirksamkeit daselbst 35—36. Karl, Schutzherr der christlichen Kirche in Friesland 36. S. Gallen. Tod Chilperichs. Wahl Theoderichs 37—38.
Im Jahre 721. Sieg Eudos bei Toulouse über die Araber 39.
Im Jahre 722. Wiederaufrichtung des Bischofsitzes in Utrecht 40. Wilbrord und Wynfrith in Friesland. Wynfrith in Hessen 41. Wynfrith in Rom, seine Bischofsweihe und Namen Bonifatius 42—43. Papst Gregor II. und Karl 43. Thüringen unter Karl. Kriegszug gegen Norden 44.
Im Jahre 723. Karls Stellung zu seinen Stiefneffen 45. Karl erkrankt. Aufstand Ragaufreds 46. Bonifaz am Hofe Karls 47—48. Bonifaz in Geismar 48.

Fünftes Capitel. 724—730. Karls Unternehmungen gegen Bayern und Alamannien . . . . 49—60

Im Jahre 724. Gregor II. sucht bei Karl Unterstützung gegen einen ungehorsamen Bischof 49. Zustände in Alamannien. Sachsenkrieg 50—51.
Im Jahre 725. Zustände in Bayern 51. Kirchliche Verhältnisse unter Herzog Theodo II. 52. Herzog Hucbert. Karl in Bayern siegreich. Bilitrud und Swanahild gefangen 52—54. Chrotrud stirbt. Swanahild wird Karls Concubine 54.
Im Jahre 726. Karls letztes Geschenk an Wilbrord 55.
Im Jahre 727. Herzog Lanfrid in Alamannien. Pirmin 55—56.
Im Jahre 728. Karl zum zweiten Male in Bayern 56. Neue Recension des bayrischen Gesetzes 57—58.
Im Jahre 729. Revision des alamannischen Gesetzes durch Herzog Lanfrid 58—59.
Im Jahre 730. Karl zieht gegen Herzog Laufrid. Tod des Herzogs 59. Herzog Theutbald. Karls Verhältniß zu Alamannien 60.

Inhalt.

Seite

Sechstes Capitel. 731—732. Karls Sieg über Eudo und die Araber. — Schlacht bei Poitiers . . . . 61—71

Im Jahre 731. Angriff der Araber auf Septimanien 61—62. Verbindung Eudos mit Othmân 63. Dessen Untergang 64. Eudos Aufstand gegen Karl 64. Karls Sieg 65. Raganfred stirbt 65.

Im Jahre 732. Abdérâman, Statthalter von Spanien, zieht gegen Eudo und besiegt ihn 66. Karls Kampf gegen die Araber. Schlacht bei Poitiers. Flucht der Araber. Eudos Unterthänigkeit 67—69. Karls Gewaltthätigkeit gegen Eucherius, Bischof von Orleans 70—71.

Siebentes Capitel. 733—736. Karls Siege über Burgunder, Friesen und die Söhne Eudos . . . . 72—78

Im Jahre 733. Karl in Burgund 72. Karls erster Zug gegen den Friesenherzog Bobo 73.

Im Jahre 734. Karls zweiter Zug gegen Bobo und Besiegung der Friesen 73—74. Verbreitung des Christenthums in Friesland 74.

Im Jahre 735. Ueberlieferung der Stadt Arles an die Araber durch eine Partei in Burgund 75. Eudos Tod. Karl unterwirft sich Aquitanien 75.

Im Jahre 736. Karls Kampf mit den Söhnen Eudos 76—77. Karls Anordnungen in Burgund 77—78.

Achtes Capitel. 737. Karl regiert ohne König. — Sieg über Herzog Mauroutus in der Provence und über die Araber. — Schlacht an dem Flüßchen Berre . . . . 79—84

König Theoderich stirbt 79—80. Aufstand in der Provence. Kampf gegen Mauroutus und die Araber 80—81. Erstürmung Avignons. Belagerung von Narbonne 82. Schlacht an dem Flüßchen Berre 83. Bestrafung der Verbündeten der Araber 84.

Neuntes Capitel. 738—741. Karls Sieg über die Sachsen. — Vertreibung des Herzogs Mauroutus. — Bonifaz' Wirksamkeit in Bayern. — Gesandtschaft Gregors III. und der Römer an Karl. — Reichstheilung unter Karls Söhne Karlomann und Pippin. — Karls Tod . . . . . . 85—103

Im Jahre 738. Sachsenkrieg 85—86.

Im Jahre 739. Einfall der Araber in die Provence mit Hülfe Liutprands beseitigt 86. Aufstand in der Provence durch Childebrand und Karl besiegt. Mauroutus vertrieben 87. Wido, Verwandter Karls, als Verschwörer hingerichtet. Ragenfrid, Bischof von Rouen, wird Abt zu S. Wandrille 88. Huebert, Herzog von Bayern, stirbt. Odilo folgt 89. Kirchliche Einrichtungen in Bayern durch Bonifaz 89—90. Wilbrord stirbt 91. Papst Gregor III. sucht Hülfe bei Karl gegen die Langobarden, sendet eine Gesandtschaft 91—94. Karls Vermittlungsversuche 94—95.

Erstes Kapitel. Einleitung.

Die Mitglieder des Pippinischen Hauses im Jahre 714.

Der Tod des Fürsten oder Staatsmannes, dessen Geist die Regierung eines Volkes unter schwierigen Verhältnissen kraftvoll mit Glück leitete, ist zu allen Zeiten für das Schicksal der betreffenden Staaten von weitreichendem Einflusse gewesen; so stellte auch im fränkischen Reiche der Tod Pippins, des Herzogs von Austrasien und Hausmeiers Königs Dagobert III. am 16. December 714[1]) den endlich wiedergewonnenen innern Frieden und die Einheit in der Regierung gänzlich in Frage. Die Persönlichkeit der übrigen Pippiniden und ihre Familienzwistigkeiten führten zu den Verwirrungen, welche im Jahre 715 das fränkische Reich aufs neue erschütterten.

Die Hoffnungen, zu denen der alternde[2]) Pippin durch die Regierungsfähigkeit seiner Söhne aus der Ehe mit Plektrud, Drogo und Grimoald,[3]) berechtigt wurde, nämlich in Austrasien die herzogliche Gewalt, in Neustrien die Majordomuswürde in seinem Geschlechte unbestritten vererben zu können, wurden durch den unerwarteten Tod beider Söhne vernichtet. Es starb leider der älteste Sohn Drogo, Herzog von Campanien,[4]) (Champagne) im Jahre 708 an

---

[1]) Gesta regum Francorum cap. 51., Bouquet Recueil des historiens des Gaules et de la France tom. II. pag. 571. Fredegarii Scholastici chronicon continuatum cap. 104. Bouquet l. c. II. p. 453. Annales Nazariani ad ann. 714, Pertz. Mon. Germ. SS. I, p. 22 cf. Ann. Mosellani l. c. SS. XVI, p. 494., Ann. Lauresshamenses, Alamannici. l. c. I, p. 22.; Ann. Tiliani und S. Amandi, Petaviani l. c. p. 6. Ueber das Verhältniß der Quellen zu einander siehe Excurs I.
[2]) Pippin starb etwa 81 Jahre alt; vergl. Bonnell, Anfänge des karolingischen Hauses. 1866. pag. 184. Excurs VIII.
[3]) Gesta Franc. c. 48: ex ipsa (sc. Plectrude) genuit filios duos, nomen maioris Drocus et nomen minoris Grimoaldus. cf. Fred. cont. c. 100.
[4]) Fälschlich überliefern die späten Annales Mettenses, Pertz Mon. Germ. hist. SS. I, p. 321, daß Drogo zum Herzog von Burgund von Pippin eingesetzt sei; vergl. Bonnell, l. c. p. 174. Excurs VII.

einem Fieber; der jüngere Grimoald, der fromme, bescheidene und gerechte Majordomus ¹) von Neustrien, wurde im Jahre 714, als er zu Lüttich in der Kirche des heiligen Lambert betete, von einem Friesen ermordet. ²) Unter diesen Verhältnissen war eine unruhige Zukunft zu fürchten; denn die Nachkommen jener in der Regierung der Neustrier wohlerprobten Männer, die Enkel Pippins, waren nicht im Stande, ihre Väter in den Staatsämtern zu ersetzen.

Herzog Drogo hinterließ vier Söhne: Arnulf, Hugo, Arnold, Drogo. ³) Bei dem Tode seines Vaters, im Frühjahre 708, war Arnulf etwa vierzehn Jahre alt, da die Verheirathung Drogos mit Adaltrud, der Tochter des einstigen neustrischen Hausmeiers Waratto, Wittwe des ermordeten Berchar, der ebenfalls Majordomus in Neustrien gewesen war, ⁴) sehr wahrscheinlich in das Jahr 693, spätestens 696 gesetzt werden muß. Auf dem Placitum nämlich, das König Childebert III. zu Compiegne am 14. März 697 hielt, wurde über das Eigenthumsrecht Drogos, der die villa Nocitum (Noisy für Oise) als einen Theil der Mitgift seiner Gemahlin Adaltrud in Besitz genommen hatte, und den Ansprüchen des Abtes vom Kloster Thunsonis-vallis (Taffonval im Gau Chambly) Magnoald auf dasselbe Gut zu Gunsten des letzteren entschieden. ⁵) Da es sich wohl annehmen

---

¹) Von dem neustrischen Verfasser der Gesta reg. Franc. (siehe Excurs I. Ueber die Zuverlässigkeit der Annalen und Chroniken) wird er c. 50 so genannt: erat ipse Grimoaldus maiordomus pius, modestus et iustus. cf. Fred. cont. c. 101.
²) Gesta Franc. c. 50. vergl. Bonnell l. c. p. 129—130.
³) In gefälschten Urkunden werden noch Godefred und Pippin als Söhne Drogos genannt cf. Cointius, annales ecclesiastici tom. IV. p. 456—460; Bréquigny diplomata, chartae etc. ad res Francicas spectantia ed. Pardessus tom. II, p. 275—276. num. 469 und 493.
⁴) Gesta abbatum Fontenellensium c. 8. Mon. Germ. SS. II, 280 nennen die Gemahlin Drogos, Adaltrud, Tochter des Majordomus Waratto und Ansfled; letztere wird auch Gest. Franc. c. 48 die Gemahlin Warattos genannt. Dieser Angabe fügt Fred. cont. c. 99 hinzu: eius gener, nomine Bercharium, honorem maioris domus palatii suscepit. Die Ann. Mettenses, welche mit dem Gest. abb. Fontan. dieselbe Quelle benutzen (siehe Excurs I), sagen zum Jahre 693. Mon. Germ. SS. I, p. 321: igitur Drogonem, primogenitum suum, ducem posuit Burgundionum, tradens sibi uxorem Anstrudem, filiam Warattonis quondam illustris maioris domus, derelictam Bertarii, qui de Textriaco proelio — aufugerat nec multo post a suis interfectus est. Da in den Gestis abb. Font. Adaltrudis steht, so ist Anstrudis sicherlich nur eine Corruption des Namens, und es ist nicht auf diese Verschiedenheit der Namen, wie es Eckhart commentarii de rebus Franc. orient. I, p. 287 thut, eine Genealogie zu gründen, nach der Austrud eine Tochter Adaltruds und Berchars sei. Der Zusatz in den Ann. Mettenses l. c. derelicta Bertarii hat wahrscheinlich schon in der alten Quelle, der Umarbeitung des Fredeg. cont. gestanden. Das Diplom über das Placitum zu Compiegne im Jahre 697 Breq-Pard. l. c. tom. II, p. 241. u. 440 widerspricht diesen Angaben der Gest. abb. Font. und Ann. Mettenses, da es Berchar als Schwiegervater Drogos nennt. Doch ist in ihm eher der Fehler, der vielleicht nur durch die Glosse eines Abschreibers zu Drogo, durch die Worte „eo quod socer suos" entstanden ist, zu suchen als in den oben angegebenen Annalen. Vergl. Bonnell l. c. p. 127, n. 6.
⁵) Breq-Pardess. l. c. tom. II, p. 241 u. 440. Die Verhältnisse, unter wel-

läßt, daß die Ansprüche des Klosters gegen die ungerechtfertigte Besitznahme bald nach Drogos Heirath geltend gemacht worden seien, so ist diese vor das Jahr 697, also spätestens 696 zu setzen, und weil der Metzer Annalist die Zahl 693 als das Jahr der Heirath angiebt,¹) so ist kein Grund, diese zu verwerfen; es war demnach Arnulf im Jahre 714 etwa zwanzig Jahre alt. Es ist jedoch keine Nachricht vorhanden, nach der dieser älteste Enkel Pippins ein Staatsamt bekleidet habe; ja ihm scheint nach dem Tode seines Vaters Drogo sein jüngerer Bruder Hugo bei der Erbtheilung vorgezogen zu sein.²) In der einzigen echten Schenkungsurkunde, in der er im Jahre 716 dem Kloster Echternach sein gesetzmäßiges Erbtheil an dem Gute Bollum-villa (Bollendorf) übergiebt, nennt er sich ohne nähere Bezeichnung dux.³) Erst im Jahre 723 tritt er bei einer Verschwörung gegen Karl hervor; zur Vertheidigung seiner Ansprüche auf die Nachfolge in dem Amte seines Großvaters war er Karl gegenüber sicherlich unfähig.

Der zweite Sohn Drogos, Hugo, nahm aber noch bei Lebzeiten Pippins eine Richtung des Geistes und Berufes, die ihn für die Verwaltung weltlicher Aemter, zu denen kriegerische Fähigkeiten und Neigung erforderlich waren, ungeeignet machte. Seine Großmutter Ansfled, eine Frau von vornehmer Geburt, entschlossen, einsichtsvoll und dem kirchlichen Leben geneigt, fand ihre Freude darin, die Erziehung dieses Enkels zu leiten.⁴) Er war, wie es sein Leben zeigt, der fähigste der Enkel Pippins.

Ansfled selbst hatte die schlimmen Zeiten der inneren Kämpfe unter Ebruin erlebt, hatte als Gattin des neustrisch-burgundischen Majordomus Waratto die verabscheuungswürdige Erhebung ihres Sohnes Gislemar gegen seinen Vater miterlitten; sie sah ihn gottloses Spiel mit heiligen Eiden treiben und fand ihn taub gegen die Vorstellungen und Ermahnungen der ehrwürdigsten Diener der Kirche.⁵) Durch den Leichtsinn ihres Schwiegersohnes Berchar, des Nachfolgers ihres trefflichen Gemahls im Majordomusamte, hatte Ansfled den Sturz der neustrischen Macht und ihres eignen Geschlechtes durch die Schlacht bei Tertry⁶) herannahen gesehen. Ent-

---

chen das Gut an Drogo gelangte, da es 692 dem Kloster S. Denis zufällt, sind sehr dunkel. cf. Bonnell l. c. p. 127.
¹) Ann. Mettenses l. c. p. 321. Compilatio Vedastina fol. 72, anno 695: Pipinus Drogonem primogenitum suum ducem posuit Burgundionum, tradens illi uxorem Anstrudem, filiam Waratonis, quondam majoris domus regis Hildrici. Siehe Excurs I. p. 115.
²) Gest. abb. Fontan. c. 8. berichten, daß Hugo seinem Vater Drogo in der weltlichen Macht gefolgt sei.
³) Breq-Purd. tom. II, p. 308 n. 502 cf. n. 469.
⁴) Gest. Franc. c. 48. matrona nobilis ac ingeniosa, nomine Ansfledis. Fred. cont. c. 99. nobilis et strenua. Gest. abb. Fontan. c. 8. l. c. p. 281. denique praedicta religiosa et strenua matrona Ansfledis, avia sua, derelicta Warattonis et nutriendum susceperat ipsum Hugonem cf. Ann. Mett. c. l. p. 321.
⁵) Gesta Franc. c. 47. cf. Fred. cont. c. 98. vergl. Bonnell l. c. p. 124.
⁶) Die Form Tertry statt Testri nach Bonnell. l. c. p. 125.

schlossen hatte sie die Ermordung ihres Schwiegersohnes Berchar betrieben[1]) und im Jahre 693 durch Verheirathung ihrer Tochter Adaltrud, der Wittwe Berchars, mit dem Herzog Drogo sich an die Familie des austrasischen Herzogs und Regenten des fränkischen Reiches enge angeschlossen. In ihrem Enkel Hugo erweckte sie durch stete Ermahnungen, alles Irdische zu verachten und nur das Reich Gottes männlich sich zu erkämpfen, die Lust und den Willen, sich mit ganzer Seele dem Dienste der Kirche hinzugeben. Er lag mit solchem Eifer dem Studium der kirchlichen Wissenschaften ob, daß er später unter seinen Zeitgenossen durch Kenntnisse und kirchlichen Sinn hervorleuchtete.[2]) Er wurde, etwa 18 Jahre alt, frühstens in den letzten Monaten des Jahres 713 Geistlicher, da er noch am 21. Juli desselben Jahres Laie war, wie aus der Schenkung, die er aus seinen Erbgütern dem Abte des Klosters S. Wandrille oder Fontanellum Benignus machte, hervorgeht.[3])

Die noch übrigen Söhne Drogos, Arnold und Drogo, waren im Jahre 714 etwa siebzehn und fünfzehn Jahre alt, da, wie oben gezeigt ist, ihr ältester Bruder Arnulf 20 Jahre zählte.[4])

Unter solchen Verhältnissen war es Pippin nicht möglich gewesen, aus der Nachkommenschaft Drogos für diesen tüchtigen Mann Ersatz zu finden; der unerwartete Tod seines Sohnes Grimoald, der letzten sicheren Stütze für die Aufrechterhaltung des Einflusses, welchen das Pippinische Geschlecht im fränkischen Reiche erlangt hatte, setzte den kränkelnden Pippin in die größte Verlegenheit, zumal die Nachkommenschaft Grimoalds nicht die geringste Hoffnung bot, den Vater in Neustrien zu ersetzen.

Grimoald war mit Teutsinda, Tochter des Friesenherzogs Ratbod, verheirathet;[5]) Kinder aber, die ihm aus dieser Ehe hervorgegangen wären, sind nicht bekannt. Von einer Beischläferin dagegen war ihm Theudalb geboren,[6]) der im Jahre 714 wahrscheinlich erst sechs Jahre alt war.[7])

---

[1]) Gesta Franc. c. 48. Bertharius — interfectus est instigante Ansflede. Fred. cont. c. 100 fügt hinzu: socru sua.
[2]) Gest. abb. Fontanell. c. 8. Mon. Germ. SS. II, p. 281.
[3]) l. c. hic namque vir venerandus Hugo, dum adhuc laicus foret, largitus est Benigno —. Facta est haec largitio a. d. XI. Cal. Jul. anni tertii Dagoberti regis, ab anno incarnationis 713, ind. XII. Die Indiktion ist falsch angegeben, denn die 12. begann erst am 1. September 713.
[4]) Vergl. Seite 3.
[5]) Gest. Franc. c. 50: habebat tum Grimoaldus uxorem in matrimonio, nomine Theotsindam, filiam Ratbodi, ducis gentilis. Die für die Chronologie ganz unzuverlässige Compilatio Vedastina fol. 73 setzt die Heirath ins Jahr 711: Grimoaldus filius pipini filiam rabodonis ducis Frisionum duxit uxorem. cf. Bonnell, l. c. p. 129.
[6]) In der Schenkungsakte Pippins und Plektrudes vom 2. März 714. Breq.-Pard. tom. II, p. 298 u. 490, wird den Mönchen der cella Suestra die Bedingung gestellt, daß sie den Geschenkgebern treu bleiben sollten oder filio nostro Grimoaldo et filiis suis vel filiis Drogonis, nostris nepotibus. Die hier bezeichneten filii Grimoaldi sind wohl auf die noch zu erwartenden Nachkommen zu beziehen; den Quellen ist nur ein Sohn, Theubalb, bekannt cf. Gest. Franc. c. 49: genuit filium ex concubina Theudaldum nomine cf. Fred. cont. c. 102.
[7]) Da die Gesta Franc. l. c. die Geburt Theubalbs gleichzeitig mit dem

Dennoch entschied sich Pippin, sicherlich damit die Erblichkeit des Majordomusamtes in seiner Familie begründet werde, für Theubalds Erhebung zum Majordomus; die Neustrier gehorchten.[1]

Für wie gesichert mußte Pippin die Macht seines Geschlechtes halten, daß er den bisher unerhörten Schritt wagte! Was nur das Vorrecht der Könige war, ihre Würde dem unmündigen Sohne zu vererben, der dann unter der Vormundschaft des nächsten Verwandten oder der königlichen Wittwe aufwuchs, während sie selbst die Vollziehung der Regierungsgeschäfte dem Majordomus überließ, einem Manne, auf dessen erprobte Kraft sie und die Mehrheit des Volkes Vertrauen setzte;[2] eben dieses Recht nahm jetzt Pippin in Betreff des Majordomates für seine Familie in Anspruch. Er selbst war noch der Vormund des Königs Dagobert, der in den ersten Jahren des Jünglingsalters stand;[3] er war zugleich der natürliche Vormund seines Enkels Theubald, des sechsjährigen Majordomus von Neustrien. Da Alter und Kränklichkeit Pippin an den nahen Tod mahnten, so mußte er für den Fall seines Ablebens die Bestimmungen treffen, nach denen die Regierung zum Nutzen seiner Familie fortgeführt werden sollte. Bei der Persönlichkeit seiner Enkel lag der Gedanke, seine Gemahlin Plektrud zur Regentin zu machen, nicht fern; doch ist, wenn diese auch nach dem Tode Pippins die Zügel der Regierung ergriff, keine Andeutung in den Schriftstellern vorhanden, daß dies auf Anordnung des Majordomus geschehen sei.

Plektrud stammte aus einer reichen vornehmen Familie;[4] ihr Vater hieß Hugobert;[5] möglicherweise derselbe, welcher am Hofe Chlodwigs im Jahre 693 als Seneschalk[6] genannt wird, oder jener, der als comes palatii Childeberts III. im Jahre 697 bekannt ist,[7] wenn nicht beide Aemter ein und derselben Person zuzuschreiben sind. Zwischen den Jahren 670—675 hatte Pippin Plektrud geheirathet,[8]

Tode Drogos anführen: sub idem vero tempus Drogus defunctus est, so ist er 708 geboren. Auch sagt Fred. cont. c. 104 Theudoaldus, filius eius parvulus, maiordomus effectus est. Wenn dagegen Bonnell l. c. p. 130 not. 9. das Alter Theubalds im Jahre 714 auf 25 Jahre schätzt, ohne einen Grund anzugeben, als daß der unzuverlässige Meyer Annalist Mon. Germ. SS. tom. I, p. 322 ihn „infantulus" nennt, so ist seine Meinung sehr hinfällig.

[1]) Gesta Franc. c. 50: Theodoaldum vero filium eius iubente Pippino avo in aula regis honore patris sublimem statuunt. cf. Fred. cont. c. 104.
[2]) Vergl. G. Waitz, Deutsche Verfassungsgeschichte Th. II, p. 111 und 112 cf. Gest. Franc. c. 45 und Fred. Schol. c. 79.
[3]) Gest. abb. Fontanell. c. 7. Mon. Germ. SS. II, p. 280. Excerpt einer Schenkungsurkunde vom Jahre 711 „anno I Dagoberti iuvenculi regis".
[4]) Gest. Franc. c. 48. uxor nobilissima. cf. Fred. cont. 100. Ihr Reichthum geht aus den vielen Schenkungen an Kirchen und Erbauung von Klöstern auf ihren Gütern hervor.
[5]) Filia Hugoberti quondam Breq-Pard. n. 467, 468, 490 tom II, p. 273, 274, 298.
[6]) Chugoberthus, im placitum zu Valenciennes l. c n. 431, tom. II, p. 229.
[7]) Hocioberthus, placitum zu Compiegne l. c. num. 440, tom. II, p. 241 cf. Eckhart, commentarii de reb. Franc. orient. I, 286.
[8]) Im Jahre 693 war, wie oben Seite 3 gezeigt worden ist, schon der älteste Sohn Drogo verheirathet, ist also wohl schon 675 geboren.

zu einer Zeit, in der seit den Kämpfen zwischen Fredegunde und Brunhild die gesetzlosesten Verhältnisse aufs neue in Neustrien die Herrschaft erlangt hatten, das Ansehn der Könige und der Hausmeier schnellem Wechsel unterworfen wurde. Der Leichtsinn Königs Chil=
berich, die Gewaltthätigkeiten des Majordomus Ebruin hatten Pippin in die Streitigkeiten der Neustrier verwickelt; er erfuhr auf dem Felde bei Locofao¹) die Ungunst des Schlachtenglückes; er mußte die Verheerung eines großen Theils von Austrasien erdulden, sich dem Majordom von Neustrien untergeordnet erklären, ihm Geiseln geben, bis er endlich bei Tertry den Neustriern Befreiung von den Will=
kürlichkeiten Berchars brachte, zugleich aber auch seine alleinige Ge=
walt und das Uebergewicht Austrasiens im Frankenreiche feststellte.

Alle diese Wechselfälle der Herrschaft hatte Plektrud mit ihrem Gemahle durchlebt; in wie weit sie an den Entschlüssen Pippins Theil genommen hatte, ist nicht überliefert; sie wird aber in gleichzei=
tigen Schriftstellern sehr weise genannt.²) Daß Plektrud überhaupt Einfluß auf ihren Gemahl in Staatsangelegenheiten gehabt habe, geht aus einer sichern Nachricht hervor. Pippin hatte nämlich Wilbrord, der seit 690 muthige Versuche machte, das Christenthum in Fries=
land auszubreiten, in seinen besonderen Schutz genommen. Als sich dieser Apostel im Jahre 693³) nach Rom begab, sandten seine zurück=
gebliebenen angelsächsischen Begleiter, wohl im Gegensatz zu der Zu=
neigung Pippins und um sich den Ansprüchen zu entziehen, die aus einer Bischofsweihe durch den römischen Bischof entstehen könnten, einen aus ihrer Mitte, Suidbert, nach England, um vom Erzbischofe von York Wilfrid, obgleich er damals von seinem Sitze vertrieben war, die bischöfliche Weihe zu empfangen. Snidbert kehrte als Bischof zurück, blieb aber nicht in Friesland, dem Sprengel Wilbrords, son=
dern wählte das Land der Brukterer an der mittleren Ems zum Felde seiner Bekehrungsthätigkeit. Ein heftiger Angriff der Sachsen drängte die Brukterer bald darauf über Lippe und Ruhr zum Rheine zurück; die zum Christenthum Bekehrten wurden vertrieben,⁴) und Suidbert wandte sich mit der Bitte an Pippin, ihm auf einer Insel im Rheine, weridi genannt, (zwischen Duisburg und Düsseldorf) eine Klostergründung zu gestatten. Der Majordomus war nicht Willens, Suidberts Wünsche zu erfüllen, doch auf Verwendung Plektruds ge=

---

¹) Fred. cont. c. 97. Locofao ist das Dorf Lafaux zwischen Laon und Soissons, cf. Alf. Jacobs, géographie de Frédégaire, de ses continuateurs et des gesta regum Francorum. Paris 1859 p. 20. Bonnell, l. c 123, n. 2 erklärt, folgend der Lesart Luco-Fago, den Ort für das jetzige Boys-Fay près de Marle, östl. von Laon.
²) Gest. reg. Franc. c. 48 erat Pippino uxor nobilissima et sapientissima cf. Fred. cont. c. 100 prudentissima.
³) Alberdingk Thym, der heilige Willibrord. Münster 1863. Erweiterte deutsche Ausgabe. S. 72 und 77, 87. Wilbrord in epp. Bonifatii n. 107 ad an. 755 ed. Jaffé Monumenta Moguntina p. 259—60.
⁴) Beda, hist. eccl. gentis Angl. V, 11, Monum. hist. Britanniae tom. I, p. 259: Snidberct — ad gentem Boructuariorum secessit ac multos eorum praedicando ad viam veritatis perduxit. Sed expugnatis non longo post tempore Boructuariis a gente antiquorum Saxonum dispersi sunt quolibet hi, qui verbum receperant.

stand er ihm Besitzungen auf jener Insel zu, die bis 1348 Suidbertsinsel, dann nach dem Orte Werth daselbst Kaiserswerth genannt wurde.¹)

Gemeinschaftliche Stiftungen und Schenkungen, welche seit 702 Pippin und Plektrud Kirchen und Klöstern vermachen, die Verpflichtungen, welche sie in den Schenkungsurkunden den Beschenkten auferlegen, ihnen und den Söhnen nebst den Enkeln aus ihrer Ehe als ihren Schirmherren treu ergeben zu sein, beweisen die Uebereinstimmung beider Gatten im kirchlichen Leben und in ehelichen Verhältnissen.²)

Nicht immer waren die Beziehungen zwischen Pippin und Plektrud ungestört geblieben, da Ersterer einige Zeit einer Neigung zu Chalpaida, die vornehme Geburt und Schönheit in sich vereinigte, nachgegeben und sie sich als Gemahlin verbunden hatte.³)

Der einzige⁴) Sohn Pippins aus dieser Ehe wurde etwa im Jahre 688 geboren;⁵) er erhielt auf seines Vaters Wunsch in der

---

¹) Beda l. c. V, 12. cf. Rettberg, Kirchengesch. Deutschlands II, p. 525. Thym l. c. p. 79, Anm. 3, will den Majordomus nur zum Schein, um dem römischen Bischof nicht zu nahe zu treten, Suidbert mit seiner Bitte abweisen lassen, die Vermittelung Plektruds als einen Schutz gegen eine Klage des Papstes ansehen und erklärt die Nachgiebigkeit Pippins als einen Akt der staatsmännischen Weisheit. cf. Bouterwerk, Swibbert, der Apostel des bergischen Landes. (1859.) p. 21 und 23.

²) Breq.-Pard. n. 454. tom. II, p. 259—60. Am 20. Januar 702 tauschen Pippin und Plektrud zu Berthin vom Bischof Armonius und dem Archidiakon Angelbert, dem Präses der Kirche S. Vitoni (S. Vannes) den Ort Parroy gegen Cumières-für-Meuse, auch im Gau von Berthin gelegen, aus. cf. Bonnell, l. c. p. 78 ff. Am 13. Mai 706 verleihen Beide zu Gaimundas (Saargemünd) dem Bischof Wilbrord für das von ihm zu Epternach, jetzt Echternach, erbaute Kloster Güter aus ihrem Eigenthum. cf. Pard. n. 467, tom. II, p. 273. cf. Bonnell, l. c. p. 81, not. 3. Freie Abtswahl wird den Mönchen desselben Klosters gestattet. Pard. l. c. n. 468, tom. II, p. 274. Am 2. März 714 wird Plektrud vom kranken Pippin beauftragt, an jeniger Stelle für das Kloster Süstern, das 711 von beiden Gatten auf dem Grundbesitze Plektruds erbaut war, die Uebertragungsakte an Wilbrord zu unterzeichnen. cf. Pardess. l. c. n. 490, tom. II. p. 298 u. 299. cf. Bonnell l. c. p. 74.

³) Gest. reg. Franc. c. 49. habebatque Pippinus — filium ex alia uxore (cod. Crassier fügt hinzu: nomine Chalpiade). cf. Fred. cont. c. 103: aliam duxit uxorem, nobilem et elegantem, nomine Alpheidam (cod. Boheri. Calpaida). Beide Quellen unterscheiden durch bestimmte Benennung die Mutter Theubalds als „concubina" Grimoalds und Chalpaida als „uxor Pippini".

⁴) Weil Childebrand im Fred. cont. c. 109 germanus Caroli und c. 110 avunculus Pippini (des Sohnes Karls) genannt wird, so halten ihn neuere Schriftsteller auch für einen Sohn Chalpaidas. Daß diese Bezeichnungen zu wenig beweisend sind, geht daraus hervor, daß „germanus" im Fred. cont. c. 118 von Grifo, dem Sohne Karls und Swanahilds, und Pippin (des Königs), dem Sohne Karls und Chrotruds, gesagt wird. Das Wort bezeichnet daher in dieser Stelle Brüder von demselben Vater, aber nicht von demselben Elternpaar abstammend. cf. Eckhart comment. de reb. Franc. orient. Tom. I, p. 321. cf. H. Hahn, Jahrbücher des fränkischen Reiches S. 6. Wie die Benennung „avunculus" nur „Verwandter" bedeutet und sehr willkürlich und auf entfernte Grade in den Diplomen jener Zeit angewendet wird, siehe Excurs II. über König Chlotar.

⁵) Karls Geburtsjahr ist in den Quellen nicht angegeben; nur aus Muthmaßungen kann es annäherungsweise bestimmt werden. Karls ältester Sohn nämlich, Karlomann, drückte im Jahre 722, am 1. Januar, in einer Schenkungsurkunde für das Kloster S. Martin in Utrecht sein Siegel neben das

Taufe durch Rigobert, Erzbischof von Reims,¹) der zugleich sein Pathe wird,²) den echt deutschen Namen Karl.³)

Ueber die Jugendjahre Karls ist nichts überliefert; er wird schon, aus der Menge hervortretend, durch körperliche Rüstigkeit wacker

---

seines Vaters. cf. Breq.-Pard. l. c. num. 521. tom. II, p. 334. Da wohl anzunehmen ist, daß die Pippiniden die Sitte der Könige, die Söhne mit dem vollendeten 15. Jahre für mündig zu erklären (cf. Waitz, Dtsch. V.-G. II, 212), befolgt haben, so ist Karlomann schon vor dem 1. Januar 707 geboren. Heirathete Karl auch früh, so muß seine eigene Geburt doch spätestens 688—689 gesetzt werden. Da der Autor der Gesta Franc. gerade bei der Schlacht bei Tertry 687 erwähnt, daß die Gemahlin Pippins Plektrud gewesen sei, da im Jahre 691 Pippin mit Plektrud zusammen die Kirche der heiligen Apostel zu Metz beschenkte (cf. Breq.-Pard. n. 414, II, p. 212—213), so bleiben für die Zeit, in welcher Pippin sich einer zweiten Gemahlin zugeneigt gezeigt hat, nur die Jahre 688—690 übrig. Die Compilatio Vedastina, Fol. 72, setzt die Heirath fälschlich ins Jahr 698 und Fol. 74 die Geburt Karls in das Jahr 706. cf. Excurs I. Wo Karl geboren, ist nicht überliefert; unverständlich ist die Nachricht eines späteren Chronisten, der zur Zeit Kaiser Konrats II. 1034—39 Cronica regum Francorum schrieb. Mon. Germ. SS. III, p. 214. Pippinus genuit Karolum ducem. Iste in carro fuit natus. Es ist dies, wie G. Waitz meint, wohl nur eine Spielerei mit dem Namen.

¹) Vita Rigoberti, du Chesne SS. rer. Francic. tom. I, p. 789. Amabat illum (sc. Rigobertum) atque colebat non vulganter Pippinus misitque ad cum filium suum, ut ab eo baptizaretur.

²) Vita Rigoberti l. c. Praefatus ergo Pippinus hunc admodum venerans ac diligens, filium suum misit ei Karulum ad baptisandum —. Quem a se baptizatum, ipse vir almus suscepit a fonte sacri baptismatis, ut eiusdem patronus fieret iuxta petitionem genitoris.

³) Fred. cont. 103. vocavitque (Pippinus) nomen eius lingua propria Carolum. cf. Bonnell l. c. pag. 84 und 85. Für die Wahl des Namens giebt „Des Jordanus von Osnabrueck Buch ueber das Roemische Reich", herausg. v. G. Waitz in Abh. der königl. Gesellsch. d. Wissensch. in Göttingen. 1868 Band 14, p. 65, eine sehr sagenhafte Erklärung: Cum autem Alpaidis peperisset, cucurrit nuntius ad regem, ut sibi nova nuntiaret. Sed inveniens regem inter nobiles et cum sua coniuge sedentem dixit: „Vivat rex, quia Karl est", sub hoc verborum tegumento innuens, quod Alpaidis sibi pulcrum filium genuisset. Est enim Karl lingua Germanica vel Theutonica homo robustus, magna habens membra. Respondit rex: „Bonum nomen est Karl." Ueber die Beinamen Tudites und Martellus hat Waitz in den Forschungen zur deutschen Geschichte, Band 3, Heft 1. 1863. p. 148 ff. die Untersuchungen früherer Forscher, bes. Burckardt, quaestiones aliquot Caroli Martelli historiam illustrantes (Basileae 1843) berichtigt. Er weist nach, daß Karl zuerst von Adrevaldus in der historia miraculorum S. Benedicti, zwischen 853—877 geschrieben, Tudites genannt sei, dann daß in der etwas jüngeren vita Rigoberti, Bouquet Recueil III, p. 657, zuerst der Beiname Martellus sich findet: (Karolus) qui propter feros animos, et quia ab incunte aetate fuerit vir bellicosus et robore fortissimus, postmodum Martellus est cognominatus. Waitz bemerkt ferner, daß keine Stelle der ältesten Quellen den Namen mit der Schlacht gegen die Saracenen in Zusammenhang bringt, sondern wie Miracula S. Genulfi aus dem 11. oder 12. Jahrh. c. 2. Act. Sct. Jan. II, S. 98: Qui Tudis, id est Martellus, agnominatus est, ob plurimum scilicet bellorum virtutem oder Will. Malmesb. I, 68. SS. X. p. 453. Karolus Tudites, quem illi Martellum dicunt, quod tyrannos per totam Franciam emergentes contuderit. Die verschiedene Uebersetzung des Wortes Hammer tudites und martellus weist wohl darauf hin, daß der Beiname ursprünglich deutsch gewesen sei. Es lag der Vergleich Karls mit Israel, das von den Heiden errettet werden sollte, nach Prophet Jeremias 51, 20: „Du bist mein Hammer, meine Kriegswaffe, durch dich habe ich die Heiden zer-

genannt.¹) Früh heirathete er, etwa 16 Jahre alt, denn schon im Jahre 706 wurde ihm sein ältester Sohn Karlomann geboren.²) Seine Gemahlin ist nirgends genannt; nur nach Muthmaßungen ist ihr Name Chrotrub;³) ihre Abstammung ist völlig unbekannt.⁴) Sicherlich nahm Karl, als der Sohn einer verstoßenen Gemahlin, keine Stellung von Bedeutung in der Familie ein; so lange die Söhne Pippins und Plektruds lebten; jedoch nach dem Tode Drogos im Jahre 708 und nach dem Grimoalds im Jahre 714 mußte er, als der einzige Sohn Pippins von einer zweiten Gemahlin, als der älteste Nachkomme des Majordomus, denn er war damals 25 Jahre alt, bei seinen hervorleuchtenden körperlichen und geistigen Vorzügen in den Vordergrund treten.⁵)

Mit Geistlichen und Weltlichen, hervorragend unter Ihresgleichen, war Karl im Jahre 714 in Verbindung. Seinen wahrscheinlich im September 714 geborenen⁶) Sohn Pippin tauft der Bischof von Utrecht, Wilbrord, von Pippin und Plektrud hochgeachtet⁷) und in seinen Klostergründungen reichlich von ihnen unterstützt;⁸) den Knaben hebt Ragenfrid, ein vornehmer Franke, später Bischof von Rouen,⁹)

---

schmissen und die Königreiche zerstört", den Geistlichen nicht fern. Auch der Name Makkabäus hat eine gleiche Bedeutung. Die Annales Magdeburgenses Mon. Germ. XVI, p. 133, welche bis 1188 reichen, ihre Angaben über die Zeit Karls aus Ekkehardi chron. universale und Regino entlehnen, geben als selbständige Hinzufügung zum Jahre 741: Karolus — qui dictus est bellicosus.
¹) Gest. Franc. c. 49. habuitque (sc. Pippinus) filium, virum elegantem, egregium atque utilem. elegans braucht Fred. cont. zur Bezeichnung Chalpaidas, also schön, über utilis wacker vergl. Waitz, Dtsch. B.-G. Th. II, 114, und Dethier, Porträtsammlung nach beglaubigten Münzen, Köln 1832.
²) Fred. cont. c. 110: primogenito suo, Karlomanno nomine. Im Jahre 722 war er schon mündig, siehe S. 7, Anm. 5.
³) Ann. Nazariani ad a. 725: Hrottrudis mortua. Mon. Germ. l. c. cf. Ann. Moselani ad a. 725. Chrothrud mortua. Mon. Germ. SS. XVI, p. 494. Ann. Lauresh. ad a. 725. Hortrudis mortua. l. c. Petav. Chrotrudis moritur. Mon. Germ. SS. I, p. 19. Zuerst hat Adr. Valesius rer. Francicarum tom. III, lib. XXIV, ad a. 724, Lutet. 1638, Chrotrub als Gattin Karls bezeichnet. Die Vermuthungen stellt Hahn, l. c. p. 1 u. 2, zusammen und hebt die Wiederholung des Namens Chrotrubis bei einer Tochter Karls des Großen als ein Anzeichen einer Familienbeziehung zu der in den Annalen erwähnten gleichnamigen Frau hervor.
⁴) Francorum imperii hist. brevissima ed. Koepke, Mon. Germ. SS. 10, p. 136, nennt die Gemahlin Karls eine Tochter „Anglici regis". Die Quelle ist ganz unglaubwürdig, siehe Hahn l. c. S. 2, not. 3.
⁵) Fauriel, histoire de la Gaule méridionale sous la domination des conquérants Germains, tom. II, p. 484, sagt, ohne seine Quelle anzuführen, daß Karl nicht ohne Grund in Verdacht stand, den Tod Grimoalds bewirkt zu haben. Kein Schriftsteller, selbst des späteren Mittelalters, hat diese unhaltbare Ansicht aufgestellt.
⁶) Siehe Hahn l. c., S. 2 u. 3, nach dem Necrologium Prumiense ann. 768: Pippinus — 8 Kal. Octob. feliciter rebus humanis excessit, anno aetatis 54. cf. Pertz, Archiv der Gesellsch. für ält. Dtsch. Geschichtskde. 3, 23.
⁷) Vita Willibrordi von Alcuin geschrieben. Mabill. annal. ord. S. Bened. 3, 1, 614. c. 23.
⁸) Siehe oben Seite 7, Anm. 2.
⁹) Gest. abb. Fontan. Mon. Germ. II, p. 285. Ragenfridus de nobili Francorum prosapia oriundus — compater etiam spiritualis regenerationis Pippini,

aus der Taufe, und Ermino, Abt des Klosters Laubach, wird von der Geburt des zweiten Sohnes durch einen besonderen Boten benachrichtigt.[1])

Um so auffälliger ist es, daß der Majordomus seinen Sohn von jedem Antheil an der Regierung ausschloß, nach dem Tode Grimoalds dessen Sohn, den Knaben Theudald, dem erwachsenen Karl vorzog. Nur Willfährigkeit gegen Plektrud, deren Familieninteresse es erheischte, die Macht des Hauses ihren Nachkommen allein zu vererben, kann als Grund dieser eigenthümlichen Bestimmungen Pippins aufgestellt werden; wohl mag der Majordomus der Klugheit und Energie seiner Gemahlin zugetraut haben, nach seinem Tode als Vormund des Königs und der eigenen Enkel den fränkischen Staat leiten zu können, doch hat er keine Entscheidung darüber getroffen. Der Tod Pippins am 16. December 714 drängte zur That, und Plektrud, die Wittwe des ersten Hofbeamten, übernahm aus eigener Machtvollkommenheit die gesammte Regierung, indem sie als Vormund des kaum 15 jährigen Königs Dagobert III. und ihrer Enkel auftrat;[2]) sie vertrat den König sowohl wie den Majordomus. Niemals hatte die Gemahlin eines Unterthanen eine solche Macht, seit den Zeiten der Brunhild und Fredegunde eine Königin eine ähnliche gehabt. Doch sehr bald zeigte sich gegen diese usurpirte Gewalt Auflehnung. Karl hatte nur aus dem Allode seines Vaters einen Antheil erhalten; er ererbte einen Theil von Bollum-Villa (Bollendorf),[3]) dessen anderen Theil Arnulf, sein Stiefbruder, erhielt.[4])

---

magni regis — praesul efficitur ecclesiae Rothomagensis rectorque huius coenobii Fontanellensis.
[1]) Vita Erminonis. Mabill. l. c. 3, 1, 566.
[2]) Gest. Franc. c. 51. Plectrudis quoque cum nepotibus vel rege cuncta gubernabat sub discreto regimine. cf. Fred. cont. c. 104 und Chron. Moiss. Mon. Germ. I, p. 291. Ueber das Alter Dagoberts cf. Breq.-Pardessus l. c. tom. I prolegg., p. 144.
[3]) Breq.-Pardessus n. 503, tom. II, p. 310—311. quantumcunque mihi ibidem obvenit de genitore meo Pippino, quod contra allodiones accepi. Ueber den Ausdruck contra allodiones gleich Miterben siehe Waitz, Dtsch. V.-G. II, p. 191, not. 2.
[4]) Breq.-Pardessus n. 502, l. c. p. 310.

Zweites Kapitel.

Ausbruch der Feindschaft Plektruds gegen Karl. — Kampf der Neustrier gegen die Pippiniden. — Angriffe der Nachbarvölker, der Sachsen und Friesen.

715.

Plektrud sah in Karl den Mann, der ihrer Machtstellung zuerst gefährlich sein konnte; seine Verbindung mit den Angesehensten unter den Geistlichen und Weltlichen, wie sie sich bei der Taufe Pippins zeigte, seine Abstammung von einer Nebenbuhlerin, seine Talente und wohl auch seine Ansprüche, die er auf den Antheil an der Regierung erhob, brachten sie zum Entschlusse, sich seiner Person zu bemächtigen und ihn gefangen zu setzen.[1]

Es scheint,[2] als ob Plektrud gefürchtet habe, daß Karl in Neustrien eine Partei gewinnen, an die Stelle ihres unmündigen Enkels

---

[1] Gest. Franc. c. 51: Carolus, quum captus a Plectrude femina sub custodia teneretur —. cf. Fred. cont. c. 105. Ueber die Gefangennahme selbst und den Ort der Gefangenschaft giebt nur eine sehr späte Quelle, liber aureus monasterii Epternacensis, geschrieben von Theodorich, einem Geistlichen im Jahre 1191, Kunde. Theodorich sammelte Urkunden und benutzte alte Nachrichten des Epternacher Klosters; siehe Waitz in Archiv der Gesellsch. für ält. Dtsch. Geschichtskunde XI, p. 338 ff. Das Werk ist vollständig zuerst gedruckt in Publications de la société pour la recherche et la conservation des monuments historiques dans le Grand-Duché de Luxembourg. Année 1862. tom. XVIII, 4. cf. Bulletin de l'Academie de Bruxelles, tom. X, p. 265, partie 2. 1843. herausg. von Reiffenberg. Zu den Worten der Gest. Franc. fügt der Verfasser des liber aureus hinzu: Unde ipsum Carolum ingressum in cameram, sicut mos est iuvenum, cum aliis feminis comprehendit et sub arcta custodia in vincula coniecit. Raginfredus vero ipsam Plectrudem in uxorem accepit. Carolus vero post IV. menses de captivitate, quam Aquisgrani passus est, dei permissione liberatus. — Die Nachricht von der Heirath Plektruds und Raganfreds zeigt, wie wenig der Verf. von den Verhältnissen wußte. cf. Ann. Mett. ad a. 724. Mon. Germ. I, p. 322. Plectrudis etenim incomparabili odio contra Karolum succensa.

[2] Die Ann. Mettenses sagen zum Jahre 714 (Mon. Germ. I, p. 322): ipsa vero Plectrudis, dum nepoti suo Theodaldo favere desiderat — Karolum a

hätte treten können oder wollen; in Neustrien wenigstens erhob sich gegen die vormundschaftliche Regierung der Wittwe Pippins ein Widerstand, der sich bald zu einer allgemeinen Erhebung gegen alle Anhänger der Pippiniden erweiterte.

Die Zahl der Männer, die in Neustrien zu den Pippiniden standen, konnte nicht klein sein. Seit 687 hatte Pippin den königlichen Willen geleitet, hatte also den größten Einfluß auf die Verleihung der Güter und Aemter gehabt; er hatte Friede und Gerechtigkeit dem arg zerrütteten Lande wiedergegeben. Bande des Blutes knüpften die vornehmsten und einflußreichsten Familien des Landes, die Warattos und Berchars, an das Pippinische Haus, welches zumal während der Regierung Grimoalds sich durch Frömmigkeit und Freigebigkeit gegen die Kirche bei der Geistlichkeit, durch Gerechtigkeit und Milde bei den Weltlichen beliebt gemacht hatte. Die Männer alle, welche die Wiedergestaltung des merovingischen Staates in seiner früheren Ausdehnung und den Frieden unter den einzelnen Theilen des Reiches höher hielten als das Uebergewicht Neustriens, mußten daselbst Anhänger Pippins sein.

Männer dieser Gesinnung hatten Theudbald auf Befehl des Großvaters in das Amt des neustrischen Majordomus eingesetzt und hielten an ihm fest. In der Masse der Neustrier aber war wohl durch die Einsetzung eines Kindes in das höchste Amt, das nur ein ausgezeichneter Unterthan erlangen konnte,[1]) das Gefühl der Abhängigkeit von der Familie eines austrasischen Großen mächtig erregt worden; ein Knabe als Majordomus war ein zu gewaltiger Gegensatz zu der Stellung, welche bisher die Großen in Neustrien neben ihren Königen eingenommen hatten, um nicht Viele zu verletzen und sie zu veranlassen, die große Menge, in welcher die nationale Eifersucht zwischen Austrasiern und Neustriern noch nicht verschwunden war, gegen die Pippiniden aufzuregen.

Sehr bald nach dem Tode Pippins, am Anfange des Jahres 715, traten in Neustrien der Regierung Plektruds feindliche Gesinnungen hervor, und da sie mit einer den Frauen eigenthümlichen Heftigkeit, grausamer als es nöthig war, ihre Entscheidungen traf,[2]) so stand im Juni oder Juli 715[3]) den Anhängern ihres Enkels eine Partei

---

legitima paterni imperii gubernatione prohibebat — ipsaque cum infantulo muliebri consilio tanti regni habenas tractare praesumebat. Es tritt hier der Gegensatz zwischen Theudbalds, des Majordom von Neustrien, und Karls Absichten oder Ansprüchen deutlich hervor; doch ist der späte Annalist nicht ganz zuverlässig, wenn er auch manche alte Quelle benutzte.

[1]) Einhardi vita Caroli c. 2 in Jaffé, Mon. Carolina p. 512, fügt zu dem Urtheil über Karl Martell, daß er das ihm von seinem Vater hinterlassene Amt als Majordomus trefflich verwaltet habe: qui honor non aliis a populo dari consueverat quam his, qui et claritate generis et opum amplitudine ceteris eminebant.

[2]) Ann. Mettenses ad a. 714 l. c. Quod dum crudelius, quam oporteret, astu femineo disponere decrevisset, iram Niustrium Francorum in nepotis sui interitum et principum, qui cum eo erant, celeriter convertit.

[3]) Gest. abb. Fontan. c. 6. Mon. Germ. SS. II, p. 278—79. Ein Auszug aus einem Diplom, in welchem das Kloster S. Wandrille den Besitz des

gerüstet gegenüber. In der Nähe von Compiegne, in dem von dieser Stadt südöstlich gelegenen Cotia oder Coatia silva, jetzt forêt de Cuise, trafen die Parteien der Neustrier in starken Heerhaufen auf=
einander. Die Anhänger Theubalds, theils aus den Austrasiern, welche unter Pippin und Grimoald nach Neustrien gekommen, theils aus Neustriern bestehend, welche den Pippiniden günstig waren, wie es z. B. die Familie Warattos sein mußte, wurden nach heftigem Widerstande geschlagen;[1] es gelang ihnen jedoch, den jungen Major= domus durch die Flucht dem Feinde zu entziehen.[2] Die siegende Partei benutzte ihre Uebermacht zur schleunigen Vernichtung ihrer Gegner in Neustrien, verfolgte sie mit aller Parteiwuth, so daß eine gewaltige Zerrüttung der Verhältnisse daselbst die unausbleibliche Folge war.[3]

Die selbständige Wahl eines Majordomus war das erste er= sehnte Ziel der nationalen Partei; sie wählte also aus ihrer Mitte einen Neustrier, Raganfred,[4] wahrscheinlich den Mann dieses Namens, der schon zu Zeiten Königs Chlodwig III. (693—695) als Domesti=

Arelaunischen Waldes erhält, giebt an, daß dies Diplom ausgefertigt sei 9. Juni 715, suggerente Theodoaldo, maioris domus regiae. Damals also war Theubald noch in Neustrien im Amte.
[1] Gest. Franc, cap. 51. Franci denuo in Cotia silva in Francos invicem inruunt ac se mutuo durissima caede prosternunt. Ueber die Lesart Coatia cf. Alf. Jacobs, géographie de Frédégaire, Paris 1859, p. 12. Fredeg. cont. c. 104: Demum Franci, mutuo in seditionem versi consilio inutili accepto — con= tra Theudaldum et leudes Pippini quondam atque Grimoaldum (zu lesen: Gri= moaldi) iniere certamen. Corruit ibi immodicus exercitus. Die Gesta Franco= rum gebrauchen für Neustrier die Bezeichnung Franci und seiner Quelle folgt der erste Continuator Fredegarii. cf. meine Abhandlung de continuato Frede= garii Scholastici chronico, Berolini 1849, p. 7 und 8. Daß unter den leudes Pippini quondam et Grimoaldi Austrasier hauptsächlich zu verstehen seien, gebt aus dem Chronicon Moissacense, Pertz, Mon. Germ. SS. I, p. 280 seqq. her= vor. Der Autor des Chronicon hat die Gesta Francorum und zwar in einem codex, der dem ältesten codex bibl. Parisiensis Suppl. Lat. No. 125 am nächsten kommt, benutzt. Er sagt zum Jahre 715: Franci denuo in Cotia silva contra Theudaldum et Austrasios inruunt. Diese Austrasios hat der Cont. Frdg. näher durch leudes Pippini et Grimoaldi bezeichnet. Darüber, daß die leudes einen großen Theil des Volkes zu umfassen und ganze Heere zu bilden vermögen, cf. Waitz, Dtsch. V.=G. II. 224. Vergl. Roth, Benefizialwesen p. 293 und 305.
[2] Gest. Franc. c. 51. Theudoaldus autem per fugam lapsus ereptus est. cf. Cont. Fred. c. 104. Da er weiter in der Geschichte nicht genannt wird, so haben spätere Schriftsteller seinen baldigen Tod angenommen. Compilatio Vedastina Fol. 73 und 74: Dagobertus rex teodaltum puerum filium grimoaldi majorem domus constituit et hic brevi spatio temporis vivens finivit vitam. Theubald lebte noch 722 am Hofe Karls cf. unten zum Jahre 723. Falsch berichtet auch fragmentum hist. ex libro aureo Epternacensi l. c., daß König Da= gobert in diesem Walde 715 getödtet sei.
[3] Gest. Franc. c. 51. fuit illo tempore valida persecutio. cf. Fred. cont. c. 104 mit dem Zusatz: apud gentem Francorum.
[4] Fred. cont. c. 105. eodem tempore elegerunt in honorem maiorem= domus quendam Francum, nomine Raganfredum. (cod. Crassier und Karls= ruher Fragmente.)

tus bei Hofe von großer Bedeutung war,¹) zum Majordomus. Sicherlich war er der Führer der den Pippiniden feindlichen Partei gewesen; König Dagobert mußte mit diesen Veränderungen zufrieden sein, denn auch er war, wie die Könige schon lange, der Spielball der Parteien; es tritt daher auch jetzt der König als Gegner der Pippiniden auf. Die nächsten Unternehmungen Raganfreds zielen demnach dahin, die Macht der Pippinischen Familie auch in Austrasien zu stürzen; sein letztes Ziel war sicherlich, nach dem Beispiele Ebruins als alleiniger Majordomus zu herrschen und zugleich den Schwerpunkt der Regierung in Neustrien festzusetzen.

Nach den engen Beziehungen, welche das Geschlecht Pippins zu Austrasien hatte, beruhend auf Verhältnissen, die nicht in dem Amte des Majordomus allein wurzelten, sondern in dem bedeutenden Grundbesitz der Familie²) und ihrem Ruhme, den während eines Jahrhunderts hervorragende Persönlichkeiten durch treffliche Verwaltung in Staats- und Kirchenämtern, durch persönliche Tapferkeit und kluge, oft siegreiche Leitung des Heeres in der Schlacht erworben hatten — nach diesen festen Grundlagen eines nationalen Herzogthums, nach dem Ansehen Plektruds war vorauszusehen, daß ein Angriff auf die Pippiniden einem Angriffe auf ganz Austrasien gleichkommen würde. Die siegreiche Partei in Neustrien wagte aber den Kampf; vermittelst des Königs, der unselbständig ihr gehorchte, wurde das Heer des Reiches zusammengerufen.³) Die Neustrier zogen unter Führung ihres neuerwählten Majordomus Raganfred durch den Kohlenwald, silva Carbonaria (la forêt Charbonnière) bis zur Maas und verwüsteten durch Feuer die dortigen Landschaften, das heutige Brabant und die westlichen Theile von Lüttich und Limburg.⁴)

Um Cöln, den Sitz Plektruds, anzugreifen, um allein — denn die Austrasier waren dem Aufgebot des Königs nicht gefolgt — die Pippiniden zu besiegen, fühlten die Neustrier sich so wenig gewachsen, daß sie mit dem Feinde dieses Geschlechtes, obgleich er ein Heide war, mit dem Friesenherzoge Ratbod ein Bündniß schlossen, das, nach den Unternehmungen der Friesen zu schließen, die Verabredung enthielt, mit ihm gemeinschaftlich einen Angriff auf den östlich von der Maas gelegenen Theil Austrasiens zu machen.⁵) Ratbod hatte die Politik seines Vorgängers Albgisl, ein freundliches Verhältniß mit Austra-

---

¹) Im placitum zu Valenciennes zum Jahre 693 cf. Breq.-Pardess. n. 431, tom. II, p. 229. Ueber domesticus cf. Waitz, Dtsch. V.-Gesch. II, p. 363 ff.
²) cf. Bonnell, l. c. 71—85.
³) Gest. Franc. c. 51 (Franci): qui commoto cum rege exercitu Carbonariam silvam transeuntes — succenderunt. commovere bedeutet einen bestimmten Befehl zum Aufgebot des gesammten Heerbannes erlassen. cf. Roth, Benefizialwesen, p. 190 und 192. Daß der König diesen Befehl erließ, weist Waitz, l. c. II, p. 470 ff. nach. Das Chron. Moissac. ad a. 715 hat auch: commoto rege Dagoberto exercitu.
⁴) Gest. Franc. c. 51. — usque Mosam fluvium terras illas vastantes succenderunt. cf. Fred. cont. c. 105.
⁵) Gest. Franc. l. c. c. 51. cumque Ratbodo duce gentili amicitiam feriunt cf. Fred. Cont. l. c. foedus inierunt.

sien und dem Hause Pippins zu unterhalten, aufgegeben; er hatte aber den Anschluß an die Neustrier in der Schlacht bei Wyk by Duerstede im Jahre 689 gebüßt, wahrscheinlich hatte er die von ihm wiedererlangte Südgrenze Frieslands, den Sinkfal und das Land zwischen diesem und dem Fli, aufgeben müssen. Dieses Gebiet, das bis zum Jahre 714 die Franken besaßen, enthielt das Gestade der Nordsee von den Grenzen Flanderns bis zu den nördlichsten Inseln Nordhollands, d. h. den heutigen niederländischen Provinzen Seeland, Südholland mit dem westlichen Theile von Utrecht und Nord=holland.[1])

Der Tod des Majordomus Grimoald, Ratbods Schwiegersohn, lockerte die Bande zwischen dem Friesenfürsten und den Pippiniden; nach dem Tode Pippins kehrte Ratbod zu seiner alten Politik, näm=lich zum Anschluß an Neustrien, Bekämpfung des Pippinischen Ge=schlechtes zurück. Die Lage Plektruds wurde dadurch in kurzer Zeit sehr schwierig, zumal Austrasien von Osten und Süden her Angriffe zu erleiden hatte.

Die heidnischen Sachsen, welche am Anfange des achten Jahr=hunderts den Boroltragau (zwischen Ruhr und Lippe), aus dem der britische Missionär Suidbert vor ihnen fliehen mußte, eroberten,[2]) fielen 715 in den nordöstlich an das cölner Gebiet grenzenden Gau Hatuaria ein.[3]) Dieser Angriff der Sachsen, gleichzeitig mit der ver=änderten Politik Ratbods, läßt auf einen Zusammenhang der Bewegungen in der heidnischen Grenzbevölkerung Austrasiens schließen. Da die Sachsen den Gau vollständig verwüsteten,[4]) so ist nicht anzunehmen, daß sie sich in ihm festsetzten; doch waren erneuerte und weiter vordringende Angriffe zu erwarten, wenn Plektrud den Feinden nicht Widerstand leistete.

An der Südgrenze Austrasiens war zu derselben Zeit der Ver=such des Bischofs Savaricus, eine selbständige Herrschaft zu gründen, sowohl der Macht der Pippiniden als besonders der Entwicklung des fränkischen Staates äußerst gefährlich.

Seit 710 saß auf dem Bischofsstuhle von Auxerre ein Mann aus vornehmem Geschlechte, Savaricus. Innerhalb fünf Jahre hatte

---

[1]) v. Richthofen, in der Einleitung zur lex Frisionum Mon. Germ. Legg. III, p. 638 und 641. Der alte Meerbusen Sinkfal erhielt im 13. Jahrh. den Namen des Flüßchens Swene, heute 'tZwin, das von Alters her in seinem Lauf an Brügge und Damme vorbei fließend nördlich von Sluis ins Meer mündet. cf. Rettberg, Kirchengesch. Deutschl. II, p. 503, und de Geer, de strijd der Friezen en Franken. Utrecht 1850, p. 19 und 20.
[2]) Siehe Seite 6.
[3]) Ann. Tiliani ad a. 715: Saxones devastaverunt terram Hatuariorum cf. Ann. S. Amandi und Petav. Mon. Germ. SS. I, p. 6. Der Gau Hatuaria breitete sich zwischen Rhein und Maas, von der Stadt Neuß und dem Einfluß der Roer nordwärts in dem preußischen Geldern rings um den Fluß Niers aus.
[4]) Ann. Tiliani, 715 l. c. devastaverunt terram Hutuariorum. cf. Bolze, Die Sachsen vor Karl dem Großen. Berlin 1861. Programm der Louisen=städtischen Realschule zu Michaelis 1861, pag. 20.

er die Pflichten des geistlichen Amtes immer mehr gegen die Bestrebungen, sich eine weltliche Herrschaft zu gründen, in den Hintergrund treten lassen. Zur Zeit, als die Neustrier im Walde Cotia gegeneinander kämpften, also im Jahre 715,[1]) gelang es ihm mit einer Menge, die er von allen Seiten her um sich sammelte, den von Auxerre westlich gelegenen Gau von Orleans, den im Süden liegenden von Nivers, nach Osten hin „le Tonnerrois" in der Diöcese Langres, l'Avallouois in der Diöcese Autin und nach Norden den Gau von Troyes zu erobern. Er zog gegen Lyon, um sich auch diese Stadt mit Gewalt zu unterwerfen; aber auf dem Wege dorthin wurde er von einem Blitzstrahle tödtlich getroffen.[2])

Die Unternehmung des Savaricus zeigt deutlich, in welcher Gefahr der merovingische Staat sich befand: bei dem Mangel einer starken königlichen Gewalt, sei sie von dem Könige selbst oder seinem Stellvertreter, dem Majordomus, ausgeübt, erhoben sich Männer, die durch Amt und persönlichen Einfluß in einzelnen Territorien des Reiches eine schon bedeutende Gewalt besaßen, um mit Waffengewalt sich eine selbständige, unabhängige Staatsgewalt zu gründen. Der Staat drohte in einzelne Territorien zu zerfallen, die an sich schwach und sicherlich sehr bald unter sich uneins, den von allen Seiten herandringenden Feinden des fränkischen Staates und christlichen Glaubens nimmer hätten Widerstand leisten können. Der unerwartete Tod des Bischofs, der die Auflösung der Unternehmung zur Folge hatte — denn es wird weder von einem Heereszuge gegen Lyon weiter berichtet, noch auch ein Einschreiten Plektruds erwähnt — war für das weitere Bestehen des merovingischen Staates von sehr großer Bedeutung, da sich in Karl Martell bald ein Mann fand, welcher, der Erhebung der kleinen Herren innerhalb des Staates mit Energie und Glück entgegentretend, die Einheit des Gesammtstaates zu bewahren wußte.[3]) In den Bischofsitz wurde noch in demselben Jahre 715 Hainmar, ein Mann von vornehmer Geburt und sehr reich an Grundbesitz eingesetzt,[4]) der die von seinem Vorgänger erworbene weltliche Gewalt nicht allein festhielt, sondern auch vermehrte,

---

[1]) Siehe Seite 13.
[2]) Historia episcoporum Autissiodorensium. Labbe, Nova bibliotheca librorum manuscriptorum tom. I, p. 427, c. 26, und in der neuen Ausgabe von Duru, Bibl. histor. de l'Yonne c. 26, tom. I, p. 347. Die Geschichte der Bischöfe ist bis zum cap. 39 erst in der zweiten Hälfte des 9. Jahrh. geschrieben. cf. Roth, Benefizialwesen, Beilage II. p. 445. Den hier angeführten Thatsachen widerstreitet keine Angabe in den anderen Quellen.
[3]) Einhardi vita Caroli c. 2 ed. Jaffé Mon. Carolina, p. 511, qui (sc. Karl) Tyrannos per totam Franciam dominatum sibi vindicantes oppressit.
[4]) Labbe l. c. I, p. 429, c. 27 und Duru l. c. c. 27. tom. I, p. 347—349). Siehe Roth, Benefizialwesen. S. 350 und 446 ff., Beilage II. Hainmarus vocatus episcopus tenuit principatum annos XV. Fuit enim vir strenuus atque nobilitate generis non mediocriter decoratus simul quoque fundorum dignitate ditissimus. Nam in tantum eius potestas seculariter excrevit, ut usque ad ducatum pene totius Burgundiae perveniret.

jedoch in Unterordnung unter der von Karl Martell wiederhergestellten Staatsgewalt der merovingischen Könige verblieb.[1])

Die Verlegenheiten, in welche Plektrud durch die Angriffe der Neustrier, durch die Streifzüge der Sachsen, durch die Erhebung des Savaricus gebracht sein mußte, wurden noch durch die Flucht Karls aus der Gefangenschaft, die ihm etwa im August 715 mit Mühe gelang,[2]) bedeutend vermehrt; denn Karl fand in kurzer Zeit einen Anhang von thatkräftigen und vornehmen Männern,[3]) mit denen er schon im Anfange des folgenden Jahres seine eigene Politik im Felde durchzuführen beginnt.

Die Neustrier aber begnügten sich, in diesem Jahre nur bis zur Maas vorzuschreiten und sich dann wieder zurückzuziehen;[4]) wahrscheinlich ist der Tod Königs Dagobert und die Wahl des Nachfolgers von Einfluß auf diesen Entschluß gewesen.

Der Tod des Königs Dagobert, etwa im Juli 715,[5]) brachte, da nur ein sehr junger Sohn[6]) der Erbe des Königthrones war, eine gewaltsame Veränderung in der Erbfolge hervor. Es wäre,

---

[1]) Hainmar greift auf Befehl Karls (falsch wird Pippin genannt) Eudo an. Karl (nicht rex) läßt später Hainmar, der angeklagt war, Eudo zum Kampf aufgereizt zu haben, gefangen nehmen und nach Bastoneam-villam im Ardennerwalde bringen. cf. Labbe und Duru l. c.

[2]) Gest. Franc. c. 51. Carolus his diebus, cum captus a Plectrude femina sub custodia teneretur, auxiliante Domino vix evasit. cf. Cont. Fred. 105. Die Gesta setzen also die Flucht Karls gleichzeitig mit dem Einrücken Raganfreds in den Kohlenwald. Da Theudald nach Seite 12, Anm. 3, noch am 9. Juni 715 im Amte war, darauf erst der Kampf im Foret de Cuise, die Flucht Theudalds, die Wahl Raganfreds und der Zug gegen den Kohlenwald unternommen wurde, so ist die Angabe des lib. aureus monast. Epternacensis l. c. cf. S. 11, Anm. l, daß Karl nach 4 Monaten seiner Haft entkommen sei, also im April 715, da er gleich nach Pippins Tode, December 714, verhaftet wurde, falsch. Ebenso wenig ist auf die Angabe, daß Karl zu Aachen gefangen gehalten sei, zu geben.

[3]) Da Karl im Jahre 716 im Kampfe mit dem Friesenkönige Ratbod einen großen Verlust „de viris strenuis et nobilibus" erlitt, cf. Cont. Fred. c. 106, so mußte er den Anhang bald gefunden haben.

[4]) Gest. Franc. c. 52 sagen nach Erwähnung des Todes Dagoberts und der Wahl Chilperichs: denuo commoto exercitui; es erfolgte also ein neues Aufgebot von dem neuen Könige; das frühere exercitus mußte demnach aufgelöst worden sein.

[5]) Ann. St. Germani Parisiensis ed. Pertz, Mon. Germ. SS. III, p. 167, bringen die Notiz: 715 obiit Dagobertus rex iunior 14 Kal. Febr. qui regnavit in Francia annis 5, und dieselbe Stelle in Abbreviatio chronicae aus einem codex des 12. Jahrh. cf. Pertz, Archiv der Gesellsch. für ältere Dtsch. Geschichtskunde XI, p. 287. Diesen Angaben aus dem 11. Jahrh., die in der Chronologie bis zum 9. Jahrh. oft fehlerhaft sind, steht die Zeitangabe des in Gest. abb. Fontanell. c. 6. Mon. Germ. SS. II, p. 279, angegebenen Diploms entgegen, nach der am 9. Juni 715 Dagobert noch König war. Die Angabe des fragmentum hist. ex libro aureo Epternacensi l. c., daß Dagobert in silva Cotia getödtet worden sei, ist ohne allen Werth.

[6]) Dagobert war bei seinem Tode etwa selbst erst 16 Jahre. cf. Breq.-Pardessus dipl. tom. I, prolegg. p. 144. Die Compilatio Vedastina fol. 74, die statt Theoderich Lothar sagt, überliefert, daß der Sohn Dagoberts 7 Monate alt nach Cala gegeben sei.

Wenn Dagoberts Sohn, Theoderich, die Königswürde erhalten hätte, wiederum eine Vormundschaft nöthig gewesen; die Verhältnisse erforderten aber gerade einen Mann als König. Die Neustrier sandten deßhalb Theoderich in das Kloster Cala (Chelles), zwei und eine halbe Meile von Paris, an der Marne gelegen, damit er daselbst erzogen würde;[1]) denn in dieser Stiftung Chrotildes, der Gemahlin Clodwig I., die von vielen späteren Königen begünstigt und erweitert war, lebten Jungfrauen nach den Regeln des hl. Columban, so eifrig und sorgsam mit der Erziehung beschäftigt, daß ihr Ruf über die Grenzen des fränkischen Reiches, zumal nach England, gedrungen war.[2])

Zum Könige aber wählten die Neustrier den merovingischen Prinzen, der dem Alter nach ein vollkommener Mann war und die gültigsten Erbansprüche auf das gesammte fränkische Reich besaß: den Sohn des im Jahre 673 ermordeten Königs Childerich II. Dieser hatte nach dem Tode seines Bruders Chlothar III. im Jahre 670 das Königthum in Austrasien erhalten, war nach der Vertreibung seines Bruders, Theoderich III., Königs von Neustrien und Burgund, von den Großen dieser Reiche auch zu ihrem Könige erhoben worden und vereinigte dadurch die ganze fränkische Herrschaft in seiner Hand.

Leichtsinn und Unklugheit verführten Childerich zu Bedrückungen und übermüthigen, rechtlosen Handlungen, die ihm bittern Haß eintrugen und offenen Aufruhr erregten. Ein freier Mann, Bodilo, über den der König gegen das Gesetz Prügel als Strafe hatte verhängen lassen, ermordete ihn und seine Gemahlin Bilchilde im Gehölz von Livry, östlich von Paris.[3]) Unter diesen Verhältnissen suchte der vertriebene Bruder des Königs, Theoderich, seinen verlorenen Thron wieder zu gewinnen und schloß sich daher an Leudesius an, welchen die Neustrier und Burgunder sich zum Majordomus erwählt hatten. Ebruin aber, der einstige Majordomus Theoderichs und zugleich mit ihm im Jahre 670 vertrieben, führte bald gegen den neuen Hausmeier seine Anhänger ins Feld und brachte durch Lüge, Verrath und Grausamkeit es dahin, daß er nach Ermordung des Leudesius von Theoderich wieder als Majordomus anerkannt wurde. Er leitete ihn bis zum Jahre 681, in welchem er durch den Neustrier Ermenfrid ermordet wurde.[4])

Theoderich gehorchte darauf nacheinander den Hausmeiern Waratto, Berchar und nach der Schlacht bei Tertry Pippin.

Ein Sohn des ermordeten König Childerich war noch am Leben. Nach dem Tode seiner Eltern im Jahre 673 war der Sitte gemäß

---

[1]) Gesta Franc. c. 53 (Franci) Theodericum, Cala monasterio enutritum, filium Dagoberti junioris. Im diplom. zum Jahre 730 Breq.-Pardessus n. 548, tom II, p. 361, nennt Theoderich seinen Vater „genitor quondam rex Dagobertus." Ueber die vielfach ungenau bezeichneten Verwandtschaftsgrade der Vorfahren Dagoberts in diesem Diplom cf. Cointius ann. eccl. IV. p. 650 sqq. und Breq.-Pard. l. c. not. 1.
[2]) Gallia Christiana tom. VII, col. 588 sqq. (editio 1740).
[3]) cf. Gesta Franc. c. 45 und Cont. Fred. 95. Vergl. Pertz, die Geschichte der merowingischen Hausmeier. 1819. S. 46–48.
[4]) Gest. Fr. c. 47. cf. Pertz l. c. p. 49–51. Bonnell l. c. p. 114–117.

Wahl des Geistlichen Daniel zum Könige, Chilperich genannt. 19

das junge verwaiste Kind[1]) einem Kloster zur Erziehung übergeben worden, doch später in den geistlichen Stand unter dem Namen Daniel aufgenommen,[2]) wohl nicht ohne Einwirkung seines Oheims Theoderich, der seinen Söhnen die Herrschaft in allen drei Reichen zu verschaffen bestrebt war. Nach dem Tode Theoderichs folgte demnach im Jahre 691 auch dessen ältester Sohn, ein Knabe, Chlodwig III. genannt, diesem schon 695 sein Bruder Childebert III. Auch er starb früh im Jahre 711, in welchem ihm sein junger Sohn Dagobert III. bis etwa zum August 715 folgte.[3]) Er hinterließ einen Sohn Theoderich IV.[4])

Dem Ausschlusse Daniels von der berechtigten Nachfolge war Pippin sicherlich nicht fremd geblieben, da er seit 691, während nur sehr junge Mitglieder der merovingischen Königsfamilie den Thron innehatten, die alleinige Leitung aller Staatsangelegenheiten in seiner Hand hatte. Die Jugend der Könige benutzte Pippin zur Förderung seiner Gewalt; ein erwachsener Mann konnte ihm hinderlich werden. Daher wandten die Feinde der Pippiniden, die sieghafte Partei in Neustrien, jetzt ihre Aufmerksamkeit auf den durch Pippin zurückgedrängten Königssohn, der zur Zeit schon wenigstens 50 Jahre zählte.[5]) Der Geistliche Daniel wurde, da er der Sohn des 673 ermordeten Childerich II., Königs aller drei Reiche, war,[6]) von den Neustriern zum Könige bestimmt, und ehe ihm noch das Haupthaar zu den wallenden Locken, dem Ehrenzeichen der merovingischen Königsfamilie, gewachsen war, in die Königswürde endgiltig eingesetzt. Er empfing den Namen Chilperich.[7]) Der Anfang seiner Regierung ist vom September 715 an gezählt.[8])

Das Jahr 715 endete so unter völliger Veränderung der politischen Verhältnisse im fränkischen Reiche. Nach 25 Jahren nahm wieder einmal ein Fürst im Mannesalter den Thron ein; ihn hatten diejenigen Neustrier gewählt, welche die Herrschaft der Pippiniden in

---

[1]) Da Childerich bei dem Tode seines Vaters Chlodwig II. im Jahre 656 noch ein Knabe war, cf. Gest. Franc. c. 44, so zählte er bei seinem eigenen Tode im Jahre 673 etwa 30 Jahre; sein Sohn konnte daher in demselben Jahre wohl auch nur erst ein Knabe von 10—12 Jahren sein.
[2]) Gest. reg. Franc. c. 52: Franci posthaec Danielem, quondam clericum, caesarie capitis crescente, in regno stabiliunt.
[3]) Gest. Franc. cap. 49 und 50 und Gest. abb. Fontanell. Mon. Germ. SS. II, p. 280, cap. 7, anno primo Dagoberti iuvenculi regis.
[4]) Gest. Franc. c. 53 und Seite 17, not. 6. cf. Bonnell l. c. S 128.
[5]) Vergl. Seite 19, Anm. 1.
[6]) In den Urkunden, herausgegeben von Breq.-Pardessus num. 496, 498, 499, 601 und 607, nennt Chilperich seinen Vater Childerich; in den Charten num. 498, 499, 507 seinen Großvater König Chlodwig (das ist Chlodwig II. † 686) und seinen Aeltervater (proavum) in Charta num. 496 und 498 Dagobertum quondam regem. Das ist Dagobert I., † 638. In Charta num. 501 nennt er seine Großmutter Baldechildis quondam regina. Durch diese urkundlichen Angaben werden alle entgegenstehenden Verwandtschaftsgrade in den Chroniken als falsch zurückgewiesen.
[7]) Gest. c. 52 Franci — Danielem, quondam clericum, caesarie capitis crescente, in regno stabiliunt eumque Chilpericum nuncupant cf. Cont. Fred. c. 106.
[8]) cf. oben S. 17, not. 5.

ihrem Lande beseitigt hatten; der König selbst mußte, im Andenken an seine bisherige Zurücksetzung, dem herrschenden Geschlechte feindselig sein. Das Amt, welches seit 687 von Familiengliedern oder Anhängern Pippins verwaltet worden, das des Majordomus in Neustrien, war in der Hand eines Mannes, den eine nationale Partei im Gegensatz zu der austrasischen gewählt hatte; Raganfred war von dem Könige Chilperich, der begründete Erbansprüche auf alle drei Reiche Auster, Neustrien und Burgund hatte, als Majordomus bestätigt und suchte des Königs sowie seine eigene Macht durch kriegerische Unternehmungen durchzusetzen.

In Auster dagegen war der Friede in der Familie Pippins und die Einigkeit im Volke selbst zerstört; Plektrud und Karl standen sich feindlich gegenüber und sammelten gegeneinander ihre Anhänger. Außerdem drohte ein zwischen dem Könige Chilperich und dem Friesenherzoge Ratbod verabredeter, planmäßiger, gleichzeitiger Angriff auf Austrasien. Hier hielt diese von äußeren Feinden drohende Gefahr vorläufig den inneren Kampf zurück.

Drittes Kapitel.

Karls Kämpfe gegen die Neustrier und deren Verbündete, Ratbod, den Friesenherzog, und Eudo, Herzog von Aquitanien. — Karls Siege über Plektrud und über die Neustrier. — Karl, alleiniger Majordomus des Königs Chilperich.

716—719.

Die Neustrier nahmen im März[1]) 716 den im vorigen Jahre unbeendigten Feldzug wieder auf; wiederum wird ein Aufgebot erlassen, und das Heer rückt bis zur Maas vor.[2]) Der Friesenherzog Ratbod bricht nach der Aufforderung[3]) der Neustrier ebenfalls im März mit seinem Heere auf und zieht zu Schiffe den Rhein hinauf.[4]) Der Feind, gegen den dieser Feldzug sich zuerst richtet, ist Karl;[5]) er hatte also weder den König Chilperich, noch was sonst die Neustrier gethan hatten, anerkannt, sondern trat als Vertheidiger der Macht seines Geschlechtes und der Rechte der Austrasier, welche durch die von den Neustriern allein vollzogene Königswahl verletzt waren, auf.

An Karl hatten sich viele wackere und vornehme Männer angeschlossen;[6]) sicher gehörte zu ihnen Wilbrord, Bischof von Utrecht,

---

[1]) Gest. Franc. c. 52 setzen das Vorrücken der Neustrier und den Aufbruch Ratbods gleichzeitig. cf. Ann. Tiliani a. 716: Ratbodus venit ad Coloniam; ann. S. Amandi fügen hinzu mense Martio. cf. ann. Petav. Die Angabe in Adonis Viennensis chron. Mon. Germ. SS. II, p. 318: Ratbodus usque ad Coloniam cuncta devastans pervenit mense Julii a. inc. Dom. 715 ist, da die Chronik erst 869 compilirt ist, den Zeitbestimmungen der den Thatsachen näher stehenden, vorher angeführten Quellen gegenüber für falsch zu erachten.
[2]) l. c. denuo exercitu commoto usque ipsum fluvium Mosam veniunt.
[3]) l. c. cf. Cont. Fredeg. c. 106: ex alia parte iidem (sc. Franci) cum hoste Frisiorum venturo Ratbodum ducem invitant.
[4]) Gest. abb. Fontanell. c. 9. Mon. Germ. II, p. 277: venit Ratbodus — navali ordine usque Coloniam urbem.
[5]) Gest. Franc. c. 52: contra Carolum dirigentes cf. Cont. Fred. 106.
[6]) Cont. Fred. c. 106: perpessus est damnum de viris strenuis et nobilibus,

mit welchem er schon vorher in naher Beziehung stand,[1]) vermuthlich auch Heban II. Herzog von Thüringen und dessen Sohn Thuring,[2]) so wie der Abt Milo, Sohn des Bischofs von Trier und Reims Liutwin.[3])

Von der Maas führte seit der Römerzeit eine Heerstraße von Maastricht über Jülich nach Cöln. Dieser Weg in dem fast ebenen Terrain war für die Neustrier, so wie die Friesen, um eine Verbindung zu bewerkstelligen, der bequemste; daher mußte Karl ihn zu beherrschen suchen. Er warf sich zuerst den Friesen entgegen, die nahe bei Cöln gelandet waren;[4]) der Angriff kostete ihm viele seiner tapferen und vornehmen Anhänger; das Heer wurde geschlagen, und Karl floh mit ihm.[5])

Es wird nicht berichtet, wohin sich Karl gewendet habe, doch aus der Sachlage geht mit Nothwendigkeit hervor, daß er nach dem Süden, in die Eifel, damals auch Ardennen genannt, geflohen sei.[6]) Die Klöster Stabloo und Malmedy, die Grimoald, Karls Vorfahr, Majordomus Königs Sigibert erbaut hatte,[7]) Echternach, der Hauptsitz Wilbrords, und die dort liegenden Familiengüter des Pippinischen Geschlechtes[8]) waren für Karl daselbst sichere Stützpunkte.

Ratbod blieb bei Cöln, das Hauptheer der Neustrier erwartend.[9]) König Chilperich selbst rückte nämlich nach der Besiegung Karls mit einer neuen Heeresabtheilung nebst dem Majordomus Raganfred im

---

Die späte Compilatio Vedastina fol. 74 berichtet z. J. 716: duces et principes domni pippini defuncti Karolum filium eius jam annis novennem solio patris statuunt. Es ist dies die einzige Altersangabe Karl betreffend, die sich in den Ueberlieferungen findet, doch ist sie falsch, da nach den oben Seite 7 und 8 dargelegten Verhältnissen Karl nicht erst im Jahre 705 geboren sein kann.

[1]) Siehe S. 9.
[2]) Die Verbindung Hebans mit Wilbrord, durch welche die Schenkung des Thüringerherzogs an letzteren im Jahre 716 herbeigeführt wird, ist nicht unwahrscheinlich durch die Anwesenheit des Herzogs bei dem Heere Karls herbeigeführt worden. cf. Rettberg, Kirchengeschichte Deutschlands Th. II, p. 309 und 521, und Eckhart commentarii de reb. Franciae orientalis I, p. 325.
[3]) Milo erhielt erst nach dem Siege Karls die Bisthümer Trier und Reims. cf. Hincmari epist. 6 (ed. Busaeus) p. 112 wie Waitz. not. 48 bemerkt zu seiner Ausgabe der Gest. episc. Treverensium Mon. Germ. SS. VIII. p. 161. Daß Milo vorher Abt war hat Hahn, Jahrbücher des fränk. Reiches. S. 131 not. 9 nach Beyer, Urkundensammlung des Mittel-Rheins n. 7 a. S. 10 nachgewiesen.
[4]) cf. S. 21 not. 4.
[5]) Gest. Franc. c. 52.: Carolus super ipsos Frigiones inruit: ibique maximum dispendium de sodalibus suis perpessus est atque per fugam dilapsus abscessit, cf. Cont. Fred. c. 106. — sed non modicum ibidem perpessus est damnum de viris strenuis et nobilibus. Daß dieser Kampf März 716 stattfand, ist nach dem Zusatze in den ann. Petav. zu den ann. Amandi ad. a. 716.: tunc pugnavit Karolus contra eum anzunehmen.
[6]) Karl trat in der Eifel am Flusse Amblève noch in demselben Jahre den Feinden wieder entgegen.
[7]) cf. Rettberg, l. c I, p. 546.
[8]) cf. Bonnell, l. c. S. 76 ff.
[9]) Cont. Fred. c. 106: ab alia parte praestolante Radbodo duce.

Anfange des Maimonats gegen Cöln.¹) Er zog einen südlicheren Weg als das im März vorausgesandte Heer, durch den Ardennerwald. Die Absicht, Karl in seinem Zufluchtsorte zu vernichten und die Anhänger desselben zu strafen, liegt in diesem Unternehmen klar zu Tage. Wo das Heer zog, verwüstete es das Land und gelangte, ohne jedoch mit Karl zusammenzutreffen, oberhalb Cöln an den Rhein. ²) Die Stadt selbst wurde nicht erobert; denn Plektrud, welche durch die Parteinahme der Austrasier für Karl ihre Macht verloren sah, verstand sich dazu, durch Herausgabe des Schatzes und Anerkennung des Königs von der Belagerung befreit zu werden. ³)

Ratbod kehrte nach Friesland zurück; dort hatte er schon nach dem Tode Pippins die christlichen Priester bedrückt, verfolgt und vertrieben, wahrscheinlich Wilbrord aus seinem Bisthum Utrecht verjagt, so daß dieser seit 714 hauptsächlich in seinem Kloster Echternach sich aufhielt;⁴) dort hatte er die christlichen Kirchen in dem bisher fränkischen Friesland größtentheils zerstören, die heidnischen Tempel und Reinigungsörter nebst dem Götzendienste wiederherstellen lassen. ⁵) Sehr wahrscheinlich ist es, daß er auch die alte Grenze vor 689, den Sinkfal,⁶) wiedergewonnen hatte und sie für seine Hülfe als die Südgrenze seines Reiches durch den König Chilperich anerkannt erhielt.

Die Neustrier gaben dadurch die ausgedehnteste Eroberung Pippins und ein weites, dem Christenthum mühsam erworbenes Gebiet auf. Gerade unter diesen der Bekehrung zum Christenthum ungünstigsten politischen Verhältnissen war Wynfrith, ⁷) der später berühmteste Apostel Frieslands, aus England nach Utrecht gekommen und

---

¹) Gest. Franc. c. 53: succedente igitur tempore iterum ipse Chilpericus cum Raganfredo hoste commoto — — pervenerunt. cf. Cont. Fred. c. 106 adunata hostile plebe.
²) Gest. Franc. l. c. Ardennam silvam ingressus usque Rhenum fluvium vel Colonia civitate pervenerunt vastantes terram cf. Cont. Fred. c. 106. hactenus Coloniam urbem super Rhenum fluvium pervenerunt.
³) Gest. Franc. c. 53. multoque thesauro a Plectrude matrona accepto bezieht sich wahrscheinlich auf den königlichen Schatz, welchen Pippin nach der Schlacht bei Tertry nach Auster gebracht hatte. cf. Cont. Fred. c. 99. Da der Cont. Fred. c. 106 sagt: munera multa et thesauros a praefata Plechtrude accipientes reversi sunt, so läßt sich aus der Geschenkübereichung cf. Waitz, D. B.-G. II, p. 499 eine Anerkennung Chilperichs erkennen, zumal Arnulf, Plektrubs Enkel, in der Schenkungsakte an das Kloster Epternach, betreffend seinen Antheil von Bollum-villa (Breq.-Pard. u. 502 II, p. 310) nach den Regierungsjahren des Königs Chilperich zählt.
⁴) cf. Rettberg, Dtsch. Kirchengeschichte II, p. 521 de Geer, de strijd der Friezen en Franken. Utrecht 1850. p. 25.
⁵) Willibaldi vita S. Bonifatii c. IV ed. Jaffé, Monumenta Moguntina. Berol. 1866. p. 441: Sed quoniam, gravi ingruente paganorum impetu, hostilis exorta dissensio inter Carlum principem gloriosumque ducem Franchorum et Raatbodum regem Fresonum populos ex utraque parte perturbabat maximaque iam pars ecclesiarum Christi, quae Franchorum prius in Fresia subiectae erant imperio, Raatbodi incumbente persecutione ac servorum dei facta expulsione, vastata erat ac destructa, idolorum quoque cultura exstructis delubrorum fanis lugubriter renovata, tum vir —.
⁶) cf. Seite 15.
⁷) Wynfrith nach Jaffé Mon. Moguntina p. 443.

trug Ratbod daselbst seinen Wunsch, das Christenthum zu predigen, vor. Die Antwort, in ihrem Wortlaut unbekannt, muß verneinend gewesen sein, da Wynfrith, nachdem er noch mehrere Theile Frieslands in der Absicht durchforscht hatte, ob künftig in ihnen der Predigt ein Zugang eröffnet werden könnte, am Anfange des Herbstes[1] nach seinem Kloster Nhutescelle in Southamptonshire zurückkehrte.

Unterdessen waren nach dem Abschlusse der Verhandlungen mit Plektrud der König Chilperich und Raganfred, froh über den Erfolg des Zuges, wieder durch den Ardennerwald, wo ihnen Karl allein noch feindlich gegenüber stand, auf dem Wege zu ihrer Heimath unerwartet von diesem, ungefähr eine Meile östlich von Malmedy bei dem Orte Amblève überfallen und in die Flucht getrieben worden. Die Neustrier erlitten einen recht großen Verlust; sie eilten in ihr Land zurück.[2]

Durch den glücklichen Erfolg seines Ueberfalles erhielt Karl in Auster allgemeines Ansehen, und viele Weltliche und Geistliche traten zu seiner Partei. Am Ende des Jahres entschied sich nach dem Tode des Bischofs Abbo das Bisthum Verdün, einen eifrigen Parteigänger Karls, Peppo, auf den bischöflichen Stuhl zu berufen. Ihm wurde dafür durch reichliche Schenkungen der Dank Karls abgetragen.[3] Wohl mag auch die am 23. Februar 717 zu Fibiacus für die Kirchen S. Petri und Pauli zu Echternach ausgestellte Urkunde, in der Karl sein Erbtheil an Bollendorf zum freiesten Gebrauch übergiebt, ein Beweis seiner Dankbarkeit für die von Wilbrord und von dem Kloster erhaltene Unterstützung während seines Aufenthaltes in den Ardennen gewesen sein.[4]

Von den Weltlichen in Auster wurde Karl so allgemein als

---

[1] cf. Willibaldi vita Bonifatii c. 4. l. c. p. 441 und 442 tum vir Dei, perspecta perversitatis nequitia, pervenit ad Trech; ibique aliquantis exspectatis diebus, adveniente regem Radbodum adlocutus est. Et multis illarum circumvallatis et circumspectis terrarum partibus — dum — et estatis autumnuique aliquantulum tempus praeteriret, ad natale solum migravit. Die Ankunft Ratbods in Utrecht ist demnach in den Sommer, etwa Juli oder August, zu setzen; der Feldzug gegen Cöln war also dann schon beendigt. Auf die hohe Sommerszeit weist auch die, wenn auch im einzelnen unzuverlässige Erzählung von dem Gefecht bei Amblève in den Ann. Mettens. Mon. Germ. 1, p. 314; auch in der Angabe der Chronic. Adon. cf. S. 21 ist eine Erinnerung an den Juli zu finden: es mag in der Angabe die Ankunftszeit mit der Zeit, bis zu welcher Ratbod vor Cöln verblieb, verwechselt sein. Daß das Jahr 716 das erste gewesen ist, in welchem Wynfrith Friesland betrat, geht aus der Angabe Willibalds über den Tod Bonifazius' ann. 755 hervor: quadragesimo peregrinationis anno revoluto. cf. Jaffé Mon. Mog. p. 441 not. 5.

[2] Gest. reg. Franc. c. 53. revertebantur gaudentes; sed in loco quodam, qui dicitur Amblava maximum Carolo super eos inruente perpessi sunt dispendium. cf. Cont. Fred. c. 106. Die Schilderung in Ann. Mettenses l. c. giebt fälschlich an, daß der Sieg Karls gegen die nach Cöln ziehenden Neustrier erfochten sei. cf. Excurs I.

[3] Bertarii Gesta episc. Virdunensium c. 10 ed. Waitz, Mon. G. SS. IV, p. 43, und aus ihm entlehnt Hugo Flaviniacensis chron. lib. I. Mon. G. SS. VIII, p. 342.

[4] Brequigny-Pard. n. 503. II, p. 310—311. Fibiacus liegt im Gau Bedburg an der Mosel. cf. Bonnell l. c. p. 81.

Führer der nationalen Angelegenheit anerkannt, daß er genügende Mannschaft bei sich hatte, um am Anfange des Frühlings im Jahre 717 zum Angriff auf Neustrien überzugehen.

Auch dort selbst regten sich wieder Anhänger der Pippiniden; Benignus, Abt von S. Wandrille, zeigte sich der Partei Karls günstig.[1]) Da sein Einfluß durch seinen eignen bedeutenden Grundbesitz, denn er besaß 22 Landgüter in sieben verschiedenen Gauen Neustriens,[2]) und noch mehr durch die ausgedehnten Besitzthümer des Klosters, welche die Gaue Tellau und Vimnau b. h. die Gegend zwischen dem heutigen Flüßchen Bethune und der Somme fast gänzlich einnahmen,[3]) ein sehr bedeutender war, so setzte ihn Raganfred, ohne eine Synode zu befragen, von seinem geistlichen Amte ab und übertrug die Abtswürde dem ältesten Mönche Waudo, einem frommen, unterrichteten Manne, der aber zugleich ihm völlig ergeben war.[4])

Karl selbst bringt durch Erlaß eines Aufgebotes ein Heer zusammen, um Chilperich und Raganfred anzugreifen; diese beeilen sich ebenfalls mit ihren Rüstungen.[5])

Die Neustrier wählen wieder die nördliche Straße nach Auster, denn Karl trifft sie im Gau von Cambray bei Vincy[6]) und macht ihnen Friedensvorschläge.[7]) Welcher Art diese gewesen seien, wird nicht berichtet; doch die Lage der Verhältnisse macht es wahrscheinlich, daß Karl die Amtsgewalt seines Vaters für sich gefordert habe.[8]) Da sowohl Chilperich als Raganfred anderer Meinung waren, so mußten die Waffen entscheiden.

Am Morgen des 21. März, einem Sonntage, vierzehn Tage vor Ostern 717[9]) siegte Karl nach einem so erbitterten und blutigen Kampfe, daß die Erinnerung an ihn noch im 9. Jahrhundert den Bischof von Reims Hinkmar veranlaßte, bei dem Bericht über die

---

[1]) Gest. abb. Fontanell. c. 3. Benignus vero diaconus partibus Caroli favebat.
[2]) l. c. c. 7.
[3]) l. c. c. 2, 6, 7. Durch die Zusammenstellung der zerstreut angegebenen Besitzthümer ergiebt sich die oben erwähnte Ausdehnung.
[4]) l. c. c. 13.
[5]) Gest. Franc. c. 53: bellumque parantes accelerant.
[6]) Ann. Tiliani ad. a. 717: bellum fuit inter Carolum et Ragimfridum in mense Martio; Ann. S. Amandi fügen hinzu: in Vinciaco, media quadragesima die dominica; cf. Ann. Naz. pugnavit Carolus contra Raghenfredum in Vinciago in dominica die; Ann. Mosellani haben statt Raghenfredum, Francos und fügen hinzu ante pascha. cf. Ann. Lauresham; Ann. Petav. erklären: die 15 ante paschae. Gest. Franc. c. 53 und Cont. Fredg. c. 106. Am 23. Febr. 717 war Karl noch in Fitiacus an der Mosel cf. Breq.-Pard. num. 503 l. c. und zieht dann bei Reims vorbei cf. vita Rigoberti Bolland. 4. Januar 12. 176.
[7]) Gest. Franc. l. c. Sed Carolus pacem fieri postulat.
[8]) Die Worte der Ann. Metteuses, Mon. Germ. SS. I, p. 323—324.: paternum sibi suadet restaurari principatum sind auch nur Conjectur des Annalisten und beruhen nicht auf überlieferten Friedensbedingungen. Die Beschreibung des Annalisten hat, wie schon Pertz Mon. Germ. l. c. nota 28 p. 323 gezeigt hat, keinen historischen Werth.
[9]) Da Ostern auf den 4. April fiel und die Ann. Petav. ad 717 zu den Angaben der andern Annalen hinzufügen cf. not. 6. die 15 ante pascha, so ist dadurch der 21. März bezeichnet. Damit stimmt genau die Angabe der Gest. Franc. cap.

Schlacht bei Fontenay i. J. 841 zu erwähnen, daß zwischen Christen kein so heftiger Kampf seit jener Zeit, da Karl und Raganfred bei Vincy kämpften, stattgefunden habe.[1] Der Sieg Karls war so vollständig, daß der fliehende König nebst seinem Majordomus bis Paris verfolgt wurde,[2] während das Gebiet so verwüstet und geplündert wurde, daß Karl mit vieler Beute nach Auster zurückkehrte.[3] Auf diesem Rückwege entsetzte er Rigobert, Bischof von Reims, seines Amtes, weil dieser ihn auf seinem Zuge gegen Chilperich nicht entschieden unterstützt, sondern eine zuwartende Stellung eingenommen hatte.[4] An dessen Stelle setzte

---

53 dominico die inluscente, XII Kal. April. in quadragesima. cf. Cont. Fred. c. 106. Falsch ist also die Angabe des Herausgebers der Annales Mosellani, Lappenberg, der den 28. März als den Schlachttag bezeichnet. cf. Mon. Germ. SS. XVI. p. 494.

[1] Cont. Fred. c. 106: nimia caede conlisi sunt und Hincmari epistola 10 cap. 1. an König Ludwig (III), Enkel Ludwigs des Frommen.

[2] Cont Fred. c. 106: Carlus persecutus usque Parisius civitatem properavit.

[3] Gest. Fr. c. 53: Carolus victor extitit; regionibusque illis vastatis atque captivatis iterum cum multa praeda in Austria reversus. — König Chilperich bestätigte am 24. April 717 mit Uebereinstimmung des Majordomus Raganfred dem Abt des Klosters Fossatum Bacaudarum St. Mauri (St. Maur-les-Fossés an der Marne, nahe Paris) die früher erlangten Immunitäten; demnach waren die Feinde also wohl schon vorher aus der Gegend von Paris abgezogen.

[4] Hadriani epist. ad Tilpinum. Bouquet, Recueil l. c. V, 593. In der vita Rigoberti, die nach Mabillons und Bouquets Meinung ein Anonymus im 10. Jahrhundert geschrieben, Bolland. 4. Januar, wird die Begebenheit in rhetorischer Darstellung ausgeschmückt. Es wird erzählt, daß Karl auf dem Zuge gegen Chilperich und Raganfred vor der Schlacht bei Vincy nach Reims gekommen sei. Er umgeht die Stadt bis zu dem Thore, in dessen Gebäuden Rigobert seine Wohnung hatte und die Schlüssel aller Thore aufbewahrte. Karl rief: „Rigobert, mache das Stadtthor auf, damit ich bei der heiligen Maria beten kann." Der Bischof hört, da er betet, nichts, bis er endlich durch das dreimal wiederholte Rufen und Geschrei den Wunsch Karls vernimmt. Er antwortet: „Das Thor wird dir nicht geöffnet werden, bis es feststeht, wem von euch der Sieg zufallen wird. Du nämlich und Raganfred, ihr kämpfet unter einander über die Würde, und noch kann man nicht wissen, welchen Ausgang die Sache nehmen wird. Wenn Gott dich als Sieger hervorgehen läßt, werde ich dir auf deiner Rückkehr gerne das Thor öffnen und mich dir unterthan erweisen." Karl bekräftigte wuthentbrannt mit einem Eide, daß, wenn er als Sieger zurückkehre, er den Bischof nicht ungestraft lassen werde. Beruht bis dahin die Erzählung auf älteren Ueberlieferungen, so ist die Bemerkung des Anonymus, daß Rigobert gemerkt habe, daß Karl nicht des Betens halber, sondern um die Stadt zu verwüsten, wie er es schon bei anderen Städten gethan habe, den Eingang gefordert habe, ebenso naiv wie falsch. Reims gehörte zu Auster, in dem Karl sicherlich nicht plünderte, noch hatte er bis dahin irgend eine Stadt außerhalb Auster betreten; Rigobertus fürchtete, wie es auch selbst in der Erzählung angegeben wird, er werde, wenn er Karl einlasse, nach dessen Niederlage von Raganfred der Untreue angeklagt werden.

Ueber die Absetzung sagt der Verfasser der vita: Carolus, XII Kal. Augusti (falsch statt April) qui tunc dominicus erat dies, — conflixit cum Chilperico rege et Ramanfredo, quem Chilpericus maioremdomus creaverat, et pro voto victoria potitus mox ut reversus est a sede sua exturbavit pontificem Rigobertum et quidem iniustissime, ut erat illi antea comminatus. Nach diesen Angaben bleibt kein Zweifel, daß die angegebenen Thatsachen dem Jahre

Karl einen Geistlichen, der ihm ergeben war und ihm schon in dem Kampfe selbst Beistand geleistet hatte, den Bischof von Trier, Milo, ohne Rücksicht darauf, daß dieser Mann den Anforderungen, welche die Kirche an die Persönlichkeit des Geistlichen stellte, wenig entsprach. Wenn auch die Charakteristik, welche von Milo durch spätere Schriftsteller entworfen ist, nicht in ihrem ganzen Umfange auf den damaligen Parteigänger Karls angewendet werden kann,[1]) so hat dennoch Karl durch die Wahl dieses Geistlichen gezeigt, daß ihn vor allem die Parteiinteressen bei der Besetzung der Aemter leiteten, daß er ihnen den Vorrang vor allen anderen Rücksichten, selbst sogar gesetzlichen Bestimmungen gäbe. Es war gegen alle Ordnungen der Kirche und bisherigen Brauch, zwei Bisthümer einem Bischofe zu geben.[2]) Daß weder Clerus noch Volk, noch die Bischöfe der Provinz bei der Wahl eines neuen Bischofs entschieden, sondern nur der Wille des Königs, war gegen die kirchlichen Bestimmungen schon lange Gewohnheit;[3]) jetzt entsetzte Karl, wie es in Neustrien schon Raganfred mit dem Abte Benignus gethan hatte,[4]) den Bischof ohne Synode, obgleich es bis dahin noch Gebrauch gewesen war, das geistliche Gericht die Strafen über Geistliche aussprechen zu lassen.[5]) Durch diese Ein-

---

717 zugeordnet sind. Die Chronik des Sigibertus Gemblacenses, ed. Bethmann Mon. G. SS. VIII, p. 830 giebt zum Jahre 723 an: Rigobertus episcopus Remensis a Karolo, suo in baptismate filiolo, ab episcopatu deponitur pro eo, quod illi contra Raganfredum euuti urbem Remensem prae timore Ragenfredi aperire noluit. Die Chronik ist erst 1106 geschrieben und in ihren Angaben für diese Zeit nichts werth. cf. Wattenbach, Deutschlands Geschichtsquellen, 2. Aufl., 1866, S. 358, 359; und Roth, Beneficialwesen p. 330. Aus ihr ist zu benutzen Jahre wörtlich diese Notiz an das chronicon Remense in Labbei nova bibliotheca mss. libr. tom I, p. 358—361 (ed. Paris 1657) übergegangen. Das Chronikon geht bis 1190 und ist daher wohl erst in dieser Zeit compilirt oder mit Zusätzen versehen.

Da 723 nach allen anderen Angaben kein Kampf zwischen Karl und Raganfred stattfand, so ist der Irrthum Sigiberts offenbar.

[1]) cf. Hadriani epist. ad Tilpinum. Bouquet l. c. V, p. 593: donatus atque magis usurpatus contra deum et eius auctoritatem fuit ille episcopatus simul cum alio episcopatu et aliis ecclesiis a saecularibus potestatibus Miloni cuidam sola tonsura clerico. Hincmari epistola 44 u. 20, Opp. 2, 731. und daraus Gest. episc. Treverensium ed. Waitz Mon. Germ. SS. VIII, p. 161. Cum hoc Karolo Milo supradictus ad bellum profectus est, sola tonsura iam clericus, habitu et moribus irreligiosus et post victoriam episcopatibus Trebirorum et Remorum ab eodem Karolo donatus est. cf. Hahn, Jahrbücher des fränkischen Reiches S. 132.

Milo bewahrte nach Hincmar vita Remigii l. c. 40 Jahre lang seine Gewaltherrschaft. Da er 753 starb, so kann sich diese Angabe nicht auf Reims beziehen, wo 717 Rigobertus Bischof war, noch auch auf Trier, das er erst nach dem Siege Karls erhielt, also auch erst frühestens 716 nach dem Kampf bei Amblève. Da er aber, wie sein Vater, zuerst fromm gewesen sein soll, siehe Hahn l. c., so ist anzunehmen, daß er 717 noch nicht dem geistlichen Stande in dem Maße, wie es der Papst Hadrian schildert und Hincmar ausführt, entfremdet gewesen sei, zumal er dann nur erst 4 Jahre, seit 713, dem geistlichen Stande angehört hatte.

[2]) Roth, Beneficialwesen. S. 333—334.
[3]) Loebell, Gregor von Tours und seine Zeit 1839. S. 335 ff.
[4]) Siehe S. 25.
[5]) cf. Roth. l. c. p. 833.

griffe in seine Rechte und die Nichtachtung der kirchlichen Ordnungen wurde die Selbständigkeit des geistlichen Standes völlig gebrochen; die Geistlichen wurden mit den weltlichen Beamten in gleiche Abhängigkeit von dem Willen des Königs und seines Majordomus gebracht.[1]) Daß das Kirchengut für die Zwecke Karls fruchtbringender wurde als zuvor, daß es ihm Unterstützung und Mittel gewährte, treue Anhänger zu belohnen, Heereszüge zu unternehmen, daß er die Bischofssitze zu Posten, die seinen militärischen Zwecken dienten, machte, ist offenbar; daß aber Karl vom Kirchengute systematisch Entfremdungen angeordnet habe, ist nicht nachweisbar.[2])

Karl fand bei seiner Rückkehr nach Auster daselbst noch seine persönliche Feindin Plektrud in einer festen militärischen Stellung; sie behauptete sich in Cöln. Wohl ist anzunehmen, daß der damalige Bischof[3]) von Cöln ihre Partei gehalten habe; auch von dem Bischof von Metz, Sigibald,[4]) läßt es sich vermuthen, da die Abtei St. Apostolorum (später St. Arnulfi) daselbst unter dem Abte Leutbert noch im Juni 717 Geschenke und Immunitätsbestimmungen vom Könige Chilperich erhält, nachdem Karl ihn bei Vincy besiegt und einen Gegenkönig aufgestellt hatte.[5]).

In Cöln selbst aber erhob sich, als Karl siegreich zurückkehrte, zu seinen Gunsten durch seine Veranlassung gegen Plektrud ein Aufstand; sie sah sich gezwungen, in Unterhandlungen mit Karl zu treten und ihm die Stadt, welche ihm seine Anhänger geöffnet hatten, nebst dem Schatze seines Vaters zu übergeben.[6]) Welche Stellung sie später einnahm, wo sie verblieb, ist nicht überliefert.[7])

Karl hatte durch den Ausgang dieser Unternehmungen die erste Stufe zu der Macht, wie sie seinem Vater eigen gewesen, erstiegen: er war das anerkannte Haupt der Pippiniden, in Auster von den Weltlichen und Geistlichen — denn daß die Bischöfe von Cöln und Metz sich ihm bald angeschlossen haben, ist nicht zu bezweifeln — zum Führer gegen die Neustrier und deren König geworden. Um aber als berechtigter Majordomus die Leitung des Staates führen zu können, um die etwaigen Verdächtigungen, selbst nach der Krone zu streben, wie es einst sein Vorfahr Grimoald gethan hatte, zu vermeiden, setzte Karl sich einen merovingischen Prinzen zum Könige.

---

[1]) l. c. p. 332.
[2]) l. c. Buch. IV. c. 1. Von der Säkularisation, und unten p. 121 Excurs IV.
[3]) Wer Bischof von Cöln damals gewesen sei, ist nicht sicher bekannt cf. Rettberg l. c. I, 538.
[4]) Auch dieser Name ist zweifelhaft cf. Bonnell, l. c. p. 188. Excurs IX, über die Bischöfe von Metz cf. Rettberg l. c. I, p. 492. 510.
[5]) Breq.-Pard. num. 506, II p. 508. 8. Juni 717. cf. Seite 25.
[6]) Gest. Franc. 53: Coloniam civitatem venit ibique seditionem intulit: cum Plectrude matrona disceptavit et thesauros patris sui sagaciter recepit. cf. Cont. Fred. 106. civitatem cepit reseratam — et (sc. Plectrude) cuncta suo dominio restituit.
[7]) Ueber die Fabel, daß Plektrud Raganfred geheirathet, siehe oben S. 11 not. 1.

Er hieß Chlothar,¹) seine Einsetzung fand etwa im April 717 statt.²) Sowohl in diesem als in dem folgenden Jahre haben Chilperich und die Neustrier nichts gegen Chlothar unternommen; es wird wenigstens nirgend etwas der Art berichtet; die Neustrier fühlten sich ohne Zweifel gegen Karl zu schwach; denn die Opfer, welche sie brachten, um mit starken Bundesgenossen im Jahre 719 im Felde gegen Auster auftreten zu können, beweisen das Eingeständniß eigner Schwäche.³) Karl gewann durch diese Umstände die Zeit, um den Kampf gegen die feindlichen Nachbarn, die heidnischen Sachsen, die zu Pippins Zeiten die christlichen Missionare, Priester und Bewohner aus dem Borukstererlande vertrieben⁴) und nach dem Tode des Majordomus im Jahre 715 fränkisches Gebiet, das der Hatuarier, angegriffen hatten,⁵) mit Energie wieder aufzunehmen. Er führte die Austrasier 718 in das sächsische Gebiet bis zur Weser; bei den Kämpfen daselbst wurde das Land mit Feuer und Schwert verwüstet.⁶) Der Kriegszug sollte gewiß mehr eine Bestrafung für die Angriffe auf die Bekenner des Christenthums und fränkisches Gebiet als eine dauernde Erwerbung des Landes bezwecken; denn dazu war Karl noch von zuviel Feinden bedroht, als daß er schon auf Eroberungen hätte ausgehen können.⁷) Der Erfolg des Kriegszuges war, daß in dem nächsten Jahre 719 die Sachsen keinen Angriff machten.

Wie Karl gegen Ratbod verfahren habe, wird in den zuverläßigen Berichten nicht erwähnt; es scheint, daß er vorläufig den Friesenfürsten in dem Besitz seiner Eroberungen gelassen habe; denn die Nachricht, daß Karl Ratbod in Friesland besiegt und unterworfen habe, ist einer zu späten Aufzeichnung entnommen, als daß sie unzweifelhaft wäre.⁸)

---

¹) Gest. Franc. c. 53 regemque sibi statuit, Chlotharium nomine. cf. Cont. Fred. c. 106; Chron. Moissacense Germ. Mon. SS. II, p. 291 regemque ibi (auf Cöln bezogen) statuit. Da sonst der Chronist die Worte der Gest. Franc. wörtlich wiederholt, ist die Correktur möglicherweise nur ein Schreibfehler. Ueber die Genealogie Chlotbars siehe Excurs III.
²) In den Gest. Franc. l. c. folgt die Wahl auf Karls Ausgleichung mit Plektrud, diese auf die Schlacht bei Vincy. Da letztere am 21. März geschlagen wurde, so ist die Rückkehr Karls über Reims nach Cöln wohl erst in den April zu setzen.
³) Siehe Seite 30.
⁴) Siehe Seite 6.
⁵) Siehe Seite 15.
⁶) Ann. Tiliani ad. a. 718. l. c. Karolus primum pugnavit in Saxonia cf. Ann. S. Amandi. Ann. Naz. Moseml.: vastavit Karolus Saxonia plaga magna, dazu fügen Ann. Pet. usque Viseram; cf. Gest. abb. Font. c. 3. l. c. II, p. 279 terra usque Weseram fluvium incendiis, rapinis, interfectionibus attrita est.
⁷) Nur die Ann. Metten. l. c. 324 berichten mit ihrer oft wiederholten Phrase: omnique illa regione subacta ad propria victor revertitur.
⁸) Cronica de Trajecto et eius episcopatu ab ortu Frisiae bis 1456 apud Mathaeus veteris aevi analecta. edit. C. 1738 Vol. V, p. 311.: venit ipse cum valida manu in Frisiam expugnare Radbodum et obtinuit eum. cf. de Geer I. c. p. 25, der die Thatsache nicht anzweifelt.

Chilperich und Raganfred hatten unterdessen einen neuen Bundesgenossen gegen Karl in Eudo, Herzog von Aquitanien, gefunden. Er beherrschte das südliche und südwestliche Frankreich; sein Gebiet umfaßte ungefähr die jetzigen Landschaften Poitou, Berry, Saintogne, Angoumois, Marche, Limousin, Auvergne, Perigord, Gascogne, Guienne, Rovergue, Belay, Gevaudan, von Languedoc den westlichen Theil um Alby und Toulouse; denn am Ende des siebenten Jahrhunderts hatten die unruhigen Verhältnisse in Neustrien und Austrasien die Bestrebungen mehrerer dem fränkischen Reiche angehöriger Volksstämme, nationale Herrschaften im Gegensatz zu dem gemeinsamen merovingischen Königthume aufzustellen, sehr begünstigt. Ein Herzog Eudo hatte sich an die Spitze eines aquitanisch-wasconischen Reiches gestellt; seine Herrschaft war faktisch von dem merovingischen Königthume unabhängig, rechtlich aber eine usurpirte.[1]

Diese nationalen Bestrebungen, als deren letztes Ziel vollkommene, auch rechtliche Unabhängigkeit von dem Merovingerreiche, eine Trennung zwischen dem Norden und Süden des Frankenlandes deutlich hervortrat, mußten von den Inhabern der königlichen Gewalt mit aller Kraft unterdrückt werden, wenn nicht zur Auflösung der Monarchie die Hand geboten werden sollte. Doch Chilperich und Raganfred betraten den für das merovingische Königthum gefährlichsten Weg: für den Preis der anerkannten Selbständigkeit suchten sie Eudo zu ihren Bundesgenossen gegen Karl und die Austrasier zu machen. Eine Gesandtschaft des neustrischen Königs und seines Majordomus bittet demnach Eudo um Hülfe; sie überbringt ihm die Anerkennung seiner Souveränität in Aquitanien innerhalb der oben angegebenen Gebiete.[2]

Der Herzog rief ein Heer zusammen und zog Karl entgegen.[3] Dieser hatte diesmal im Osten und Norden keinen Feind zu fürchten. Ratbod starb,[4] ehe er seinen früheren Verbündeten zu Hülfe kommen

---

[1] Alle Angaben über die Verwandtschaft Eudos mit den merovingischen Königen, die sich in den späteren Quellen und in den neueren Schriftstellern finden, so wie die darauf gebauten Hypothesen cf. Fauriel, histoire de la Gaule méridionale sind durch den Nachweis, daß die Charte von Alaon, angeblich im Jahre 845 von Karl dem Kahlen zu Compiegne gegeben, eine Fälschung sei, hinfällig gemacht. Siehe Rabanis les Mérovingiens d'Aquitaine. Essai historique et critique sur la charte d'Alaon. 1856.
[2] Cont Fred. c. 107: Chilpericus itaque et Raganfredus legationem ad Eudonem ducem dirigunt, cius auxilium postulantes rogant, regnum et munera tradunt cf. l'histoire de l'Académie des inscriptions et belles-lettres tom I, p. 162 seq. erklärt die Ausdrücke regnum et munera gleichbedeutend mit indépendance et souverainité. Geschenke waren gewöhnlich die Zeichen der Ehrfurcht, welche den Fürsten dargebracht wurden und ihre Anerkennung einschlossen. cf. Waitz, Dtsch. V.-G. II, p, 499. — Gest. Franc. c. 53. Chilpericus et Raganfredus Eudonem expetunt in auxilium.
[3] Gest. Franc. c. 53. — qui movens exercitum contra Carolum perrexit. cf. Cont. Fred. c. 107: ille quoque hoste Wasconorum commoto ad eos venieus pariter adversus Carlum perrexerunt. Vergl. unten Seite 31.
[4] Ann. S. Amandi ad. a. 719 c. Radbodus obiit. cf. Ann. Naz. Mosell. Lauresh. Petav.

konnte,¹) und sein Nachfolger Abdgisl²) befolgte die Politik seines gleichnamigen Vorgängers, er lebte mit den Franken in Frieden, erlaubte die christliche Predigt.³) Die Sachsen aber waren im vorigen Jahre so gezüchtigt, daß sie keinen Einfall wagten, zumal sie an dem Friesenfürsten jetzt keinen Vertheidiger des Heidenthums hatten.⁴) Karl war daher schon an der Westgrenze Austrasiens, als ihm Eudo entgegen kam; er rückte zum Angriff vor,⁵) doch der Aquitanerfürst, erkennend, daß er nicht Widerstand leisten könnte, flieht,⁶) so daß Karl nur Raganfred bei Soissons traf und schnell die Neustrier völlig schlug.⁷) Der Majordomus Raganfred floh unter vielen Gefahren nach Norden, stets von den Anhängern Karls verfolgt. Seine Flucht war so eilig, daß er auf dem Gebiete des Klosters S. Wandrille, auf dem Landgute Novionum ein Pferd des Abtes Waudo von der Weide aufgriff und in stürmischem Ritte Devinna (Pont de l'Arche) unfern Rouen zu erreichen suchte.⁸) Von dort ist er nach Angers entkommen.⁹) Eudo dagegen floh nach Paris,¹⁰) wohin ihm Karl

---

¹) Von den Rüstungen spricht vita S. Ermionis, abb. Lobiensis (Lobbes) Act. ord. Bened. sel. III, pars I, p. 566: igitur quum completa esset malitia praefati viri Radbodi coepit adunare turbas gentilium exercitumque valde copiosum, cupiens irrumpere in Francorum terras, ut suam in iis ultionem exerceret. Haec audientes Franci metuebant eum nimis, reminiscentes quod olim ab eo graviter vulnerati vertissent. Tunc misertus Dominus servis suis non permisit illum intrare in regnum Francorum, sed percussit eum et mortuus est. cf. Eckhart l. c. I, p. 332 und de Geer l. c. p. 25. Späte Aufzeichnungen lassen Ratbob an der Schlacht theilnehmen. Compilatio Vedastina fol. 75. et subsequente 719 anno hisdem (d. h. Chilperich und Raganfred) et rabbodoni Frisiorum duci quem adsciverant sibi in contubernio affuit pugna cum invicto Karolo sed victoria ut semper cessit duci inclito.

²) Er wird auch Abgild genannt; v. Richthofen nennt den Vorgänger Ratbobs in seiner Vorrede zu dem friesischen Gesetz Abdgisl; demnach wird dieser ebenso zu nennen sein. Vergl. S. 14.

³) cf. de Geer l. c. p. 26 und 27.

⁴) Siehe Seite 15.

⁵) Gest. Franc. c. 53. at ille (sc. Karolus) constanter occurrit ei intrepidus cf. Cont. Fred. c. 107.

⁶) Gest. Franc. l. c. sed Eudo fugiens Parisius civitatem regressus est cf. Cont. Fred. l. c. Eudo territus quod resistere non valeret, aufugit. Vergleiche unten not. 10.

⁷) Ann. Naz. Mosell. Lauresh. Alam. ad a. 719. l. c. occisio Francorum ad Suessionis civitate.

⁸) Gest. abb. Fontanell. c. 3 Mon. Germ. SS. II, p. 277. Die Erzählung bezieht sich auf die Thatsachen des Jahres 719; denn in demselben Kapitel wird angegeben, daß der Abt Benignus nach der Flucht Raganfreds wieder in sein Amt eingesetzt worden sei; dieser habe aber vier Jahre hindurch bis 723 die Stelle innegehabt.

⁹) Gest. abb. Font. l. c. und Cont. Fred. c. 107 führen an, daß im folgenden Jahre Raganfred in Angers von Karl belagert sei.

¹⁰) Welche Rolle Eudo bei dem Kampfe bei Soissons gespielt habe, ist nicht klar zu erkennen. Eine Niederlage scheint sein Heer nicht erlitten zu haben, da der Cont. Fred. c. 107, der ausdrücklich ein macconisches Heer nennt, bemerkt, Eudo sei geflohen, erschreckt, daß er nicht widerstehen könne: Eudo territus, quod non resistere valeret, aufugit. Auch die Gest. Franc. c. 53 sprechen von keinem Kampfe, sondern bemerken nur, daß Eudo, als Karl ihm entgegenrückte, floh. Die Stellen im Cont. Fred. und in Gest. Franc. sind sehr

32 Karl in Paris und bei Orleans. Chilperich von Eudo entführt.

folgte, doch fand er daselbst weder den Herzog von Aquitanien noch den König Chilperich, da ersterer den letzteren gezwungen hatte, mit den königlichen Schätzen ihm über die Loire zu folgen. Karl setzte seine Verfolgung jenseit der Seine bis nach Orleans fort, und kaum entkam Eudo in sein Gebiet.¹)

Unter solchen Verhältnissen ist Karl Herr in Neustrien geworden, und seine Anhänger wurden auch hier mit Aemtern belohnt, z. B. trat an die Stelle des von Raganfred zu S. Wandrille eingesetzten Abtes wieder der im Jahre 717 entsetzte Benignus;²) Wando dagegen, der Parteigänger Raganfreds wurde nach Maastricht in das Kloster S. Servatii in Haft gebracht und daselbst bis zum Tode Karls festge=halten.³) Den Schwierigkeiten, die sich für Karl aus der jetzt noth=wendigen Forderung seinerseits, daß die Neustrier den von ihm zum König erhobenen Chlothar anerkennen sollten, entwickeln mußten, ent=ging er durch den Tod Chlothars, der spätestens im Juni 719 ein=trat.⁴) Es ist sehr wahrscheinlich, daß Karl jetzt den von den Neu=striern einseitig erwählten König Chilperich als den alleinigen König des merovingischen Reiches anerkannt habe; denn er hält am 2. December 719 in Auster im Gau Arduense, zu Glamanvilla, einen Reichstag,⁵) um die Angelegenheiten Aller zu hören und gerechte An=sprüche zu erfüllen, und in der Urkunde, die er über den zu Gunsten der Klöster Stabloo und Malmedy daselbst gefällten Rechtsspruch ausgestellt hat, wird nach dem Regierungsjahre des Königs Chilperich gerechnet.⁶)

---

verderbt. cf. meine Abh. über de cont. Fred. Schol. chronc. p. 82. — In der späteren Ueberlieferung wird ausdrücklich gesagt, Eudo sei schon bei der Nach=richt geflohen, daß Karl bis zur Grenze d. h. Soissons vorgerückt sei cf. Compilatio Vedastina fol. 75.: sed praefatus aquitanorum dux, ut nuntiis Karolum sibi occurrere seque sui regni fines tueri accepit, timore exanguis, animo fugam maturavit, hilpericum cum suis parvipendens thesauris. Daß Eudo zu=erst nach Paris floh, sagte ausdrücklich die Gest. Franc. c. 53: sed Eudo fugiens Parisius civitatem regressus est.

¹) Gest. Franc. c. 53 in der Lesart des Cod. Crassier und Cont. Fred. c. 107: Carolus insecutus eum usque Parisius, Segona (statt Sigona vergl. Jacobs géographie de Frédégaire, de ses continuateurs et des gesta Francorum. Paris 1859. p. 29) fluvio transito usque Aureliauensem urbem peraccessit. Et (m. b. ille) vix evadens terminos regionis suae penetravit. Chilpericum regem secum cum thesauris sublatum evexit. Die Comp. Ved. fol. 75 meldet fälschlich, daß Karl Eudo auf der Flucht getödtet habe: quem Karolus insequens interfecit.
²) Siehe Seite 25.
³) Gest. abb. Fontanell. c. 3 und c. 12 Mon. Germ. SS. II, p. 277 und 285. Ueber Maastricht siehe Rettberg l. c. II, p. 526 not. 7.
⁴) Gest. Franc. 53 und Cont. Fred. c. 107: Chlotharius rex eo anno obiit. Ohne Werth ist die Angabe der Ann. Stabulenses ad. a. 717: Lotharius a Karolo constituitur rex, qui et eodem anno obiit et in occidentali Francia Hilpericum cum Raganfredo regnare constituit cf. Bulletin de l'Académie de Bruxelles, tom. X partie 2. p. 247. Siehe Excurs III.
⁵) Vergl. Waitz Dtsch. V.=G. II, p. 489.
⁶) cf. Breq.-Pard. n. 509 tom II, 316. „regnante Chilperico rege."

Viertes Capitel.

Angriff der Araber auf das merovingische Reich. — Sieg Eudos bei Toulouse. — Wirksamkeit Wynfriths in Friesland und Deutschland östlich vom Rheine. — Karl, Schutzherr der Christianisirung daselbst. — Innere Unruhen.

720—723.

Der Herzog von Aquitanien, Eudo, hatte den König Chilperich und die königlichen Schätze in sein Land mitgenommen;[1]) Karl mußte beide in seine Gewalt zu bekommen trachten, daher schickte er im Jahre 720 eine Gesandtschaft an den Herzog, durch deren Vermittelung ein friedliches Verhältniß, beruhend auf einem förmlichen Vertrage zwischen ihm und Eudo gegründet wurde. In Folge desselben lieferte der Herzog den König Chilperich, aber nicht den königlichen Schatz, an Karl aus,[2]) erkannte ihn als Majordomus an und unterstützte Raganfred nicht weiter. Er selbst aber blieb, wie es sich aus den Verhältnissen der nächsten zehn Jahre ergiebt, in seinem oben bezeichneten[3]) Gebiete ein unabhängiger Herrscher. Sicherlich ist auf den Abschluß des Bündnisses mit Karl die Gefahr, welche in diesem Jahre durch die Araber von Süden her drohte, nicht ohne Einfluß gewesen.

Die erbitterten Kämpfe, welche unter den Muhammedanern zwischen den Nachkommen der ersten Anhänger Muhammeds und dem

---

[1]) Siehe S. 32.
[2]) Gest. Franc. 53: Carolus anno insecuto legationem ad Eudonem direxit amicitiasque cum eo fecit; ille vero regem Chilpericum cum multis muneribus reddidit. cf. Cont. Fred. c. 107. Die thesauri regales sind nicht erwähnt; munera sind nur Zeichen der Anerkennung, die sich hier auf Karl beziehen muß. Daß ein Bündniß gemacht sei, geht aus Cont. Fred. c. 108: Eudone duce a iure foederis recedente hervor.
[3]) Siehe S. 30.

alten mekkanischen Adel nebst den Emiren der syrischen Stämme in Arabien ausgebrochen waren, hatten auch auf die Verhältnisse Spaniens Einfluß; denn nachdem auf Befehl des ommijadischen Kalifen Yézid I. in der Schlacht bei Harra im Jahre 683 die meisten Bewohner Medinas getödtet waren, dann die Stadt geplündert und den Uebriggebliebenen ein Eid auferlegt wurde, durch welchen sie sich als Sclaven des Kalifen bekannten, ihm unbeschränktes Recht auch über ihre Kinder und Frauen einräumten, da suchten die Meisten dadurch ein neues Vaterland zu erlangen, daß sie sich zur Armee nach Afrika begaben, mit der sie unter Musâ 712 nach Spanien kamen. In den westlichen und östlichen Provinzen siedelten sie sich in solcher Zahl an, daß dort ihre Stammesgenossen das Uebergewicht hatten. Sie blieben von heftigem Hasse gegen die syrischen Araber entbrannt.[1]

Die Eroberung der Halbinsel verzögerte sich nur im Norden, wo in Asturien sich in sehr schwer zugänglichen Felsklüften unter Pelagius eine kleine Christenschaar vertheidigte, die sogar von ihrem Verstecke aus die schon in den Besitz der Muselmänner gekommenen Landschaften beunruhigte. Dadurch wurde in Asturien ein so gefährlicher Aufstand der christlichen Bevölkerung veranlaßt, daß der Statthalter Monuja, einer der vier bedeutendsten Stammesoberhäupter der Berbern, der mit Tàrik nach Spanien gekommen war, aus Furcht, von der Straße nach Süden hin abgeschnitten zu werden, seine bisherige Residenz Gijon verließ und sich mit seinem Heere nach Leon begab. Auf dem Wege dahin wurde er angegriffen, und als er mit beträchtlichem Verluste in Leon angekommen war, verweigerten seine Soldaten die Rückkehr in die rauhen Felsen, in denen sie viel Unglück erlitten hatten.[2] Doch die Eroberung neuer Länder für den Muhammedanismus war gerade der in Spanien herrschenden Partei, den Nachkommen der Männer, die einst mit dem Propheten dessen Lehre verbreitet hatten, noch stets der heilige Krieg,[3] und als im Frühjahr des Jahres 719 El Samahh die Statthalterschaft Spaniens erhielt, erneuerte er die Angriffe auf die Völker in den Pyrenäen. Im Jahre 720 überstiegen die Araber dieses Gebirge und besetzten das Gebiet von Narbonne; schon im Februar hatten sie die Stadt selbst erobert.[4]

---

[1] Vergl. Dozy, histoire des Musulmans d'Espagne, Leyde 1861, tom. I, p. 27, 41—43, 57; 101—111 und 251—252.
[2] Dozy l. c. tom III, p. 22—23. Bei Lembke Geschichte Spaniens Th. I. 285, Othman Ben Abi Nejaa genannt.
[3] Dozy l. c. tom I, p. 233.
[4] Die Araber hatten schon unter El Hhorr, der vom Juli 716 bis März 719 Statthalter Spaniens war, Versuche gemacht, das narbonnensische Gallien zu unterwerfen, cf. Isidorus Pacensis c. 43 in Florez España sagrada tom. VIII, p. 303: paene per tres annos Galliam Narbonnensem petit (sc. Alahor), aber erst El Samabb „suam fecit" cf. Joannis Biclarensis c. 51 Florez l. c. tom. VI, p. 440, und Isid. Pacens. l. c. VIII, p. 305. Durch einen sehr willkürlichen Gebrauch der Quellen, zumal des Chron. Moissacense schreibt Fauriel, histoire de la Gaule méridionale sous la domination des conquérants Germains, tom. III, p. 72—74 diese Eroberung dem El Hhorr zu. Lembke, l. c. Th. I, p. 279 und 280, verwirft diese Ansicht. — Das Chron. Moissacense Mon. Germ. SS. I,

Das Schicksal, welches die Bewohner von Narbonne getroffen, daß die Männer getödtet, die Weiber und Kinder gefangen nach Spanien gebracht wurden, drohte auch den übrigen Städten Südfrankreichs. Die Muhammedaner wandten sich zunächst gegen Toulouse und belagerten es.¹)

Zu gleicher Zeit, wohl ermuntert durch die Nachrichten von dem Vordringen der christenfeindlichen Araber, regten sich wiederum die Vorkämpfer des Heidenthums in Deutschland, die Sachsen. Karl unternahm gegen sie einen Kriegszug.²) Der Erfolg des Kampfes ist nicht berichtet; nur daraus, daß der Majordomus erst wieder im Jahre 729 den Plan faßte, die Sachsen anzugreifen,³) aber nicht früher als 738 einen Krieg gegen sie unternahm,⁴) kann geschlossen werden, daß er im Jahre 720 so siegreich gewesen sei, daß er die Kraft der Sachsen auf längere Zeit schwächte; hätte er dies nicht erreicht, so wären die Sachsen sicherlich in die östlichen Gebiete Austrasiens aufs neue eingedrungen, da sie stets Angriffskriege gemacht hatten.

Von wesentlichem Einflusse für die Sicherung der christlichen Religion und des fränkischen Gebietes im Norden war die Veränderung, welche in Friesland nach dem Tode Ratbods im Jahre 719 in den politischen und religiösen Beziehungen eintrat. Ratbod war bis zu seinem Ende ein Feind des Christenthums geblieben;⁵) sein Nachfolger Aldgisl begünstigte die Ausbreitung der christlichen Lehre. Ob ihn die eigne Ueberzeugung oder politische Verhältnisse, die sich bei den Anhängern des Heidenthums und des Christenthums unter den Friesen selbst geltend machten, ob ihn Karls Forderungen dazu vermocht haben, ist bei dem Mangel aller Berichte nicht zu entscheiden.⁶) Sicher war die christliche Partei in dem westlichen Friesland, das im Besitz Pippins gewesen, sehr groß, und die Möglichkeit, die Lehre Jesu auszubreiten, nicht gering; denn Wynfrith, der im

---

p. 290 sagt: Sema, rex Sarracenorum, post nono anno, quam in Spania ingressi sunt Sarraceni, Narbonam obsidet obsessumque capit. Da die Araber 711 zuerst in Spanien einbrangen, so ist die Eroberung neun Jahre nachher, also 720 geschehen. cf. Lembke l. c. 280; abweichend davon Dorr, de bellis Francorum cum Arabibus gestis usque ad obitum Karoli Magni. Regimonti Pr. 1859. S. 1 und 43, obgleich er das erste Eindringen der Saracenen auf 711 setzt.

¹) Chronicon Moissacense l. c. viros civitatis illius gladio perimi iussit: mulieres vero vel parvulos captivos in Spaniam ducunt. Et in ipso anno mense tertio ad obsidendum Tolosam pergunt. Also 720. cf. Cout. Joannis Biclarensis c. 51 in Florez España sagrada VI, p. 440. Isidorus Pacensis chron. c. 48. l. c. VIII, p. 305: Zama obsidere conatus est urbem, fundis et diversis generum machinis usus.

²) Ann. Tiliani, S. Amandi ad. a. 720: Karolus habuit bellum contra Saxones cf. Ann. Naz. Mosell. Lauresh. Alam. Petav. l. c.

³) Ann. Tiliani ad. a. 729: voluit Karlus pergere in Saxonia cf. Petav.

⁴) Ann. Naz. Mosell. Alam. ad. a. 738: Karlus intravit in Saxonia. cf. Ann. Petav. Cont. Fred. c. 108.

⁵) Bonifatii epp. ed. Jaffé n. 16 Mon. Mog. p. 75. Brief der Aebtiffin Bugga: postea inimicum catholicae ecclesiae Rathbodum coram te consternuit, ⁶) cf. de Geer, de strijd der Friezen en Franken c. VIII, p. 26. not. 1. Nach v. Richthofen Mon. Germ. legg. III, p. 641 ist der König Aldgisl zu nennen.

Jahre 716 sich gerade darüber genaue Kenntniß in Friesland selbst verschafft hatte,[1]) eilte auf die Nachricht von dem Tode Ratbods sogleich aus Thüringen nach Friesland. Er war also gewiß, daß, da die Persönlichkeit des Fürsten bisher das größte Hinderniß für die Erweiterung des christlichen Bekehrungswerkes gewesen war, das Volk selbst ihm nicht abgeneigt sein werde. Ungefähr am Ende des Jahres 719 wird Wynfrith auf dem Rheine in Friesland eingetroffen sein.[2]) Sein Bekehrungseifer trug gute Früchte, eben weil nicht mehr die von Ratbod veranlaßte Verfolgung der Christen stattfand,[3]) und weil Karls Herrschaft in Friesland sich immer mehr kräftigte, so daß Wilbrord und seine Mitarbeiter die seit 715 unterbrochene christliche Bekehrung ungehindert fortsetzen konnten.[4])

Da keine Kriegszüge gegen den neuen Friesenfürsten mitgetheilt werden, so ist anzunehmen, daß die von Karl im Frankenlande gewonnene Machtstellung die Friesen sammt ihrem Fürsten zwang, die von Pippin schon erworbenen Landestheile wieder dem fränkischen Reiche zurückzugeben. Das westliche Friesland, das zwischen dem Sinkfal und der Fli lag, also die Gestade der Nordsee, von den Grenzen Flanderns bis zu den nördlichsten Inseln Nordhollands oder den heutigen niederländischen Provinzen Seeland, Südholland mit dem westlichen Theile von Utrecht und Nordholland, alles dieses Gebiet kam wieder unter die Herrschaft der merovingischen Könige und der christlichen Kirche.[5])

Wenn es festgestellt werden könnte, in wie weit die Tradition des Klosters S. Gallen glaubwürdig wäre, so könnte man behaupten, daß Karl zu dieser Zeit als der Schutzherr des Klosters gegen die Angriffe fränkischer Grafen und Beeinträchtigung seiner Selbständigkeit durch den Bischof von Constanz aufgetreten sei. Die Ueberlieferung erzählt, daß die Gründung des heiligen Gallus an der Grafenfamilie, deren Vorfahr mit Gallus selbst befreundet gewesen, einen Schutz

---

[1]) Willibaldi vita Bonifatii c. IV, l. c. p. 441. Et multis illarum circumvallatis ac conspectis terrarum partibus, utrum sibi in futurum praedicationis uspiam patesceret locus, perquireret.

[2]) Willibaldi vita Bonifatii l. c. c. V, p. 446. Et Franciam deinde — ingressus est. Statimque audita Raatbodi Fresorum regis morte, alveum quidem fluminis, magno gavisus gaudio, navigio ascendit, optans, quod etiam Fresia recipisset verbum Dei. Am 15. Mai 719 erhielt er in Rom vom Papst Gregor II. den schriftlichen Auftrag, die uncultivirtesten Völker der Deutschen dem Christenthume zuzuführen, Bonif. ed. Jaffé n. 12 l. c. p. 62—63 und vita Bonifatii c. V, l. c. p. 445 „ad inspiciendos immanissimos Germaniae populos directus est", dann durchzog er Bayern und Thüringen predigend und belehrend, daher wird, als er in Franken den Tod des Friesenfürsten erfuhr, sich das Jahr 719 wohl schon dem Ende zugeneigt haben. cf. vita Bonif. l. c. c. V.

[3]) l. c. p. 446. Iamque atrocis cessante regis Raatbodi persecutione, doctrinae caelestis semina ministravit.

[4]) l. c. p. 447. quum — Carlique ducis gloriosi super Fresones roboratum esset imperium, iam bucina caelestis verbi increpuit et praedicatorum — vox intonuit Dei, et iam per Willibrordum — ac cooperatores eius propagatus est sermo.

[5]) cf. v. Richthofen zur lex Frisionum Mon. Germ. legg. III, p. 651.

gehabt habe; daß das damalige Haupt dieser Familie Graf Walbram
jedoch eine größere Sicherstellung des Klosterbesitzes gegen die Franken
beschlossen und sich deßhalb an den Alamannenherzog Nebi gewandt
habe; dieser habe ihm jedoch gerathen, die Cellen des heiligen Gallus
sowie den gesammten Besitz derselben dem Majordomus Karl als Eigen=
thum zu übergeben. Walbram folgte dem Rathe und erhielt dafür
von Karl das Versprechen des Schutzes und die erwünschte Einsetzung
seines Schützlings, Otmar, in die Abtsstelle. Karl entließ den neuen
Abt mit dem Auftrage, er möge danach streben, das Kloster nach den
Ordnungen der Kirche einzurichten. Otmar kam dieser Aufforderung
nach, ordnete die Verwaltung, die Baulichkeiten, die Lebensart und
Zucht zu S. Gallen nach Art anderer Klöster, die nach den Regeln
des hl. Columban lebten.[1]) Es ist jedoch dieser Erzählung nicht zu
trauen, da es urkundlich nachweisbar ist, daß das Kloster zu S. Gallen
im Jahre 760—815 von der Kirche zu Constanz abhängig gewesen
sei, nirgends aber angegeben ist, woduch das Kloster, das Karl Martell
überliefert sein, das unter Pippin freies Wahlrecht und Immunität er=
halten haben soll, alle diese Rechte bis 760 verloren habe und in die
Abhängigkeit von Constanz gekommen sei. Die ganze Darstellung der
Verhältnisse, die erst ein Jahrhundert später als die betreffenden Ereig=
nisse durch einen Klostergeistlichen aufgeschrieben sind, erweist sich dem=
nach als so unzuverlässig, daß für die Geschichte Karls nichts aus ihr
zu entnehmen ist.[2])

Am Ende des Jahres 720 starb zu Noyon König Chilperich
und wurde daselbst begraben.[3]) Die Franken setzten sich zu ihrem

---

[1]) Gozberti diaconi cont. lib. II, de miraculis St. Galli per Walafridum
emendata Mon. Germ. SS. II, p. 23. In dem von demselben Walafrid über=
arbeiteten Leben Otmars c. 1. cf. l. c., p. 42 wird Pippinus rex Karl genannt,
doch ergiebt sich aus der Angabe, daß Herzog Nebi den Rath ertheilt, daß die
Thatsache nicht nach 752 geschehen sein kann. cf. annales Sangallenses Mon.
Germ. SS. I. p. 73. nota.

[2]) Th. Sickel hat in der Abhandlung: St. Gallen unter den ersten Karo=
lingern, in Mittheilungen zur vaterländischen Geschichte, herausg. vom histor.
Verein zu St. Gallen, IV (1865) p. 16—21, obige Kritik angestellt und dadurch
Rettberg Kircheugesch. Deutschl. Th. II, p. 112 ff. widerlegt.

[3]) Gest. Franc. c. 53: sed non din in regno resedit; mortuus quidem est
posthaec et Noviomo civitate sepultus regnavitque annos V et dimidio cf.
Cont. Fred. c. 107. Veniensque urbem Noviomo post non multum tempus cur-
sum vitae et regnum amisit et mortuus est regnavitque annos sex. Die An=
gabe der Gesta ist genauer; denn Chilperich wurde, da sein Vorgänger Dagobert
noch im Juni 715 lebte (cf. Gest. abb. Fontanell. Mon. G. SS. II, p. 278) frühestens
im Juni König. Da ferner der Tod des Abtes von Fontanellum, Benignus, im
Jahre 723, am 20. März im dritten Regierungsjahre angegeben wird, so muß
Theoderich vor dem 20. März seine Regierungsjahre begonnen haben. cf. Gest.
abb. Font. l. c. c. 3 und cap. 8. Chilperich kann also nicht 6 volle Jahre
regiert haben. Der Angabe der Gesta ist daher zu folgen und der Tod Chilperichs
in den December 720 zu setzen. Eckhart comment. de reb. Franc. orient. I, p. 333,
folgert aus der Angabe der ann. Petav. z. J. 727: Danihel in Attiniaco mortuus est cf. Lauresh. Mosell. und auf eine Notiz des Sigibert v. Gemblour
zum Jahre 727 gestützt, daß Karl den König Chilperich nur bis zum Jahre
720 habe regieren lassen, dann vom Throne gestoßen und zu Attigny fest=
gehalten habe. In dem von Bethmann restaurirten Texte des Sigibertus Gem-

Könige Theoderich, den Sohn Dagoberts des Jüngeren, welchen die Partei Raganfreds 725 übergangen und in das Kloster Chelles zur Erziehung geschickt hatte.¹) Sie duldeten also wieder einen Knaben als König; denn Theoderich war kaum sieben Jahre alt.²)

Durch diese Wahl wurde aufs neue die Linie der Merovinger, welcher Pippin den Thron erhalten hatte,³) eingesetzt, und durch die Jugend des Königs erhielt der Majordomus Karl faktisch die gesammte königliche Gewalt. Er hat bis zu dem Tode Theoderichs im Jahre 737 in dessen Namen regiert.⁴)

Während in dem Norden des fränkischen Reiches die von den Friesen abgetretenen Gebiete ruhig durch die eifrige Bekehrungsthätigkeit Wilbrords und seiner Gehülfen, unter denen Wynfrith hervorleuchtete, dem Christenthum wiedergewonnen wurden, die Güter der christlichen Kirchen sich durch fromme Geschenke mehrten,⁵) mußte im Süden des aquitanischen Landes der drohenden Gefahr in heißem Kampfe entgegengetreten werden.

Die Stadt Toulouse wurde von den Arabern unter der Anführung des Statthalters von Spanien El Samahh belagert. Eudo, Herzog von Aquitanien und Wasconien, ging mit einem sehr bedeutenden Heere nach Süden, um der Stadt Entsatz zu bringen.⁶)

Im Mai 721 trafen die Heere hart an den Mauern der Stadt auf einander; die Araber erlitten eine furchtbare Niederlage; ihr Oberanführer fand seinen Tod auf dem Schlachtfelde.⁷) Nach einem Briefe

---

blacensis Mon. Germ. SS. VI, 330 kommt die Stelle, auf die Eckhart sich bezieht, gar nicht vor, und sonst unterstützt keine Quelle diese unhaltbare Conjectur.
¹) Gest. Franc. c. 53. Theudericum Cala Monasterio enutritum filium Dagoberti iunioris regem super se statuunt. cf. Cont. Fred. c. 107.
²) Dagobert starb 16 Jahre alt 715; sein Sohn war also 721 wohl kaum 7 Jahre alt.
³) Siehe oben Seite 18 und 19 z. Jahre 715.
⁴) Siehe unten z. Jahre 737 S. 80.
⁵) Breq.-Pard. l. c. tom. II, p. 332. Graf Ebroin schenkt der von Wilbrord erbauten St. Petrikirche zu Rinharin (Rindeln) Güter zu Nitrum (Mütterden), Hämmi (Cleverham), Dangaesbroh (Donsbrügge), in Meri (Meer), Rindern, zu Millingi (Millingen) eine der heil. Jungfrau geheiligte Kirche mit dem, was dazu gehört, zu Dagerberg, Megrin, Walammen.
Ebenso schenkt ein gewisser Herclaef für die Kirche, welche der hl. Lambertus zu Ehren der Apostel Petrus und Paulus in Baclaos (Bakel in der Peel) erbaut und über welche Wilbrord zu verfügen hatte, zu Fleobrobun (Blierden) und Durninum (Deuren) viele Häuser und Ländereien. cf. Breq.-Pard. l. c. II, p. 333.
⁶) Chron. Moissacense Mon. Germ. I, p. 290. Quam dum obsiderent (sc. Tolosam) exiit obviam eis Eudo, princeps Aquitaniae, cum exercitu Aquitanorum vel Francorum.
⁷) cf. Annales Naz. ad an. 721: eiecit Hendo Sarcinos de Equitania. cf. Ann. Mosellani, Lauresh., Alam. und Petav. ad 721: expugnavit Eodo Sarracenos de terra sua. Daß die Schlacht im Monat Mai 721 geliefert sei, berichtet Conde, hist. de la dominacion de los Arabes en España, übersetzt von K. Rutschmann, Karlsruhe 1824, Theil I, S. 73. Er führt leider seine arabischen Quellen in der Vorrede nur im allgemeinen, nicht aber zu den einzelnen Thatsachen an. Lembke Gesch. Spaniens I, p. 280 setzt die Schlacht auch in das Jahr 721. cf. Cont. Chron. Biclar. l. c. c. 51 und Isid. Pac. l. c. c. 48 — atque in concurrenti virtute iam dictus dux (Zama) Tolosam usque proeliando pervenit

Eudos an Papst Gregor II. sind in dieser Schlacht 375000 Feinde an einem Tage gefallen, während sich der Verlust der Franken nur höchstens auf 1500 Mann belief.[1]

Das geschlagene Heer zog sich nach Narbonne zurück, von den Siegern eifrig verfolgt. Der Sieg der Christen bewirkte, daß die bereits unterjochte christliche Bevölkerung in dem narbonnensischen Gallien und in den Pyrenäen aufrührerisch wurde; doch die aus Spanien herbeigeeilten Truppen der Araber, welche von dem Stellvertreter El Samahhs in der Statthalterschaft, Anbasa, aus allen Theilen des Landes herbeigeführt wurden, und der Tapferkeit Abdéramans al=Ghâfiki, den die Emire der östlichen Grenze an die Stelle El Samahhs zum Anführer gewählt hatten, unterwarfen die Christen in der Gallia Narbonnensis wieder den Muhammedanern.[2]

Eudo beruhigte sich dabei, die Araber aus seinem Gebiet zurückgewiesen zu haben; erst Karl Martell vermochte sie aus dem Landstriche von den Pyrenäen bis zur Rhone im Jahre 737 zu verdrängen.[3]

Während Eudo im Süden des Frankenreiches dem vordringenden Muhammedanismus Halt gebot, war die Christianisirung Frieslands so weit vorgeschritten, daß Karl am 1. Januar 722 von Heristal aus in einer feierlichen Versammlung weltlicher Großen und Geistlicher der Kirche des heiligen Martin[4] zu Utrecht alle Güter, die innerhalb und außerhalb der Stadtmauern dem Fiskus gehörten, außerdem eine Weide Graveningen, Dorf und Burg Fethne (Vechten unweit Utrecht)

---

eamque obsidione cingens, fundis et diversis generum machinis expugnare conatus est: sicque Francorum gentes tali de nuntio certae apud ducem ipsius gentis Eudonem nomine congregantur: ubi dum apud Tolosam utriusque exercitus acies gravi dimicatione confligunt, Zama ducem exercitus Saracenorum cum parte multitudinis congregatae occidunt: reliquum exercitum per fugam elapsum sequuntur. Chron. Moissac. Mon. Germ. SS. I, 290: (Eudo) commisit cum eis proelium; et dum proeliare coepissent, terga versus est exercitus Sarracenorum maximaque pars ibi cecidit gladio.

[1] Liber pontificalis ed. Joannes Vignoli tom. II, p. 24 vita Gregorii II. cap. XI. Undecimo anno Rhodanum conabantur fluvium transire ad Francias occupandum, ubi Eudo praeerat, qui facto Francorum generali motione contra Sarracenos, eos circumdantes interfecerunt. Trecenta enim septuaginta quinque milia uno sunt die interfecti, ut eiusdem Eudonis Francorum ducis missa pontificali epistola continebat; mille tantum quingentos ex Francis fuisse mortuos ex eodem bello dixerunt.

Daß diese Stelle sich auf den Sieg Karls bei Poitiers beziehen müsse, wie Waitz Dtsch. V.-G., III, p. 23 u. meint, ist ohne eine neue Untersuchung der codices der vita Gregorii zu viel behauptet; nach der Beschreibung der codices Vignoli l. c. c. I muß die Stelle sich auf die Schlacht von Toulouse beziehen. Die Stelle im Regino M. G. SS. I, p. 533 bezieht sich auf den Brief Eudos, erzählt aber die Verhältnisse Karls und Eudos, wie sie zur Zeit der Schlacht bei Poitiers bestanden; man sieht, es sind beide Schlachten oft mit einander verwechselt worden.

[2] cf. Conde l. c. I, p. 74 und 75. Dozy l. c. I, p. 227 nennt ihn Anbasa, Lembke l. c. 281 Anbesa; über Abbéraman Dozy l. c. 221.

[3] Siehe unten zum Jahre 737.

[4] Auf die Charte Pippins vom 23. Mai 753 gestützt, in welcher Karl als Wohlthäter dieser Kirche genannt wird, weist Rettberg l. c. Theil II, S. 542 nach, daß obige Schenkung der Martinskirche gegeben sei.

schenkte. Karl selbst nebst seinem Sohne Karlmann, seinem Stiefneffen Theubald und seinem Verwandten Wido drücken nebst vielen Anwesenden ihr Siegel unter die Urkunde, in welcher der Majordomus Wilbrord als Erzbischof bezeichnet.[1]) Die Feierlichkeit, mit der diese Urkunde gegeben wird, läßt darauf schließen, daß zugleich der Bischofssitz Utrecht, den schon der Majordomus Pippin 696 für Wilbrord bestimmt hatte,[2]) den dieser aber unter den Verfolgungen Ratbods seit dem Tode Pippins hatte verlassen müssen, jetzt ihm aufs neue überwiesen wurde. Die Bezeichnung Erzbischof aber für den Bischof von Utrecht ist am natürlichsten daraus zu erklären, daß Wilbrord den Beinamen Erzbischof führte,[3]) da ihn schon Papst Sergius zum Erzbischof der Friesen ernannte und ihm Pippin Utrecht als seinen bischöflichen Sitz anwies.[4]) Daß Karl ein besonderes Erzbisthum in Utrecht ohne die päpstliche Anordnung daselbst habe errichten wollen, geht nicht aus obiger Urkunde hervor.[5])

Die bedeutende Erweiterung des Gebietes, in welchem jetzt in Friesland die christliche Lehre gepredigt wurde, machte, daß Wilbrord, schon vom Alter gedrückt, auf Anrathen seiner Schüler beschloß, sich einen zuverlässigen Mann auszusuchen, der ihn in der Leitung einer so bedeutenden Nation unterstütze. Er wählte dazu Wynfrith und bot ihm an, Bischof zu werden.[6]) Dieser aber lehnte unter dem Vorgeben, weder alt noch würdig genug für diesen Rang zu sein, die Wahl ab; auf die erneuerten Bitten Wilbrords erklärte er endlich,

---

[1]) Breq.-Pardessus l. c. n. 521, tom. II, p. 334: omnem rem in fisci ditionibus quidquid in ipso Traiecto castro, tam intra muros quam a foris cum omnibus adjacentiis vel appenditiis, cum illo pascuo Gravenengo, vel quicquid ibi fiscus ad praesens habere videtur — Signum illustris viri Karoli maiorisdomus, qui hanc donationem fieri et affirmari rogavit. Signum Karolomanni filii ejus. — Signum Teidoldi nepotis eius — Widonis . . .
[2]) Beda hist. eccles. gentis Anglorum lib. V, c. 11. Monum. histor. Britann. tom. I, p. 259: donavit autem ei Pippinus locum cathedrae episcopalis in castello suo illustri, quod antiquo gentium illarum vocabulo Wiltaburg, id est oppidum Wiltorum, lingua autem gallica Traiectum vocatur.
[3]) Liudger, vita Gregorie Traiectensis c. 14. Mabillon Act. S. Bened. III, p. 829. cognomento archiepiscopus. Auch Willibald nennt ihn so in der vita Bonifatii c. V ed. Jaffé l. c. p. 447: cooperator etiam factus est per tres instanter annos Wilbrordi archiepiscopi.
[4]) Beda l. c. Misit Pippinus virum venerabilem Wilbrordum Romam postulans, ut eidem Fresonum gentis archiepiscopus ordinaretur. Quod et petierat impletum est anno ab incarnatione domini 696.
cf. epp. Bonifatii n. 107. ad ann. 755 ed. Jaffé l. c. p. 259—60. Bonifaz schreibt an Papst Stephan: Nam tempore Sergii apostolicae sedis pontificis venit ad limina sanctorum apostolorum presbiter quidam mirae abstinentiae et sanctitatis, generis Saxonum, nomine Wilbrord et alio nomine Clemens vocatus; quem praefatus papa episcopum ordinavit (696 Nov. 22) et ad praedicandam paganam gentem Fresonum transmisit in littoribus oceani occidui. Qui, per 50 annos praedicans, — sedem episcopalem et ecclesiam in honore sancti Salvatoris constituens in loco et castello, quod dicitur Traiectum. Et in illa sede et ecclesia S. Salvatoris — praedicans usque ad debilem senectutem permansit.
[5]) cf. Alberdingt Thym Willibrord, Münster 1863. p. 105 und 165 ff.
[6]) Willibaldi vita Bonif. c. VI ed. Jaffé p. 447: Accito hoc Dei famulo eum — admonuit: ut episcopalis quippe regiminis susciperet gradum, et ad regendum dei populum sibi subveniret.

daß er vom Papste Gregor einen Auftrag für die deutschen Völker erhalten habe; er sei ein Gesandter desselben an die Barbaren der östlichen Gegenden; er habe sich freiwillig Wilbrord als Helfer verbunden, doch sei er durch sein Versprechen noch gebunden, und er wage nicht ohne Zustimmung des Papstes und dessen besonderen Auftrag den erhabenen Rang anzunehmen; man möge ihn in die Länder entlassen, für welche er zuerst von dem apostolischen Sitze bestimmt worden sei.[1])

Durch diese Gründe bewogen, entließ Wilbrord unter Segenswünschen Wynfrith, nachdem dieser drei Jahre ihm treu in der Bekehrung Frieslands zur Seite gestanden hatte.[2])

Wynfrith begab sich nach dem Kloster Pfalzel bei Trier, wo sich ihm Gregor, ein talentvoller Knabe, der spätere Bischof von Utrecht, anschloß,[3]) und dann nach Amanaburch, Amöneburg in Oberhessen.[4]) Es gelang ihm hier zwei Brüder Dettic und Deorwlf, die sich zwar Christen nannten, aber Götzenbilder anbeteten, dem reinen christlichen Glauben wieder zuzuführen, eine große Menge Volk zu bekehren, eine Klosterzelle zu bauen und sie mit Mönchen zu besetzen. Von dort begab sich Wynfrith nach Niederhessen an die Grenze der Sachsen, wo noch das Heidenthum völlig herrschte; auch hier taufte er viele Tausende Neubekehrter.[5])

Als Wynfrith auf seinen an Papst Gregor über seine Thätigkeit gesandten Bericht von ihm nach Rom eingeladen wurde, eilte er sogleich, umgeben von einer Schaar Anhänger und Mönche, durch das Gebiet der Franken,[6]) der Burgunder und in Italien durch die Wohnsitze der byzantinischen Besatzungen nach Rom.[7])

---

[1]) l. c. cap. V. l. c. p. 448.
[2]) l. c. V, p. 447: Sanctus hic dei famulus cooperator factus etiam est per tres instanter annos Wilbrordi archiepiscopi. Die Angabe Liudgers, vita Gregorii Ultraject. Act. Sanct. Boll. 25. Aug. § 1 tom. V, p. 225 daß Wynfrith damals 13 Jahre in Friesland geblieben sei, ist unrichtig. cf. Rettberg l. c. I, p. 339.
[3]) Liudger, vita Gregorii Ultraject. Act. Sanct. Boll. 25 Aug. §. 1. Tom V, p. 225. Daß dies im Jahre 722 geschah, weist Pagi Crit. Baronii ad a. 722 n. IV nach.
[4]) Seiters Bonifaz p. 117 ff. will Amanaburch für Hamelburg an der fränkischen Saale erklären; ihn widerlegt Rettberg l. c. I, p. 339, not. 9 und p. 600; II, p. 345.
[5]) Willibaldi vita Bonif. c. VI, l. c. p. 449: Similiter et iuxta fines Saxonum Hessorum populum, paganicis adhuc ritibus oberrantem, a demoniorum, evangelica praedicando mandata, captivitate liberavit. Multisque milibus hominum expurgata paganica vetustate baptizatis —.
[6]) Von keinem Werthe ist die Angabe, daß sich Wynfrith mit Uebereinstimmung Karls, seiner Großen und des Volkes nach Rom begeben habe, die sich in dem späten Machwerke eines Anonymus befindet, welchen Henschen nach einer wenig beweisenden Conjektur nach Münster verweist. cf. Bolland. Act. SS. ad. d. 5 Junii p. 482.
[7]) cf. Willibaldi vita Bonif. c. VI, l. c. p. 449—50: Clientumque confestim stipatus caterva et fratrum circumseptus agmine, Francorum ac Burgundionum Italiaeque, iam collibus Alpium transcensis, limitum fines militumque terminos transmigravit. Et Romanae urbis moenibus conspectis — ad beati Petri mox aecclesiam perveniens diligenti se oratione munivit. Ueber limitum fines militumque termini vergl. Roth, Gesch. d. Beneficialwesens p. 295 not. 63.

Wynfrith war der römischen Unterhaltungssprache nicht so gewachsen, daß er es wagte, ein Gespräch mit dem Papste über sein Glaubenssymbolum und die Ueberlieferung der kirchlichen Glaubenslehre zu führen.[1]) Er erbat sich unter Anführung dieses Grundes die Erlaubniß, sein Glaubensbekenntniß geschrieben dem Bischof von Rom vorzulegen. In kurzer Zeit faßte Wynfrith in gewählter lateinischer Sprache die geforderte Schrift ab, die bei dem Papste die vollkommenste Ueberzeugung von der Uebereinstimmung der Glaubensansichten des Mönches mit seinen eignen erregte.[2]) Am 30. November 722[3]) weihte daher Gregor den eifrigen Bekehrer der Deutschen zum Bischofe und zwar unter dem Namen Bonifatius, den Wynfrith schon vorher als einen Beinamen geführt hatte.[4])

Nach der Bischofsweihe ließ sich Gregor von Bonifaz einen Eid schwören, durch welchen er sich den neuen Bischof zum Gehorsam gegen sich und seine Nachfolger und zur strengen Beobachtung des abgelegten Glaubensbekenntnisses enge verpflichten wollte.[5]) Er bediente sich dazu mit Auslassung der Stelle, welche sich auf den Gehorsam gegen das weltliche Oberhaupt der Stadt Rom, also damals den oströmischen Kaiser bezog, der Eidesformel, welche die Bischöfe der nahe bei Rom gelegenen Diöcesen, die unmittelbar unter dem römischen Erzbischofe standen, schwören mußten, und schob dafür die Forderung ein, daß, wenn Bonifaz Priester kennen lernen würde, welche gegen die althergebrachten Einrichtungen der heiligen Väter handelten, er mit diesen keine Gemeinschaft pflege.[6])

---

[1]) Willibaldi vita Bonifatii c. VI, l. c. p. 450: jam de simbulo et fidei aecclesiasticae traditione apostolicus illum pontifex inquisivit.

[2]) Willibaldi vita Bonif. c. VI, l. c. et cartam, in qua integra et incorrupta fidei patuit veritas, huic dei famulo reddidit.

[3]) Ueber die Zeitangaben cf. Jaffé Monumenta Moguntina p. 20 und 21.

[4]) Willibaldi vita Bonif. c. VI, l. c. p. 451: Cumque sanctus sacre sollempnitatis dies et natalicius sancti Andreae (d. h. Nov. 30) et praefiuitae ordinationis inluxisset, iam sacer sedis apostolicae pontifex episcopatus sibi et nominis, quod est Bonifatius, inposuit dignitatem. Dagegen wird Wynfrith schon in drei Briefen, die er vor seiner Bischofsweihe erhielt, Bonifatius genannt. cf. epp. Bonif. n. 12 ed. Jaffé p. 62, in welchem Gregor selbst im Jahre 719 Wynfrith Bonifatius nennt; dann n. 16, l. c. p. 74 im Briefe des Heaburg, auch Bugga genannt: venerando dei famulo — Bonifacio sive Wynfritho dignissimo presbitero Bugga — salutem, und ep. n. 14, l. c. p. 66 im Briefe der Aebtissin Eangyth und Heaburgs in die Jahre 719—722 setzt. Benedicto in Domino — venerabili Wynfritho, cognomento Bonifacio, presbyteratus privilegio praedito. Die Einwendungen, welche dagegen Seiters, Bonifacius, der Apostel der Deutschen p. 133 ff. macht, sind durch die neue Ausgabe der Briefe durch Jaffé in Mon. Moguntinis p. 451 not. 3 widerlegt.

[5]) Othlonis vita Bonif. Jaffé Mon. Mogunt. p. 488: deinde, ut cum ad oboedientiam sibi successoribusque suis exhibendam nec non ad omnem sacrae fidei traditionem observandam artius constringeret, exegit et accipit ab eo iuramentum.

[6]) Epp. Bonif. n. 17 ed. Jaffé l. c. p. 76—77. Ein Vergleich des Eides Bonifaz' mit dem von Jaffé l. c. not. 1 mitgetheilten Eide der episcopi suburbicarii ergiebt als Unterschiede in den Stellen: sed ut dixi fidem et puritatem meam, quae ecclesiae tuae, cui — exhibere im Eide des Bonifaz: puritatem meam atque concursum tibi et utilitatibus ecclesiae, cui — Und an Stelle: Promitto

Außerdem übergab Gregor dem neuen Bischofe eine Sammlung Canones, wie sie aus den Beschlüssen der Bischöfe in Synoden und Concilien hervorgegangen waren, und befahl ihm, sie zur Richtschnur bei der Bekehrung der Geistlichen und der Laien zu nehmen.[1] Die Genauigkeit, mit welcher Bonifaz die Hauptbestimmung des Eides, die Einheit in dem Glauben und der Kirchenzucht nach den Grundsätzen des römischen Bischofs bei seiner Bekehrung festhielt, der stete und lebendige Verkehr zwischen ihm und Rom haben es bewirkt, daß diese Eidesleistung für die Richtung, in der sich die Kirche unter den deutschen Völkern entwickelte, den bedeutendsten Wendepunkt bildete: mit der Beseitigung der heidnischen und der von der römischen Kirche abweichenden Religionsansichten und kirchlichen Gesetze wurden die deutschen Nationen der allgemeinen christlichen Kirche, die über die Grenzen der Nationalität hinaus ihren geistigen Mittelpunkt in Rom hatte, angeschlossen. Der Papst selbst ließ nichts von seinem Einflusse unbenutzt, um Bonifaz für sein Unternehmen die Wege zu ebnen; deshalb gab er ihm auch sogleich, wenigstens im December 722, sechs Briefe an alle die Personen mit, welche ihm in seinem Bekehrungswerke förderlich sein konnten.[2]

Aus den Gesprächen mit Bonifaz über seine Bekehrungen,[3] die zuletzt in dem heidnischen Friesland äußerst zahlreich gewesen waren,[4] mußte Gregor die einflußreiche Stellung des Herzogs Karl in dem merovingischen Reiche und besonders dessen Thätigkeit für die Ausbreitung des Christenthums erkannt haben, denn er wandte sich mit einem Briefe an Karl, in welchem er, eben weil er erfahren habe, daß der Majordomus bei vielen Veranlassungen den Beweis eines frommen Sinnes gegeben, ihm Bonifaz auf das angelegentlichste empfiehlt. Der Papst theilt dem Herzoge mit, daß er Bonifaz, nach-

---

dariter, quodsi quid contra rempublicam vel piissimum principem nostrum a quolibet agi cognovero, minime consentire, sed in quantum virtus suffragaverit, obviare et vicario tuo domino meo apostolico modis quibus potuero nuntiare et id agere vel facere, quatenus fidem meam in omnibus sincerissimam exhibeam. Quodsi — im Eide des Bonifaz: sed et si cognovero antistites contra instituta antiqua sanctorum patrum conversari, cum eis nullam habere communionem aut conjunctionem. Sed magis, si valuero prohibere, prohibeam; si minus ne fideliter statim domino meo apostolico renuntiabo. Quodsi —
[1] Willibaldi vita Bonifac. c. VI, l. c. p. 451: eique libellum, in quo sacratissima aecclesiasticae constitutionis iura pontificalibus sunt digesta conventibus, accomodavit; et, ut ex hoc inconvulsus apud se pontificalis hic disciplinate institutionis ordo permaneret populique subjectis his inbuantur exemplis, imperavit. cf. Seiters l. c. p. 140, der mit Eckhart l. c. lib. XXI, cap. 13 meint, daß dieses Buch in einem Manuscript der Würzburger Bibliothek noch erhalten sei.
[2] Epp. Bonif. ed. Jaffé l. c. n. 18—22, p. 77—83.
[3] Willibaldi vita Bonif. cap. VII ed. Jaffé l. c. p. 450—451: Multa quoque alia de religione sanctitatis et fidei veritate sciscitando profert, ita ut omnem pene diem pariter conloquendo alternatim ducerent. Et ad extremum, qualiter populi, per devia prius facinorum oberrantes, fidei documenta sua praedicatione perciperent, sciscitatus est.
[4] l. c. pag. 448—449: Cumque ingentem domino populum in Fresonis adquireret, multique, ab eo spiritali doctrina edocati, ad agnitionem veritatis pervenerunt, tunc alias Germaniae praedicandi causa partes adiit.

dem er seinen Glauben und Wandel geprüft habe, zum Bischof geweiht und mit den Anordnungen des heiligen apostolischen Stuhles bekannt gemacht hätte, daß er ihn zur Verkündigung des Wortes Gottes zu deutschen Völkern, und zwar verschiedenen, die auf dem östlichen Rheinufer wohnen, entsende, sowohl solchen, die noch im heidnischen Irrthum sich befänden, als auch denen, die durch die Dunkelheit der Unwissenheit sich hätten fesseln lassen. Gregor bittet Karl, er möge den von ihm gesendeten Glaubensboten zu dem angegebenen Zwecke in allen Angelegenheiten unterstützen und gegen alle seine Widersacher vertheidigen.[1]

Karl hatte im Jahre 722, das durch seine Fruchtbarkeit sich so auszeichnete, daß die Chronisten ihrer Erwähnung thun,[2] keine Unternehmungen gemacht, welche den damaligen Geschichtschreibern der Erwähnung werth erschienen; Annalen, die sich auf eine Quelle, die aus Alamannien stammt,[3] zurückführen lassen, erwähnen nur im allgemeinen, daß Kriege gegen Norden stattgefunden haben.[4] Es können damit nur kriegerische Unternehmungen gegen Sachsen von Thüringen aus gemeint sein, da bei dem Schweigen der belgischen Annalen auf Friesland diese Angaben schwerlich bezogen werden können. Die Thüringer selbst aber waren der Herrschaft Karls schon damals unterthan, da sich ihr letzter Herzog Heban II. an ihn angeschlossen und ihn im Kampfe unterstützt hatte. Nach dessen und seines Sohnes Thuring Tode in der Schlacht bei Vinch 717 regierten nur Grafen, welche die Gewalt der Merovinger und Karls sicherlich anerkannten;[5] denn nie wird gegen sie ein Kriegszug der Franken erwähnt, wenn

---

[1] Epp. Bonif. n. 21, l. c. p. 81: domino glorioso filio Karolo duci Gregorius papa. Comperientes, te — religiosae mentis affectum gerere in multis oportunitatibus, — notum facimus — tuae dignitati: praesentem fratrum Bonifacium fide et moribus approbatum, a nobis episcopum consecratum atque institutionibus sanctae sedis apostolicae — informatum, ad praedicandum plebibus Germaniae gentis ac diversis in orientali Reni fluminis parte consistentibus, gentilitatis errore detentis vel adhuc ignorantiae obscuritatibus praepeditis, necessario destinare. Pro quibus cum gloriosae benevolentiae tuae omnimodo commendamus, ut cum in omnibus necessitatibus adiuvetis et contra quoslibet adversarios, quibus in domino praevaletis, instantissime defendatis. Jaffé setzt den Brief in Dbr. 722.

[2] Annales Naz. Mosell. Lauresh. Alam. Petav. und Sangallenses maiores ad. a. 722: magna fertilitas.

[3] Siehe Excurs I.

[4] Ann. Naz. Lauresh. ad a. 722: bella contra aquilonem; ann. Mosell. pugna contra Aquilonium. Die annales Laurissenses minores Mon. Germ. SS. I, p. 114, und die von ihnen abgeleiteten Annales Fuldenses aus dem IX. scl. l. c. SS. I, 344 haben zum Jahre 722 die Nachricht: Karlus Alamannos et Baioarios armis subegit. Wenn auch diese Kriege sonst noch bekannt wären, würden sie nicht als „contra aquilonem" bezeichnet werden können. Die falsche Chronologie und die Ungenauigkeit der Nachricht ist aus den Ereignissen des Jahres 724 zu erkennen. Siehe unten zum Jahre 724 S. 56.

[5] Willib. vita Bonif. c. VI, Jaffé l. c. p. 453 ad Thyringeam profecto profectus est. Et seniores plebis populique principes affatus est — eosque ad acceptam dudum christianitatis religionem iterando provocavit, cf. Seiters, l. c. p. 105 und über Hedans Tod Rettberg l. c. II, p. 294.

auch seit der Erhebung Herzogs Rabulfs im Jahre 640 die Herzoge in loserer Abhängigkeit wie früher zu den Merovingern gestanden haben.[1] Im Jahre 723 geht wenigstens mit der Erlaubniß Karls Bonifaz zu den von ihm schon vorher besuchten Gebieten Hessens,[2] dann zu den Thüringern.

Im Juli 722 hielt sich Karl in Zülpich auf, wo er in einer Gerichtssitzung in Gegenwart der Bischöfe Ebbo, Halbninus und Milo, vieler Grafen und vornehmer Männer, dem Abt von S. Wandrille Beniguus am 19. April die villa Montecellas gegen die Ansprüche eines Grafen Berthar zusprach.[3] Ueber seine sonstige Thätigkeit in diesem Jahre ist keine Notiz auf uns gekommen; ebenso wenig geben uns die wenigen Nachrichten aus dem Jahre 723 Licht über die Verhältnisse Karls und des fränkischen Reiches in dieser Zeit, obgleich sie eine Andeutung über Familienkämpfe enthalten.

Von den Enkeln Plektrubs nämlich war nur einer, Hugo, Sohn des im Jahre 708 gestorbenen Herzogs Drogo, auf die Seite Karls getreten; er war dafür in sehr einflußreiche kirchliche Aemter gelangt: er war Bischof von Paris, Rouen und Bayeux; im Jahre 723 erhielt er nach dem Tode des Abtes Beniguus (er stirbt den 20. März) auch die Leitung der sehr reichen Abtei S. Wandrille, von der wieder das Kloster Floriacum (Fleury) im Gau Velinocassino (le Vexin an der Seine) abhängig war; außerdem war Hugo Abt von Gemeticum (Jumièges).[4]

Durch die Abstammung aus dem Geschlechte Pippins, durch seine Verwandtschaft mit den vornehmsten Familien Neustriens, der des Waratto und Berchar, durch seine kirchlichen Würden und seine anerkannte Kenntniß in den geistlichen Wissenschaften war Hugo eine treffliche Stütze der Macht Karls in Neustrien.[5] Er blieb auch bis zu seinem Tode im Jahre 730 in dieser einflußreichen Stellung.[6]

Von den übrigen Enkeln Plektrubes war noch Theubald, der natürliche Sohn Grimoalds, der als Kind schon Majordomus in Neustrien geworden, aber im Jahre 715 vertrieben aus dem Kampfe im forêt de Cuise entkommen war,[7] in Verbindung mit Karl; es

---

[1] cf. Fred. chron. c. 87.
[2] Willibaldi vita Bonif. c. VI l. c. p. 452: ad obsessas ante ea Haesorum moetas cum consensu Carli ducis rediit.
[3] Gest. abb. Fontanell. c. 7. Mon. Germ. SS. II, p. 279 theilen das Diplom im Excerpt mit: Coram Karolo maiore domus Beniguus abbas Fontanellensis — evindicavit. Sie geben an, daß es ausgestellt sei regnante anno tertio Theoderico, Tulbiaco castro, 14 Kal. Augusti. Da nach l. c. c. 3 und 8 Beniguus nur bis zum 20. März 723 gelebt hat, das ganze Diplom uns sonst nicht erhalten ist, so scheint der Verf. der Gesta statt regnante II anno, gelesen zu haben III anno.
[4] Gest. abb. Fontan. l. c. cap. 8. Die Abtei Fontanellum hatte, nachdem ihr schon viele Güter entfremdet waren, noch 4288 Hufen als Besitz. cf. Gesta abb. Font. cap. 15, l. c. pag. 291.
[5] Siehe oben Seite 3—4.
[6] Gest. abb. Fontanell. cap. 9, l. c. p. 291: sexto Idus Aprilis, qui erat annus dominicae incarnationis septingentesimo trigesimo, indictione decima tertia.
[7] Siehe oben Seite 5 und 13.

scheint, ba er am 1. Januar 722 unter jene oben erwähnte Schenkung Karls an den Utrechter Bischofsitz nebst dem ältesten Sohn Karls, Karlmann, auch sein Siegel gedrückt hat,[1]) daß er in der Familie Karls aufwuchs, denn er zählte 722 erst ungefähr 16 Jahre.[2])

Die übrigen Enkel Pippins, die noch übrigen Söhne Drogos, Arnulf, Arnold, Drogo waren im Jahre 723 schon erwachsen, der älteste, Arnulf, war etwa 29 Jahre alt.[3])

Zwischen ihnen und ihrem Stiefoheime hat wahrscheinlich stets eine feindliche Gesinnung bestanden; im Jahre 723 wenigstens wurden wahrscheinlich Arnold und Drogo in Fesseln gelegt und starben in demselben Jahre.[4]) Welcher Art die Unternehmungen dieser Enkel Plektruds gewesen seien, so daß sie Karl zu einem solchen Einschreiten Veranlassung gegeben haben mögen, ist unbekannt; nur läßt sich vermuthen, daß, als Karl im Jahre 723 in eine so schwere Krankheit verfiel, daß einige Annalisten ihrer erwähnen,[5]) die Stiefneffen in der Hoffnung, es würde Karl sterben, vorbereitende Handlungen zu einer Schilderhebung ihrer Familie unternommen haben; denn es regte sich zu gleicher Zeit auch der einstige Majordomus von Neustrien, Raganfred; er begann mit Hülfe der Bewohner von Angers eine Empörung gegen Karl.

Im folgenden Jahre 724 wurde dadurch ein Zug Karls gegen Raganfred nöthig, der trotz der Verwüstung der Umgebung und Belagerung der Stadt nicht zur Uebergabe gezwungen werden konnte; denn Karl ging mit ihm einen Vertrag ein, demgemäß Raganfred für seine Lebenszeit die Grafschaft Angers behielt, seinen Sohn aber als Bürgen seiner Unterwerfung dem Majordomus überlieferte.[6])

Unterdessen war im Frühjahre 723 Bonifaz an den Hof des Majordomus gekommen.[7]) Es war für den letzteren eine Frage von

---

[1]) cf. Breq.-Pardessus dipl. n. 521, tom. II, p. 334: Signum Karoli maioris-domus. — Signum Karolomanni filii eius. — Signum Teidoldi nepotis eius.
[2]) Siehe Seite 4.
[3]) Siehe Seite 3 ff.
[4]) Ann. Naz. Mosell. ad a. 723: duo filii Drogoni ligati, Arnoldus et unus mortuus. cf. Ann. Lauresh, Petav. ad a. 723. Die Ann. Alamannici haben statt Arnold Druogo, wahrscheinlich sind demnach Arnold und Drogo gestorben. Der älteste Stiefneffe Karls, Arnulf, wird nicht weiter erwähnt.
[5]) Ann. Naz. Mosell., Lauresh., Alam, Petav. ad a. 723 et Karlus infirmatus. Ueber die Vision Karls in seiner Krankheit in vita St. Maximini episc. Trevirensis Act. Sanct. Boll. 29 Mai, tom. VII, p. 22 ff. cf. Cointii ann. ecclesiast. pars IV, p. 685 und Baronii annal. eccl. c. critice Pagii edit. Mansi tom. XII, p. 468, not. XV.
[6]) Ann. Lauresh. ad a. 724: levavit se Raginfridus contra Carolo, migravit ad Andegavis; cf. Alam Naz. Mosell.; ann. Petav. 724: Karolus migravit ad Andegavos, qui rebellabant adversus eum; Cont. Fred. c. 107: Carolus princeps insecutus idem Raganfridum, Andegavis civitatem obsedit, vastata eadem regione cum plurimis spoliis remeavit und Paulus Diaconus hist. Langobard. VI, cap. 71 aus derselben Quelle wie die Annales Mettenses ad a. 725: et illum in civitate Andegavis inclusit, filiumque eius obsidem ducens, ipsum comitatum sibi quamdiu vixit solita pietate habere concessit. S. Exlure I.
[7]) Willibaldi vita Bonif. c. VI, l. c. p. 451—52: Quique etiam, dum per longos viarum anfractus ingentium populorum adisset confinia, jam quidem ad

der weitgreifendsten Bedeutung, ob er den Glaubensboten des Bischofs zu Rom in seinen Bekehrungen unterstütze, da ihm nicht fremd sein konnte, daß er in diesem Falle für die Stellung der Geistlichkeit einen anderen Weg anbahne, als bisher im merovingischen Reiche eingehalten worden war; denn niemals hatten die Merovinger die Oberhoheit des römischen Bischofs über die fränkische Kirche anerkannt; der Clerus war einem solchen Verhältniß vollkommen entgegen.[1] Zwar fordert Gregor II. in seinem Briefe nur für die Bekehrung der germanischen Völker auf der Ostseite des Rheins die Unterstützung Karls, doch sagt er ausdrücklich, daß Bonifaz mit den Anordnungen des heiligen apostolischen Stuhles bekannt gemacht worden sei;[2] daß diese aber die Forderung einschließen, die Bekehrten durch die römischen Glaubenssatzungen in enge Beziehung zu Rom und Abhängigkeit vom Papste zu bringen, war allgemein bekannt.

Das Erscheinen des römischen Glaubensboten, dessen Gesinnung und Thätigkeit der fränkischen Geistlichkeit aus seinen Bekehrungen in Friesland, Thüringen, Sachsen und Hessen bekannt war, an dem merovingischen Hofe gab dem Clerus Veranlassung, seinen Einfluß auf den Majordomus geltend zu machen; man verdächtigte den Ruf des Bischofs und seiner Schüler, man suchte ihm Hindernisse zu bereiten, seinen Zweck am Hofe zu erlangen.

Und anfangs war Karl zurückhaltend, empfing Bonifaz nicht mit den von diesem erwarteten Ehrenbezeigungen,[3] doch gab er ihm noch in diesem Jahre,[4] nachdem der Missionar des Majordomus faktische Herrschaft anerkannt und sich seinem Schutze anheimgegeben hatte,[5] den von Gregor II. erbetenen Schutzbrief.[6]

Karl wendet sich an die Bischöfe, an alle seine Beamten höheren und niederen Grades, an deren Untergebene,[7] und an diejenigen

---

praefatum Franchorum principem venit. Da im Obr. 722 die Uebergabe der päpstlichen Briefe an Bonifaz geschieht, so ist obiger Termin seiner Ankunft bei Karl wahrscheinlich.

[1] cf. Loebell, Gregor von Tours und seine Zeit. 1839. pag. 318—325.
[2] Epp. Bonif. n. 21, l. c. p. 81: praesentem fratrem Bonifacium — institutionibus sanctae sedis apostolicae cui Deo auctore praesidemus ecclesiae generali sollicitudine informatum — commendamus.
[3] Liudger, vita S. Gregorii Trajectensis c. 8. Qui cum venisset non statim in initio honore sibi condigno receptus est a rege, sed sic competenter dilatus: quia fuerant quidam pseudodoctores et adulatores, qui famam sancti viri et discipulorum eius obfuscare et impedire conati sunt apud regem.
Hiemit stehen die Worte in Willibaldi vita Bonif. c. VI, l. c. p. 451—52: Et venerabiliter ab eo susceptus, litteras praedicti Romani pontificis sedisque apostolicae Carlo duci detulit, da Liudger ausdrücklich: in initio sagt, in keinem Widerspruch.
[4] Da Bonifaz im Jahre 723 zu Karl kommt, Willibaldi vita Bonif. keinen Verzug meldet, so ist der Schutzbrief, der selbst kein Datum hat, in dieses Jahr zu setzen. cf. Jaffé l. c. n. 24, der ihn auch dem Jahre 723 zutheilt.
[5] Willibaldi vita Bonif. c. VI, l. c. p. 452: eiusque dominio et patrocinio subiectus, ad Haesorum moetas cum consensu Curli ducis rediit. patrocinium gleich mundeburdis. cf. Waitz, Ueber die Anfänge der Vasallität. Götting. 1856. p. 61.
[6] Epp. Bonif. n. 24, l. c. p. 84.
[7] juniores cf. Waitz, Dtsch. Verf.-Gesch. II, p. 341.

Personen, welche unter dem Namen Freunde in einem ziemlich freien Verhältniß der Zugehörigkeit stehen.¹) Er thut Allen kund, daß er den Bischof Bonifaz auf dessen Bitten freudig in seinen Schutz (Mundium) genommen habe, und gewährt ihm die damit gewöhnlich verbundenen Begünstigungen in Bezug auf die gerichtlichen Verhältnisse.²) Sie bestanden darin, daß, wenn Bonifaz oder einer seiner Beauftragten oder Angehörigen³) bei irgend einer Angelegenheit gegen die rechtliche Verhandlung einen Einwand mache oder ihm Zwang auferlegt werden solle, welcher dem Gesetze gemäß nicht festgesetzt werden könne, die Angelegenheit vor Karl gebracht werde, bis dahin aber Bonifaz und seine Angehörigen unbeunruhigt bleiben sollten.⁴)

Die Kraft, welche Bonifaz in dem Bekehrungsdistrikt, welchen er sich zunächst ausersehen hatte, nämlich Hessen, entwickelte, verdankt er nicht wenig der Hülfe Karls durch eben jenen Schutzbrief. Bei Geismar, nahe Fritzlar, wagte es Bonifaz sogar auf den Antrieb der zum Christenthum Bekehrten, die dem Wodan heilige Eiche in Anwesenheit vieler Heiden zu fällen, und er erwarb dadurch dem Christenthum daselbst so viele Bekenner, daß er aus dem Holze des Baumes eine Kapelle zu Ehren des Apostels Petrus erbauen konnte, obgleich er selbst das Land verließ und sich nach Thüringen begab.⁵)

Bonifaz giebt selbst das zuverlässigste Zeugniß über die Gewalt und Herrschaft, die Karl damals in Hessen und Thüringen ausübte, indem er seinem vertrauten Freunde Daniel, Bischof von Winchester, schreibt: Ohne den Schutz des Frankenfürsten nämlich vermag ich weder das Volk zu leiten noch die Presbyter, Diaconen, Mönche und Nonnen zu vertheidigen, noch bin ich im Stande, auch nur die heidnischen Gebräuche und Verehrung der Götzenbilder in Deutschland, außer in seinem Auftrage und durch die Furcht vor ihm zu verhindern.⁶)

---

¹) amici l. c. p. 175.
²) cf. Waitz, Ueber die Anfänge der Vasallität, p. 53 ff.
³) Epp. Bonif. n. 24. l. c. vel qui per eum sperare videntur. cf. Waitz, Dtsch. Verf.-Gesch. II, p. 292, n. 1 und 2.
⁴) Epp. Bonif. n. 24. l. c. et si aliqua causatio vel necessitas ei advenerit, quae per legem definiri non potuerit, usque ante nos quietus vel conservatus esse debeat, quot ipse, quam qui per ipsum sperare videntur; ut ei nullus ullam contrarietatem vel damnationem adversus eum facere non debeat. cf. Cartas de mundeburde, apud Rozière Recueil général des formules I, p. 9—17.
⁵) Willibaldi vita Bonif. c. VI, l. c. 452: ad obsessas ante ea Haesorum moetas cum consensu Carli ducis rediit. Tum vero Haesorum iam multi, catholica fide subditi ac septiformis Spiritus gratia confirmati, manus inpositionem acceperunt —. Quorum consultu atque consilio roborem quendam mire magnitudinis, qui prisco paganorum vocabulo appellatur robor Jovis, in loco qui dicitur Gaesmere, servis dei secum adstantibus, succidere temptavit — magna quippe aderat copia paganorum, qui et inimicum deorum suorum intra se diligentissime devotabant.
⁶) Epp. Bonif. n. 55, l. c. p. 159: Sine patrocinio principis Francorum nec populum ecclesiae regere nec presbiteros vel clericos, monachos vel ancillas dei defendere possum; nec ipsos paganorum ritus et sacrilegia idolorum in Germania sine illus mandato et timore prohibere valeo.

Fünftes Capitel.

Karls Unternehmungen gegen Bayern und Alamannien.
724—730.

Die Hülfe, welche Karl Bonifaz bei seiner Bekehrungsthätigkeit leistete, wurde vom Papste anerkannt und veranlaßte ihn, in Sachen der Kirchenverwaltung sich an den Majordomus zu wenden. Im Jahre 724, am 4. December, theilt Gregor Bonifaz auf dessen Bericht über seine Fortschritte in der Verbreitung des Christenthums mit, daß er sich schriftlich an Karl „seinen ausgezeichnetesten Sohn, den Patricius", gewandt habe, damit er den Bischof, welcher bis dahin aus Trägheit in eben jenem Volke (also da, wo Bonifaz 723—724 thätig war) die Verkündigung des göttlichen Wortes zu veranlassen vernachlässigt habe, jetzt aber diesen Theil als seine Parochie in Anspruch nehme, in Schranken halte. Gregor fügt hinzu, daß er glaube, Karl werde befehlen, daß das, was jener Bischof wolle, verhindert werde.[1]) Auf welchen Bischof sich diese Klage bezieht, ist nicht festzustellen; es scheint der Bischof von Mainz, Gerold oder Gewielib, gemeint zu sein, der das durch Bonifaz an der Lahn christianisirte Gebiet als zu seiner Diöcese gehörig betrachtete.[2])

Da sich die Klage nicht wiederholt, so hat sicherlich Karl die Diöcesanangelegenheit nach Wunsch Gregors geregelt.

---

[1]) Epp. Bonif. n. 25, l. l. p. 86: Porro pro episcopo illo, qui nunc usque desidia quadam in eadem gente praedicationis verbum disseminare neglexerat, et nunc sibi partem quasi in parrochiam defendit, Carolo exellentissimo filio nostro patricio, ut eum conpescat suadentes, paternis litteris scripsimus. Et credimus, quod hoc vitari praecipiat.
Daß patricius hier mit dem römischen patriciatus keinen Zusammenhang habe, sondern soviel wie maiordomus bedeute, haben schon Waitz, Dtsch. Verf.-Gesch. II, p. 341, III, p. 79 und Veltman, de Karoli Martelli patriciatu, Monasterii, 1863, pag. 20, 21 nachgewiesen.

[2]) cf. Rettberg l. c. I, p. 343 und Hahn, Jahrbücher des fränkisch. Reiches Excurs XVI, der es sehr wahrscheinlich macht, daß Gerold und Gewielib zu Zeiten

Diese Einwirkungen Karls auf dem kirchlichen Gebiet veranlaßten auch in Alamannien die damaligen Herzöge Berthold und Nebi ihm ihren Schützling, den fränkischen Geistlichen Pirmin, zu empfehlen und seinen Schutz für die Gründung eines Klosters unter eben diesem Abte in Anspruch zu nehmen.

Nach hartnäckigem Widerstande hatte Pippin, Vater Karls, durch seine letzten Heerzüge in den Jahren 709 und 710,[1]) durch die Siege seines Feldherrn Walarich und eines Bischofs, dessen Namen uns nicht überliefert ist,[2]) die Alamannen dazu gezwungen, in die Unterordnung zu dem merovingischen Reiche zu treten, von welcher sie sich in der Mitte des siebenten Jahrhunderts befreit hatten.[3]) Es läßt sich jedoch nicht einmal feststellen, ob nach dem Tode der Gegner Pippins, der Herzöge Gotefrid und Willeharie, ein Herzog über ganz Alamannien geherrscht habe oder nicht bloß über einen Theil diese Nachkommen Gotefrids die Herrschaft ausgeübt haben. Nach den äußerst unbestimmten Angaben ist die wahrscheinlichste Annahme, daß die Enkel Gotefrids von seinem Sohne Houching, Nebi und Berthold, etwa 720—24 regierten, ihnen ihre Oheime, die jüngern Söhne Gotefrids, Lanfrid und Theubald, folgten.[4])

Nach jedoch späten Nachrichten bestand zwischen Berthold und Nebi, den alamannischen Herzogen, und Karl ein Verhältniß, in dem die Zuneigung der Herzoge zu dem fränkischen Majordomus im Gegensatz zu der nationalen Abneigung der Alamannen gegen die Franken hervortritt. Sie begaben sich im Jahre 724 zu Karl, um durch seine Hülfe den fränkischen Priester Pirmin in der von ihnen zu Augia — einer Insel im Untersee, jetzt Reichenau genannt — gemachten Stiftung gegen die Anfeindungen der Alamannen zu schirmen.[5]) Karl verleiht auch dem Priester, den die Herzöge mit sich gebracht hatten, die Insel Augia, auf welcher Pirmin ein Kloster einrichtete und ihm so lange vorstand,[6]) bis eine nationale Erhebung der Alamannen gegen

---

Karl Martells und nicht Karlmanns Bischöfe zu Mainz gewesen seien. cf. Jaffé Mon. Mogunt. p. 2 und 3. In den drei Catalogen der Mainzer Bischöfe stehen stets die Genannten als die unmittelbaren Vorgänger des Bonifaz, der 751 Erzbischof wurde. cf. Epp. Bonif. n. 81, l. c. p. 226.

[1]) Ann. Tilani, S. Amandi, ad a. 709 und 710, l. c. p. 6 und 7. cf. Ann. Naz. Mosell. Lauresh. Alam. und Petav. cf. Bonnell l. c. p. 131.
[2]) Ueber Anepos episcopus cf. Waitz, Dtsch. V.-G. III, p. 20, not. 4.
[3]) cf. Bonnell, S. 121.
[4]) Stälin, Wirtembergische Geschichte, Th. I, p. 225—227; siehe unten S. 55.
[5]) Die älteste Angabe für die Stiftung Reichenaus im Jahre 724 findet sich in Catalogus abbatum Augiensium, Mon. Germ. SS. II, p. 37 ad an. 724, nach not. 20 aus dem 9. Jahrh.: sanctus Pirminius episcopus primo venit in Augiam, ibique praefuit annis 2.
Ueber Pirmin sind nach der Untersuchung Rettbergs l. c. II, p. 51—57 die Angaben des Reichenauer Mönches Hermann Contractus aus dem 11. Jahrhundert die zuverlässigsten.
[6]) Herimanni Augiensis chronicon ed. Pertz, Mon. Germ. SS. V, p. 98 ad an. 724: Pirminius abbas et chorepiscopus a Bertholdo et Nebi principibus ad Karolum ductus Augiaeque insulae ab eo praefectus — coenobialem inibi vitam instituit annis 3.

die fränkische Oberherrschaft im Jahre 727 ihn von seiner Amtsstelle vertrieb.¹)

Die friedlichen Beziehungen mit den alamannischen Herzogen erleichterten Karl gerade in diesem Jahre die Unterdrückung der inneren Unruhen, die nochmals durch den entsetzten Majordomus Raganfred in Angers erregt wurden,²) während zugleich ein Aufstand der Sachsen Karl zwang auch gegen sie zu ziehen. Es gelang sie zu überraschen und zu besiegen.³) Im folgenden Jahre konnte Karl beginnen, die Macht der Merovinger in dem größten ostrheinischen Nebenreiche, in Bayern, wiederherzustellen.

Von den ostrheinischen Staaten, welche einst von den merovingischen Königen abhängig gewesen waren, hatte auch Bayern an der Auflehnung des Thüringerherzogs Radulf gegen König Siegbert III. theilgenommen,⁴) und seitdem haben seine erblichen Herzöge aus dem Geschlecht der Agilolfinger zwar noch in einem rechtlich bestehenden Abhängigkeitsverhältnisse, aber in beinahe faktischer Unabhängigkeit von den Merovingern gestanden.⁵) Es bestanden nämlich damals die Bestimmungen der lex Baiuvariorum, durch welche schon zu Zeiten Dagoberts I. (622—638) festgesetzt wird, daß der merovingische König das Recht habe, denjenigen aus dem Geschlechte der Agilolfinger zum Herzoge zu ernennen, welcher dem Könige treu gewesen war,⁶) und daß der König für den erschlagenen Herzog, wenn er verwandtenlos sterbe,⁷) die Buße einziehe. Die Anordnungen aber, welche Herzog Theodo II. im Jahre 702 in den staatlichen Einrichtungen durch Theilungen seines Reiches und im Jahre 716 in kirchlichen Verhältnissen trifft, geben den Beweis, wie gering die faktische Abhängigkeit von den damaligen Merovingern und ihrem Majordome gewesen ist.

Theodo II. hatte nämlich mit seinen Söhnen Theodebert, Grimoald und Thassilo, das Reich so getheilt, daß er selbst in Regensburg seinen Sitz nahm, Theodebert die Umgegend von Salzburg beherrschte, Grimoald von Freising aus die Herrschaft ausübte. Thassilos

---

¹) l. c. ad a. 727: S. Pirminius ob odium Karoli a Theodebaldo, Gotfridi ducis filio, ex Augia pulsus, Etonem pro se constituit abbatem et ipse Alsatiam alia instructurus coenobia petiit.
²) Vergl. S. 46.
³) Cont. Fred. c. 108: Per idem tempus rebellantibus Saxonibus Carlus princeps veniens eos praeoccupavit ac debellavit victorque revertitur. In den Annalen findet sich zum Jahre 724 kein Sachsenkrieg verzeichnet; seine Erwähnung beruht auf dieser einzigen Stelle.
⁴) cf. Fredeg. chron. c. 87.
⁵) vgl. Wittmann, die Stellung der agilolfingischen Herzoge nach außen und innen, Abhandl. der hist. Klasse der Berl. Akademie der Wissenschaften VIII, 1. Vergl. unten pag. 57—58.
⁶) Lex Baj. II, 20, 3: dux vero, qui praeest in populo, ille semper de genere Agilolfingorum fuit et debet esse, quia sic regis antecessores nostri concesserunt eis, ut qui de genere illorum fidelis regi erat et prudens, ipsum constituerent ducem ad regendum populum illum.
⁷) L. Baj. II, 20, 4: dux vero cum nongentis solidis componitur parentibus aut regi si parentes non habuerit.

4*

Residenz ist unbekannt geblieben.¹) Ferner hatte Theodo im Jahre 716 eine Reise nach Rom zu Gregor II. unternommen und, erfüllt von dem Christenthum, das er zuerst unter den bayrischen Herzögen, etwa 697, angenommen hatte, schloß er ein Concordat mit dem Papste, demgemäß dessen Legaten eine Versammlung der Geistlichkeit, Richter und aller Vornehmsten des Volkes veranlassen sollten. Auf diesem Reichstage sollten die Priester, deren Rechtgläubigkeit sich bewährt haben würde, nach Vorschrift der römischen Kirche in ihre Aemter eingesetzt werden; die drei Legaten sollten ferner in dem Gebiete jedes Herzogthums mehrere Bisthümer und ein Erzbisthum einrichten. Es werden die strengen Ehegesetze der römischen Kirche angenommen.²)

Ein solches Concordat, eine solche Reichstheilung konnte nur ein unabhängiger Fürst machen; es erweisen sich daher die Angaben der Ann. Mettenses z. J. 687, nach denen Pippin nach seinem Siege bei Tertry die Suaven, Bayern, Thüringer und Sachsen nach vielen Einfällen und Schlachten unterworfen,³) im Jahre 691 aber nochmals jene Völker nebst Friesen, Alamannen, Aquitaniern, Waskonen und Bretonen besiegt habe,⁴) in Beziehung auf Bayern als ungegründet.

Im Jahre 717 oder 722 starb Theodo II.⁵) Er hatte seinem ältesten Sohne Theodebert das Herzogthum übergeben, dessen Tod etwa im Jahre 724 innere Unruhen zur Folge hatte; denn gegen den von ihm eingesetzten Nachfolger, seinen Sohn Hucbert,⁶) erhob dessen Oheim Grimoald einen Aufstand, über dessen Zweck nichts überliefert ist.⁷) Hucbert wandte sich an den Gemahl seiner Schwester Guntrut, den König der Langobarden, Liutprand,⁸) und bald besetzten Langobarden die festen Plätze, die Grimoald an der Etschgegend gehörten.⁹) In diese Verhältnisse griff auch Karl ein; er sammelte ein großes Heer, über-

---

¹) Aribo, vita Corbiniani bei Meichelbeck hist. Frisingensis tom. I, pars II, p. 7. cf. Bildinger, österreichische Geschichte Th. I, S. 94 und seine Abhandlung: Zur Kritik altbayrischer Geschichte in den Sitzungsberichten der Wien. Akad. XXIII, p. 383 ff.
²) Mansi collectio concil. XII, p. 257, n. 1, 3, 6.
³) Annal. Mettens. Mon. Germ. SS. I, p. 317.
⁴) l. c. p. 320. cf. Bonnell, p. 128.
⁵) Catalogus ducum Bajuariae bei Mederer Stück III, S. 199, setzt den Tod ins Jahr 717, dagegen streitet Rettberg, Kirchengesch. Dtschl. Th. II, p. 210 für 722.
⁶) Congestum Arnonis (geschrieben 788) bei Kleimayrn Juvavia, Anhang S. 19: primum quidem tradidit Theodo dux — domino Hucberto; succedente vero filio eius Theodeberto, — successor namque filius eius Hucbertus dux, und Breves notitiae eccl. Salisburg. bei Kleimayrn Juvavia bipl. Anh. p. 32, c. II: commendavitque filio suo Theodelberto ducatum Bavariae et domini Ruperti causam. Arnold de Sct. Emmerano ed. Pertz, Mon. Germ. SS. IV, p. 569: Item alius Theodo — is ergo dux filios habuit successores in regno, Diotpertum videlicet atque Grimaldum; post quos ducatum genti huic praebuit Hucbertus.
⁷) Aribo, vita Corbiniani l. c. c. 29. Welche Stellung die Herzoge unter einander hatten, wie sie sich später zu den Franken stellten, ist zwar von Mederer in seinen Beiträgen, Mannert, die älteste Gesch. Bajoariens, Rudhart, älteste Gesch. Baierns, verschiedentlich angegeben; doch alle Angaben beruhen auf unsicheren Hypothesen.
⁸) Paul. Diaconus, hist. Langobard. VI, c. 42.
⁹) vita Corbiniani l. c.

schritt den Rhein, durchzog das Gebiet der Alamannen und Suaben, drang bis an die Donau vor und bemächtigte sich nach Ueberschreitung des Flusses des bayrischen Gebietes. Nach siegreichem Kampfe kehrt er im Jahre 725¹) mit vielen Schätzen und zweien Frauen zurück, die von so hervorstechender Wichtigkeit für die Verhältnisse Karls waren, daß der sehr wortkarge Chronist ihrer ausdrücklich erwähnt. Die eine nennt er eine gewisse Matrone, Namens Bilitrud, die andere Swanahild, eine Nichte Karls.²)

Bilitrud ist wahrscheinlich die Gemahlin Grimoalds, die Wittwe seines Bruders Theobvald, die Tochter einer vornehmen Frankin, welche nach Bayern gezogen war. Sie hatte durch ihre zweite Ehe mit ihrem Schwager Grimoald der Geistlichkeit, zumal Corbinian, Bischof von Freising, viel Aergerniß gegeben; sie hatte gegen ihn, da er stets auf Scheidung drang, Mörder ausgesendet, vor denen er mit Mühe nach Mais in Tyrol, das damals im Jahre 724 von Langobarden besetzt war, entwich.³) Wahrscheinlich sollte sie als Geisel für das fernere Verhalten Grimoalds dienen und der Wunsch der Geistlichkeit durch ihre Trennung von ihrem Gatten annähernd erfüllt werden.⁴)

Von nachhaltigen Folgen aber war der Eintritt der zweiten

---

¹) Ann. Tiliani ad a. 725: Karolus primum pugnavit in Baioaria cf. ann. S. Amandi, Petav. ad a. 725. Ann. Juvavenses ad a. 725. Mon. Germ. SS. I, p. 87, und IV, p. 1 und 2. Carolus primum in Baioariam venit.
Die Zeitbestimmung des Cont. Fred. c. 108: Succiduis diebus, evoluto anni circulo, ist sehr ungenau, da sie sich auf den Sachsenkrieg bezieht, der sonst nicht erwähnt wird. cf. oben z. J. 724, p. 51, not. 3, der aber durch die Zeitbestimmung: per idem tempus, bezogen auf die Erhebung Raganfreds, welche nachweislich 724 stattfand, eben dann geführt sein muß. Da er den Bayernkrieg ein Jahr später, also 725 setzt, stimmt er mit den Annalen überein, so daß 725 eine sichere Angabe ist.

²) Cont. Fred. c. 108: Coadunata agminum multitudine, Rhenum fluvium transiit, Alamannos et Suavos lustrat, usque Danubium peraccessit illoque transvecto fines Baioarenses occupavit. Subacta regione illa, thesauris multis cum matrona quadam nomine Bilitrude et nepte sua Sonichilde regreditur.
Nach Koch=Sternfeld, Beiträge zur teutsch. Länder- und Völkerkunde I, p. 183 soll der Kampfort am Freilenforst jenseit des Lech zu suchen sein.

³) Aribo, vita Corbiniani l. c. c. 19, 25—26.

⁴) Ademarus Cabanensis (schrieb 1028) giebt in libris III historiarum ed. Waitz Mon. Germ. SS. IV. die Notiz: Carolus cum uxore patris sui Plectrude, quae timore illius illuc fugerat, et cum nepte sua Sonichilde victor in Franciam reversus est. Diese Nachricht beruht sicherlich auf einer durch die Aehnlichkeit der Namen Plectrud und Bilitrud entstandenen Combination; denn der Cont. Fredeg. hätte nicht die von ihm oft genannte Plectrude plötzlich Bilitrude, noch matrona quaedam bezeichnet, wenn er dieselbe Person hätte bezeichnen wollen. Es ist in den wenigen Nachrichten über diese Bilitrude cf. Cont. Fred. c. 108 und vita Corbiniani c. 19 nicht die geringste Andeutung von einer Verwandtschaft Karls mit ihr vorhanden, wenn man nicht willkürlich das cum nepte sua in cum nepte eius verwandelt. Die Hypothesen, welche Zirngibl: „Ueber die bairischen Herzöge vor Karl d. G." p. 122 ff. aufstellt, es sei Bilitrude die Tochter Plektruds, der Stiefmutter Karls, Sonichilde ihre Tochter, haben gar keinen Halt an den Quellen. Ebenso ist die Ansicht von Mannert, Aelteste Gesch. Bajoariens p. 196 nicht haltbar. cf. Rudhart, Aelteste Gesch. Bayerns I, p. 268; Hahn, Jahrb. d. frkisch. Reiches p. 16, der fälschlich Bilitrude für die Mutter Sonichilds hält.

Persönlichkeit in des Hoflager des Majordomus. Sonichilde oder Swanahild war die Nichte Karls;[1]) durch welche verwandtschaftliche Verhältnisse des Majordomus sie aber als eine solche bezeichnet werden kann, ist ganz unbekannt. Sie ist zugleich eine Nichte Odilos, der im J. 737 Herzog von Bayern wird, dessen Verwandtschaft aber weder mit dem Pippinischen Hause noch mit seinem Vorgänger, dem Herzog Hucbert, nachgewiesen werden kann;[2]) Swanahild tritt aber noch in diesem Jahre zwar nicht an die Stelle der Gemahlin[3]) Karls, obgleich er die seinige, Chrotrud, durch den Tod in demselben Jahre verloren hatte,[4]) jedoch als Concubine in die nächsten Beziehungen zu dem Majordomus. Wahrscheinlich schon im folgenden Jahre gebar Swanahild einen Sohn, Grifo, an welchem Karl mit großer Liebe hing. Als einst nämlich Grifo in ein gefährliches Fieber verfiel, wandte sich Karl mit vielen Bitten an Leutfrid, den Abt des Klosters Madrie, der den Hof des Majordomus besucht und soeben verlassen hatte, daß er zurückkehre und durch seine Vermittelung dem Kinde die Gesundheit wiedergäbe;[5]) beide Eltern haben auch Bonifaz gebeten, Grifo in sein Gebet einzuschließen.[6])

---

[1]) Cont. Fred. c. 108: Carolus cum matrona quadam, nomine Bilitrude et nepte sua Sonichilde regreditur. So die älteste Quelle.

[2]) Annales Einhardi ad a. 741. Mon. Germ. SS. I, p. 135. Grifo — matrem habuit, nomine Swanahilde, neptem Odilonis, ducis Baioariorum. Es ist daher am wahrscheinlichsten, daß eine Schwester Karls mit einem Bruder Odilos verheirathet gewesen; denn durch solche Verbindung würde Swanahild sowohl die Nichte Karls als Odilos gewesen sein; doch ist darüber nichts überliefert. Odilo wird von Karl später besonders begünstigt, und auf Veranlassung Swanahilts flieht eine Tochter Karls, Chiltrub, zu ihm und wird seine Gemahlin. Es sind dies die Folgen der verwandtschaftlichen Beziehungen Odilos zur Swanahilb. Odilo war aber kein Sohn Hucberts, dem er in der Regierung folgte. cf. Cont. Fred. c. 111 und 112, Cong. Arnon. p. 22, cf. Zirngibl l. c. § 82 und Rubhart l. c. p. 272.

[3]) Cont. Fred. 111 erwähnt nur noch einmal Swanahild; er nennt sie „noverca" Chiltrubs, der Tochter Karls; dies läßt auf eine gesetzlich anerkannte Ehe schließen, doch ist es auffallend, daß der Continuator die Heirath nicht mittheilt. Ferner erstreckt sich die erste Theilung des Reiches, welche Karl nach Cont. Fred. c. 110 mit dem Beirath seiner Großen vornimmt, nur auf seine beiden Söhne Karlmann und Pippin; dies läßt deutlich den Unterschied zwischen der früheren Gemahlin Karls und Swanahild nebst ihrem Sohne Grifo hervortreten; ihre Stellung war so, daß sie wohl mit Recht von dem Verfasser der Annales Einhardi ad a 741. l. c. concubina genannt wird. cf. Ann. Mettenses ad. a. 741. Mon. Germ. SS. I, p. 327. cf. Hahn, l. c. p. 16, der abweichender Meinung ist. Auch erscheint mir der Ausspruch des Papstes Stephan IV. in dem Briefe an Karl und Karlmann über die Wahl ihrer Frauen, Codex Carolinus ep. 47 ed. Jaffé Mon. Carol. p. 160: Etenim nullus ex vestris parentibus, scilicet neque avus vester (dies ist Karl Martell) neque proavus nec vester genitor ex alio regno vel extranea natione conjugem accepit, dafür entscheidend zu sein, daß Swanahild nur Beischläferin war.

[4]) Ann. Naz. ad. a. 725 Hrottrudis mortua. cf. Ann. Mosell. Lauresh. Pet. ad a. 725. cf oben S. 9.

[5]) Vita Leutfredi abbatis Madriacensis Mabillon. Act. SS. O. S. Benedict. Scl. III, 2. p. 589.

[6]) Bonif. epp. n. 40 ad a. 741 l. c. p. 108. Bonifacius — Griponi, filio Carli optabilem in Christo salutem — Et cognoscite, quod memoria vestra nobiscum est coram deo; sicut et pater vester vivus et mater iam olim mihi

Ueber die Thätigkeit Karls in den beiden folgenden Jahren 726 und 727 ist nur sehr wenig bekannt. Am 9. Juli 726 befand er sich zu Zülpich, woselbst er sein Erbgut Eliste, jetzt Elst oder Marithaine, in der Betuwe an der Waal bei Nymwegen gelegen, an die Salvatorkirche zu Utrecht schenkt, doch unter der Bedingung, daß Wilbrord, der damals dieser Kirche vorstand, sowie seine Nachfolger das Gut rechtlich als Eigenthum besitzen sollten. Die Besitzung selbst hatte Karl von seinem Vater geerbt,[1]) der sie wiederum von König Childebert III. (695—711) aus dem Schatze erhalten hatte. In den königlichen Schatz aber war das Gut aus dem Vermögen eines Grafen Eberhard gekommen, der dem Könige untreu sich außerhalb des Landes mit den Rebellen, wahrscheinlich den Friesen, verbunden und daher Confiscation seiner Güter erlitten hatte.[2])

Karl beschloß mit diesem Geschenke die vielen Gaben, durch welche er seine Anhänglichkeit an Wilbrord bisher bewiesen hatte, obgleich der Friesenapostel noch 12 Jahre lang seine Bekehrungen in Friesland fortsetzte. Es scheint eine Entfremdung später zwischen dem Majordomus und dem Bischofe eingetreten zu sein; die Gründe aber sind nirgends angedeutet; zu geringe Nachgiebigkeit Wilbrords gegen den Willen Karls wird vermuthet.[3])

Unterdessen war in Alamannien die herzogliche Würde in andere Hände übergegangen; auf welche Weise dies geschehen, ist nirgends berichtet. Die Herzöge Nebi und Berchtold, welche in dem Jahre 724[4]) zu dem fränkischen Majordomus in freundliche Beziehungen traten, werden nicht mehr erwähnt; an ihre Stelle treten Laufrid[5]) und Theutbald,[6]) Söhne des 708 oder 709 gestorbenen Herzogs Gotefrid, vielleicht die Oheime ihrer Vorgänger.[7]) Lanfrid ist jedoch der allein regierende Herzog, denn ihn allein nennt die Sangallenser Handschrift der lex Alamannorum.[8]) Nur sehr unbestimmte Nach-

commendarunt. Grifo ist im Jahre 741 schon so erwachsen, daß er den Brüdern den Krieg ankündigte. cf. Ann. Einhardi ad a. 741 l. c. Die Ann. Mettens. ad a. 741 l. c. nennen ihn bei dem Tode Karls adolescens. Da Swanahild im Jahre 725 von Karl aus Bayern gebracht wurde, so ist Grifo wohl schon 726 geboren, um 741 so bezeichnet werden zu können und sich an die Spitze eines Aufstandes zu stellen.

[1]) Preq.-Pard. l. c. num. 537, tom. II, p. 347: mihique genitor meus Pippinus iure hereditario in proprietatem concessit. cf. Bonnell l. c. p. 73.
[2]) Breq.-Pard. l. c.
[3]) Alberdingk Thym, der heil. Willibrord, Münster 1863, die deutsche Ausgabe S. 174. „Karl hatte bei Wilbrord einen so edlen Charakter nicht erwartet und ihn durch viele verführerische Geschenke den Interessen des fränkischen Hofes ganz und gar dienstbar machen zu können geglaubt."
[4]) cf. zu dem Jahre 724 p. 50.
[5]) Aufschrift der lex Alamannorum in dem codex Sangallensis: Incipit textus lex Alamannorum, qui temporibus Lanfrido filio Godofrido renovata est. cf. J. Merkel, de republica Alamannorum commentarii, Berlin 1849, pag. 11 und 38 not. 10.
[6]) Cont. Fred. c. 113: rebellante Theudebaldo, filio Godfredi ducis.
[7]) cf. die Hypothesen über die Geneologie in Stälin, Wirtembergische Geschichte Theil I, p. 225—27 und 243.
[8]) Siehe oben not. 5.

richten laſſen ſchon im Jahre 727 Theutbald gegen Karl eine herausfordernde Stellung einnehmen, nennen ihn von Haß gegen Karl erfüllt und erzählen, daß er Pirmin, den Abt von Reichenau, den der fränkiſche Majordom unter ſeinen beſonderen Schutz genommen hatte,[1] vertrieben habe.[2] Da weder Pirmin ſich an ſeinen Schutzherrn Karl wendet[3]), noch dieſer etwas gegen Theutbald und die Alamannen unternimmt, ſo iſt durch die Angaben über Theutbald für das Jahr 727 nichts ſicher zu ſtellen. Es fehlen alle Nachrichten über die Urſachen einer den Franken feindlichen Bewegung in Alamannien; es läßt ſich nur vermuthen, daß durch die erneuten Unruhen in Bayern auch der Nachbarſtaat zum Bruch der friedlichen Beziehungen geneigt geweſen ſei.[4]

Karl war im Jahre 728 zum zweiten Male in Bayern und hatte daſelbſt zu kämpfen;[5] über die Veranlaſſung des Heereszuges ſowie deſſen Folgen liegen keine ſicheren Nachrichten vor. Es ſcheint, daß Herzog Grimoald nicht die ihm im Jahre 725 auferlegten Bedingungen im Verhältniß zu Hucbert gehalten habe, Karl aber dieſem zu Hülfe gezogen ſei[6] und Grimoald zur Ruhe gezwungen habe. Erſt im folgenden Jahre 729 fiel letzterer durch Meuchelmörder, ſo daß ſeitdem Hucbert der alleinige Herzog Bayerns wird.[7] Da die Zuſtände dieſes Landes ſeit 728 ſo geordnet blieben, daß bis zum Tode Karls 741 kein neuer Kriegszug dahin nöthig war, ſo iſt es klar, daß Karl an dem Herzoge einen ergebenen Clienten hatte und die Verhältniſſe des Herzogs zu dem fränkiſchen Könige und

---

[1] cf. zum Jahre 724, pag. 50.
[2] Die Angaben ſtehen mit den Ann. Guelferbytanis, Alamannicis, Nazarianis und Moſellanis in Verbindung (cf. Wattenbach, Deutſchlands Geſchichtsquellen im M.-A., 2. Ausg. 1866, p. 103). Annales Hersfeldenses Mon. Germ. SS. I, p. 23. cf. Ann. Monasterienses S. Gregorii Mon. Germ. SS. III, p. 152 ad a. 727: St. Pirminius ex Augia pulsus Alsaciam venit. Herimianni Augiensis chron. ad a. 727 ed. Pertz Mon. Germ. SS. V, p. 98: St. Pirminius ob odium Karoli a Theodebaldo ex Augia pulsus Etonem pro se constituit abbatem et ipse Alsatiam alia instructurus coenobia petiit, doch ſind ſie chronologiſch ſehr unſicher. cf. Waitz, Dtſch. Verf.-Geſch. III, p. 44 n. 3.
[3] Pirmin begab ſich nach dem Elſaß und fand bei dem Grafen Eberhard, dem er ſchon 726 von Augia aus die Stiftung des Kloſters Murbach hatte vollziehen helfen, Aufnahme (cf. Breq.-Pard. II, p. 851, z. J. 728. Eberhard ſagt, daß er vor 2 Jahren das Kloſter errichtet habe. Am 12. Juli 727 wird die Gründung durch eine Urkunde Königs Theoderich IV. beſtätigt. cf. Breq.-Pard. II, p. 350.)
[4] Euhardi Annales Fuldenses ſagen z. Jahre 723 Mon. Germ. SS. I, 344: Iterum Alamanni et Norici pacis jura temerare nituntur. Dieſe Notiz kann nur auf 728 bezogen werden, da nur kann Karl wiederum gegen die Bayern zog.
[5] Ann. Tiliani ad a. 728: Karolus secunda vice pugnavit in Baioaria cf. Ann. S. Amandi. Die Ann. Pet. ad a. 728 haben ſtatt Bavaria fälſchlich in Saxonia; die Ann. Alam.: Franci quieverunt, da ihre Quellen, die wir in den Naz. Moſell. Laureſh. finden, cf. Excurs I, keinen Feldzug berichten.
[6] Da Hucbert in der Herzogswürde bleibt, ſo kann gegen ihn der Heereszug nicht gerichtet geweſen ſein.
[7] Ann. Salisburgenses Mon. G. SS. IX, p. 768 ad a. 729: post Grimoaldum dux Bawariae Hucbertus fuit. cf. Meberer, Beiträge zur Geſch. v. Bayern, III. Stück, p. 201—203. cf. vita Corbiniani l. c. c. 27.

Majordomus einen festen Abschluß bei der letzten Anwesenheit Karls in Bayern erhalten haben.

Zu dieser Zeit mag es geschehen sein,[1]) daß die rechtlichen Verhältnisse des Herzogs zu dem merovingischen Könige durch einen Zusatz[2]) zu dem alten bayrischen Gesetze genauer bestimmt wurden, daß in ihnen eine größere Unterordnung des Herzogs unter den fränkischen König ihren Ausdruck fand. Während nämlich in den andern Theilen des Gesetzbuches der König nur zweimal[3]) erwähnt wird, geschieht dies häufiger in den beiden ersten Titeln, ja es behandelt ein Abschnitt sogar ausdrücklich die Abhängigkeit der bayrischen Herzöge von den fränkischen Königen.

Nach diesem Zusatze hat der König das Recht, den Heerbann aufzubieten,[4]) den Verbrechern im Heere das Leben zu schenken,[5]) den Befehl zu geben, einen Menschen zu tödten,[6]) sowie es der Herzog selbst im Lande hat. Der König schützt den Herzog gegen dessen Söhne, wenn sie ihn der Regierung berauben wollen, er aber weder blind noch taub ist und den Befehlen des Königs in allen Verhältnissen nachkommen kann. Wenn der rebellische Sohn der einzige überlebende Erbe ist, so steht es in des Königs Macht, die Erbschaft, wem er will, zu schenken.[7]) Wenn aber der regierende Herzog die Beschlüsse des Königs nicht befolgt, so soll er des Geschenkes, das ihm mit der Würde des Herzogthums gegeben worden ist, verlustig gehen, er soll wissen, daß er verdammt sei und die Kraft des Heils ihm verloren gehe.[8])

---

[1]) P. Roth hat in seiner Abhandlung: Ueber die Entstehung der lex Bajuvariorum, München 1848, S. 56—70, es sehr wahrscheinlich gemacht, daß unter Karl Martell eine Revision des bayrischen Gesetzbuches stattgefunden habe. Trotz des Widerspruches von Petigny, Revue historique du droit Français et étranger, 1856, tom II, 5. p. 494 und von Waitz, Göttinger gelehrt. Anz., 1850, S. 331 ff., die das ganze Gesetz zur Zeit Dagoberts gegeben meinen, hat sich J. Merkel, Das bairische Volksrecht, Archiv d. Gesellsch. f. ält. dtsch. Gschchtskde. 1858, Bd. XI, p. 683 und 684 der Ansicht Roths angeschlossen. Ebenso hält Stolle, Gesch. b. deutschen Rechtsquellen, 1860, I, p. 164 die Titel I und II, c. 1—19 für Zusätze, die fränkische Könige unter Pippin oder Karl Martell hinzufügen ließen. Er gesteht jedoch pag. 156, daß trotz aller scharfsinnigen Scheidung des Inhalts das Resultat über die verschiedenen Recensionen unsicher bleiben werde. Waitz, Dtsch. Verf.-Gesch. III, p. 25, not. 1, 1860, bleibt bei seiner früheren Meinung.
[2]) Titel I und Titel II, cap. 1—19.
[3]) Titel II, c. 20, 3 und 4; IX, 3; letztere Stelle ist noch unsicher. cf. Roth l. c. p. 66.
[4]) Tit. II, 4: si quis in exercitu, quem rex ordinavit vel dux de provincia illa, scandalum excitaverit —.
[5]) l. c. ille homo — benignum imputet regem vel ducem suum, si ei vitam concesserit.
[6]) Tit. II, 8: si quis hominem per iussionem regis vel duci suo, qui illam provinciam in potestatem habet, occiderit —
[7]) Tit. II, 10: Si quis filius ducis tam superbus vel stultus fuerit vel patrem suum dehonestare voluerit — dum pater eius — non est surdus nec caecus iussionem regis potest implere — et si ille (sc. filius) solus heredes eius supervixerit patrem suum in regis erit potestate cui vult donet aut illi aut alteri.
[8]) Tit. II, 9: Si quis autem dux de provincia illa, quem dux ordinaverit, tam audax aut contumax aut levitate stimulatus seu protervus et elatus vel

729. Recension des alamannischen Gesetzes durch Lanfrid.

Da nach diesen Zusätzen der König und Herzog dieselben Rechte haben, der Herzog aber doch nur der Stellvertreter der höheren königlichen Gewalt ist, wenn er auch nach den ältesten Bestimmungen des Gesetzes aus der Familie der Agilolfinger stammen muß und das Volk bei seiner Wahl betheiligt ist, indem der fränkische König dem Herzog zu bestätigen hat;[1]) so ist die Verwandelung des im alten Gesetz für einen Anschlag auf des Herzogs Leben oder seine Ermordung festgesetzten Wergeldes in Todesstrafe und Güterconfiscation[2]) dahin zu erklären, daß in der Person des Herzogs der Stellvertreter des Königs beim Volke in ein höheres Ansehen gesetzt werden sollte.

Wenn schon die Angelegenheiten Bayerns durch die spärlichen Nachrichten sehr dunkel blieben, so sind die Darstellungen der alamannischen und sächsischen Verhältnisse in den Jahren 725—730 gänzlich auf Vermuthungen verwiesen. Der Herzog Lanfrid zeigt durch die von ihm mit Genehmigung seiner Großen und des gesammten Volkes unternommene Gesetzesrevision,[3]) daß er eine ganz unabhängige Stellung von dem Frankenreiche einnahm; denn bisher hatten die Könige der Franken die Gesetze der Alamannen aufschreiben und revidiren lassen.[4]) Die Veränderungen aber, die von Lanfrid gemacht werden,

---

superbus atque rebellis fuerit, qui decretum regis contempserit, donatu dignitatis ipsius ducatus careat etiam et insuper spe superuae contemplationis, sciat se esse condemnatum et vim salutis amittat. Mederer, Beiträge z. Gesch. Baierns, Stück I, p. 88, läßt dies Capitel im Gesetze aus; er hält p. 89 es für einen Zusatz der Pipinger oder Karolinger. Waitz, Dtsch. Verf.-Gesch. II, p. 601, not. 1 citirt es als einen Theil des ältesten Gesetzes und vermuthet nur l. c. III, p. 99, not. 3, daß es zur Zeit der Unabhängigkeit Thassilos weggelassen sei. Merkel l. c. p. 645 hält es für eine Einschaltung zur Zeit Karls d. G., wogegen Stobbe l. c. p. 168 behauptet, daß das bayrische Gesetz seit der Mitte des 8. Jahrh. nicht weiter redigirt sei. Da aber Karl d. G. selbst die Stellung Bayerns zum fränkischen Reiche nach der Absetzung Thassilos nur als eine wiedergewonnene, wie sie vor Odilo und Thassilo gewesen, bezeichnet, cf. Breves notitiae Juvavia 48: quia ducatus Baioariae ex regno nostro Francorum aliquibus temporibus infideliter per malignos homines Odilonem et Tassilonem propinquum nostrum a nobis subtractus et alienatus fuit, quem nunc — ad propriam revocavimus dicionem, so wird tit. II, cap. 9 gerade vor Odilos Zeit im Gesetz gestanden haben, zu Thassilos Zeit nur ausgelassen sein.
[1]) L. Baj. tit. II, 20, 2: Dux vero, qui praeest in populo, ille semper de genere Agilolfingorum fuit et debet esse, quia sic reges antecessores nostri concesserunt eis, ut qui de genere illorum fidelis regi erat et prudens, ipsum constituerent ducem ad regendum populum illum. cf. Waitz, Dtsch. Verf.-Gesch. II, p. 600.
[2]) L. Baj. tit. II, 1—3.
[3]) Die Ueberschriften einiger Handschriften dieser Recension lauten: In Christi nomine incipit textus lex Alamannorum qui temboribus Lanfrido filio Godofrido renovata est. Der Text beginnt: Conveuit enim maioribus nato populo Alamannorum una cum duci eorum Lanfrido vel ceterorum populo adunato. cf. lex Alamannorum ed. Merkel Mon. Germ. legg. tom. III, p. 24 ff.
[4]) Die älteste Aufzeichnung des alam. Gesetzes, der Pactus, ist wahrscheinlich schon 580 gemacht, die 2. Recension geschah unter König Chlothar II. (613—22) auf einem von vielen Bischöfen, Herzögen und Grafen besuchten fränkischen Reichstage; sie wiederholt zum Theil den Pactus und stellt die staatlichen und kirchlichen Verhältnisse Alamanniens fest. cf. Stobbe, Gesch. d. dtsch. Rechtsquellen I, p. 145—146.

beziehen sich keineswegs auf eine selbständige Stellung gegen den fränkischen Fürsten, sondern zeigen alle nur einen der Geistlichkeit sehr günstigen Sinn; denn es werden die Vergehen gegen die Sicherheit der Personen und Sachen, die der Kirche gehören, mit strengen Strafen belegt,¹) oder sie fügen zu der weltlichen Strafe noch die kirchliche hinzu;²) sie dehnen das Eheverbot auf die Verheirathung mit der Tochter der Schwester aus,³) sie erklären für unstrafbar, in seinem Hause und in der Kirche Gewalt mit Gewalt zu vertreiben.⁴) Ob Lanfrid diese Veränderungen gemacht habe, um sich in der Geistlich=keit eine Partei gegen diejenigen Alamannen zu gewinnen, welche mit den Aufständischen gegen die Franken nicht einverstanden waren, ob er dadurch beabsichtigte, die alten Standesunterschiede des Volkes wiederherzustellen, sind nur vage Vermuthungen.⁵)

Wann aber Lanfrid diesen Schritt zur Lösung des bestehenden Rechtsverbandes zwischen seinem Herzogthume und dem Frankenreiche gethan hat, läßt sich mit einiger Sicherheit feststellen. Da Karl mit seinem Heerbann 725 und 728 durch Alamannien nach Bayern zog,⁶) so ist es sicher, daß unter solchen Verhältnissen der Abfall nicht ge= wagt werden konnte; eine passendere Zeit war das Jahr 729, in welchem Karl einen Heereszug gegen die Sachsen zu unternehmen beschloß und ihn vorbereitete.⁷) Der Sachsenkrieg wird aber nicht be= gonnen, dagegen zieht Karl im Jahre 730 gegen Lanfrid;⁸) demnach ist es sehr wahrscheinlich, daß der im Jahre 729 beginnende Abfall des Alamannenherzogs den Majordomus bewogen habe, den Sachsenkrieg aufzugeben und seine Macht im folgenden Jahre gegen den Südosten zu wenden. Lanfrid stirbt im Jahre 730 eines natürlichen Todes.⁹)

Der Kampf scheint durch diesen Todesfall beendigt zu sein; Karl ließ die Veränderungen im Gesetze bestehen, verwarf also nicht,

---

¹) Die lex Lotharii IV bestraft den, der einen in die Kirche entflohenen Knecht mit Gewalt fortgenommen hat, mit 18 solidis, die lex Lanfridi II 1. mit 36; ferner setzt die lex Loth. VI 18 solidi Wergeld fest für die Beraubung der Güter, die in einer Kirche niedergelegt sind, die lex Lanfridi IV fordert 36. cf. lex Loth. V mit lex Lanfr. III.
²) Lex Loth. prooemium 1 und 2 bedroht den mit weltlichen Strafen, der von dem an eine Kirche geschenkten Gute etwas entfremden wolle, das prooem. in lex Lanfr. I, 1 setzt hinzu: incurrat in dei iudicio et excommunicationem sanctae ecclesiae.
³) cf. lex Loth. c. 39 mit lex Lanfr. c. 38.
⁴) Zusatz zur lex Loth. in lex Lanfr. c. 98. Außerdem ist noch c. 32 über den Auflauf, der in der Wohnung des Herzogs erregt wird, hinzugefügt.
⁵) J. Merkel, de republica Alamannorum commentarii 1849, IX, p. 10 und 11. cf. Waitz, Götting. gelehrte Anz., 1850, Stück 40, 41, S. 405 ff.
⁶) cf. z. b. Jahren 725 und 728 Seite 53 und 56.
⁷) Annales Tiliani ad. a. 729: voluit Karlus pergere in Saxonia. cf. Ann. Petav.
⁸) Ann. Tiliani ad a. 730: Karlus pugnavit contra Landfridum. Ann. S. Amandi ad a. 730: Karlus perrexit ad Suavos contra Lantfredum. cf. Ann. Petav. und Laubacenses.
⁹) Ann. Naz. Mosell. Lauresh. Alam. ad. a. 730: Lantfredus mortuus. Die Annalen unterscheiden mortuus und interfectus est. cf. z. J. 741 ann. Naz. Karolus mortuus est et Theobaldus interfectus est.

was die Großen des Reichs mit Lanfrid unternommen hatten, wozu das Volk seine Beistimmung gegeben hatte; es ist wahrscheinlich, daß er mehr mit der persönlichen Haltung des Herzogs als mit dem Verhalten des alamannischen Volkes unzufrieden gewesen sei. Welche Einwirkung Karl auf die Nachfolger gehabt, wird nicht überliefert; es ist ja überhaupt unbekannt, nach welchem Rechte, ob durch Erbschaft, ob durch Wahl die alamannischen Herzoge einander gefolgt seien.[1]) Die Verhältnisse des Jahres 730 machen es wahrscheinlich, daß der Bruder Lanfrids, Theutbald, die Regierung übernommen habe, nachdem er Karl Gehorsam gelobt hatte. Feindseligkeiten gegen Karls Schützlinge büßte Theutbald etwa im Jahre 732 mit seiner Vertreibung.[2]) Erst nach dem Tode Karls 741 kehrt er zurück und beginnt vom Elsaß aus einen Aufstand.[3]) Alamannien wird aber von Karl selbst im Jahre 741 seinem Sohne Karlmann als den ihm zufallenden Reichstheil zugetheilt,[4]) und daraus ist mit Sicherheit zu entnehmen, daß in den letzten Jahren Karl Martells, etwa seit der Vertreibung Theutbalds, Alamannien in enger Abhängigkeit zu dem fränkischen Reiche gestanden habe.[5])

Es fehlte seitdem nur noch die strengere Abhängigkeit Burgunds und Aquitaniens, um die Macht des merovingischen Reiches zu den Zeiten seiner Blüthe wiedergewonnen zu haben, und Karl wurde durch die Verwickelungen beider Länder mit den Saracenen in ihre Verhältnisse derart hineingezogen, daß es ihm gelang, aus ihrem Schutzherrn ihr unmittelbarer Herr zu werden.

---

[1]) J. Merkel de republica Alamannorum commentarii IX, p. 11.
[2]) Die chronologisch unsicheren Nachrichten des Hermanni Augiensis Mon. Germ. SS. V, 98 theilen zum Jahre 732 mit, daß Theutbald den Nachfolger Pirmins, den Abt Eto von seiner Abtstelle vertrieben und nach Uri verbannt, Karl aber in demselben Jahre Eto wiedereingesetzt, den Herzog vertrieben habe.
[3]) cf. Annal. Guelferbytani ad a. 741: Teudeballus reversus in Alsatia rebellavit cum Wascones, Baiuvarii et Saxones.
Daß „reversus" darauf hindeutet, daß Theutbald als Geisel im Frankenlande gefangen gelebt habe, ist eine willkürliche Annahme. cf. Hahn, Jahrb. d. fränk. Reiches p. 23, not. 8.
[4]) Cont. Fred. c. 110. Itaque primogenito suo, Carlomanno nomine Auster et Suaviam, quae nunc Alamannia dicitur, atque Thoringiam tradidit. Da Bayern nicht in gleicher Weise einem Sohne zugetheilt wurde, so muß seine Stellung viel unabhängiger gewesen sein.
[5]) Aus dem Jahre 735 ist eine öffentliche Urkunde vorhanden mit der Bezeichnung: regnante domino nostro Teoderico rege supra Carolum maioremdomus. cf. Wartmann, Urkundenbuch v. S. Gallen Nr 5, p. 5.

Sechstes Capitel.

Karls Sieg über Eudo und die Araber. — Schlacht bei Poitiers.

731—732.

Seit dem Vertrage, den der Hausmeier Karl und der Herzog von Aquitanien mit einander im Jahre 720 geschlossen hatten,[1]) war das Verhältniß des letzteren zu dem vom Majordomus wieder aufgerichteten Frankenreiche nicht geändert worden. Eudo war in dem Theile Südfrankreichs, den er vor dem Auftreten Karls beherrschte, unabhängig; die sich stets wiederholenden Angriffe der Araber zwangen ihn aber, seine ganze Aufmerksamkeit auf die Pläne und Fortschritte der Muhammedaner zu richten. Er hatte zwar den ersten bedeutenden Angriff auf sein Reich durch den glänzenden Sieg bei Toulouse im Jahre 721 abgewiesen, jedoch die Feinde hatten Mittel genug, die Angriffe zu wiederholen. Eudo kämpfte so glücklich gegen die arabischen Feldherrn, daß im Jahre 725 der Statthalter von Spanien, Anbasa Ben Sohhim el Kelbi selbst ein großes Heer über die östlichen Pyrenäen führte.[2])

Er hatte alle ihm zu Gebote stehende Mannschaft gesammelt, erstürmte das stark befestigte Carcassonne, unterwarf sich Septimanien durch Vertrag bis in die Nähe von Nimes und sendete die Geiseln nach Barcelona.[3]) Auch in Burgund drangen die Araber, dem Thale

---

[1]) Vergl. oben z. J. 720 Seite 33.
[2]) Isidorus Pacensis in Florez España sagrada tom. VIII, c. 53. qui dum postremo — Ambiza per se expeditionem Francorum ingeminat cum omni publica manu incursionem illico meditatur. Ann. Naz. ad a. 725. Sarcini venerunt primitus; cf. Ann. Mosell., Lauresh. und Petav.; Ann. Sangallenses Augienses ad a. 727. Saraceni primitus ingrediuntur. Dozy l. c. I, p. 227 nennt zwar Anbasa als Statthalter und giebt über seine Thätigkeit in den Finanzen Nachricht, leider aber nicht über dessen kriegerische Thätigkeit, wie er überhaupt die Kriege der Araber in Frankreich zur Zeit Karls nicht darstellt.
[3]) Chronic. Moissacense Mon. Germ. SS. II, p. 200: Ambisa rex Sarracenorum

des Rhone und Saone folgend, vor, plünderten am 2!. August 725 Autun und zerstörten es.¹) Selbst jenseit des Rhoneflusses sollen die Muhammedaner Streifzüge gemacht haben;²) Anbasa aber starb während dieses raschen Siegeslaufes.³) Warum dieser nicht weiter verfolgt wurde, wer etwa den Arabern siegreichen Widerstand geleistet habe, wird nicht berichtet;⁴) der Aufschluß darüber ist in den politischen Wirren der spanischen und afrikanischen Statthalterschaften zu suchen. Diese hatten ihren Ursprung in der Stammesfeindschaft, welche die ganze arabische Nation in zwei sich bitter hassende Parteien trennte, in die der Yéméniten und der Maäbditen. Die ersteren leiteten sich von Cahtân, einem Nachkommen Sems, (der biblische Yoctan) ab; sie hatten mehrere Jahrhunderte vor unserer Zeitrechnung sich des mittleren Arabiens, Yemen genannt, bemächtigt; die Maäbditen nannten als ihren Stammvater Abnân, einen Nachkommen Ismaëls, bewohnten Hidjâz, die Provinz, welche sich von Palästina bis Yemen ausbreitet, in der Mekka und Medina liegen, und das Nabjd, das wüste Plateau des mittleren Arabiens; nach den Nachkommen Abnâns heißen sie entweder Maäbditen oder Caisiten. Beide Volksstämme haßten sich aufs äußerste, ohne zu dieser Zeit den Grund angeben zu können. Der Haß war ein schon lange vererbter und wurde deshalb als eine Stammespflicht von beiden Seiten bewahrt und befördert.⁵) Die Ausflüsse dieser Erbitterung hatten die bedeutendsten Einwirkungen auf die Wahl der Kalifen, auf deren Politik, Behandlung der unterworfenen Völker, auf die Ruhe im Reiche; denn in jeder Provinz des ungeheuern Reiches standen sich diese Parteien stets kampfbereit, oft mit den Waffen in der Hand gegenüber. Die Bevölkerung Afrikas und Spaniens war fast ausschließlich yéménitisch und verhielt sich ruhig, wenn sie von Männern ihrer Partei regiert wurde; unter kaisitischen Vorgesetzten kamen stets innere Unruhen zum Ausbruch.⁶)

---

cum ingenti exercitu post quinto anno Gallios aggreditur, Carcassonam expugnat et capit, et usque Nemauso pace conquisivit et obsides eorum Barchinona transmittit.
¹) Chron. Moiss. l. c. ad a. 725. Sarraceni Augustodunum civitatem destruxerunt 4 feria, 11 Calendas Septembris thesaurumque civitatis illius capientes cum magna praeda Spania redeunt. cf. Dorr l. c. p. 39—42. cf. Reinaud, invasions des Sarrazins dans la France p. 22—32 giebt noch mehrere Verwüstungen der Araber bei Lyon, Macon, Chalon sur Saône an.
²) Conde, Geschichte der Herrschaft der Mauren in Spanien, übers. von Rutschmann, 1824, Th. I, p. 79; Fauriel, histoire de la Gaule méridionale III, p. 87 bezieht diese Streifereien auf die Provence.
³) Isid. Pac. l. c. c. 53: Qui dum rabidus pervolat, morte propria vitae terminum parat. cf. Conde l. c. I, p. 79. Anbasa fand nach einem Treffen, in dem er sehr tapfer gegen die Christen gefochten hatte, wenige Tage, nachdem er schwer verwundet worden war, seinen Tod.
⁴) Fauriel l. c. III, p. 88 not. weist auf eine Stelle ex vetustis membranis ecclesiae St. Servatii Trajecti ad Mosam in Bouquet Recueil l. c. tom. III, p. 649 hin, nach welcher Karl zu dieser Zeit siegreichen Widerstand geleistet habe; schon Bouquet l. c. p. 650, not. a. weist nach, daß die Stelle sich höchstens auf Eudo und zwar zum Jahre 725 beziehen könne.
⁵) Dozy l. c. I, p. 25, 113—118.
⁶) l. c. p. 219.

In Spanien war im Jahre 721, durch den Statthalter Afrikas, den Kelbiten — so hießen die syrischen Yéméniten¹) — Bichr, einer seiner Stammesgenossen, Anbaſa, zur Statthalterſchaft gekommen; 725 folgte ihm nach ſeinem Tode Yahyâ, von dem yéménitiſchen Kalifen Hichâm geſendet.²) Als aber nach dem Tode Bichr' der Kalif, der unterdeſſen zu der Partei der Caiſiten übergetreten war, weil dieſe durch ihre rückſichtsloſen Bedrückungen der unterworfenen Völker ſeinen Geld=durſt zu ſtillen fähiger war, einen Caiſiten Obaïda zum Statthalter Afrikas ernannt hatte, ſo ſendete dieſer auch einen Caiſiten Haïtham im April 729 nach Spanien und drohte den Arabern daſelbſt mit den herbſten Strafen, wenn ſie den Befehlen dieſes neuen Gouverneurs ſich nicht fügen würden. Dieſer warf unter der Behauptung, daß eine Ver=ſchwörung gegen ihn beſtehe, die vornehmſten Chefs der yéménitiſchen Partei in den Kerker, ließ ihre einflußreichſten Männer köpfen. Die Yéméniten wußten den Kalifen jedoch gegen Haïtham in Zorn zu bringen; ein Botſchafter, Mohammed, wurde von Hichâm nach Spanien geſchickt; dieſer beſtrafte den Gouverneur und gab im Jahre 731 einem Manne, der ſich einer ſehr großen Popularität erfreute, Abdéraman al=Ghâfilî, demſelben, welcher die Araber aus der Schlacht bei Toulouſe nach Narbonne geführt hatte, die Verwaltung Spaniens³) Während dieſe Wahl in Spanien allgemein gefiel, glaubte ſich durch ſie Oth=mân Ben Abi Neza — Muniz und Munuza von ſpaniſchen und frän=kiſchen Chroniſten genannt⁴) — welcher damals an der Grenze Frank=reichs den Oberbefehl über das Heer hatte, zurückgeſetzt;⁵) außerdem war er über die unerhört grauſame Behandlung, welche die Berbern, ſeine Landsleute, von dem caiſitiſchen Statthalter Obaïda zu erleiden hatten, aufgebracht; denn dieſer hatte, da die berberiſche Nation eine Vorliebe für die Yéméniten zeigte,⁶) viele Kelbiten in die Gefängniſſe werfen und foltern laſſen, hatte von ihnen ungeheure Summen Geldes erpreßt.⁷) Monuſa erhob daher gegen Haïtham einen Aufſtand, in welchem er von Eudo, dem Herzoge von Aquitanien, unterſtützt wurde.⁸) Mit dieſem war er ſogar in enge Familienbeziehungen getreten; er war durch ſeine Verheirathung mit deſſen Tochter Lampegia der Schwiegerſohn Eudos geworden, welcher durch dieſe Verbindung die Angriffe der Araber auf ſein Gebiet wenigſtens zu verſchieben gehofft hatte.⁹) Die Abſetzung Haïthams hatte dem Aufſtande den Boden

---

¹) l. c. p. 120.
²) l. c. p. 227.
³) l. c. p. 219—223. cf. Lembke, Geſch. Spaniens I, p. 282—284.
⁴) Isidorus Pac. l. c. c. 58 nennt ihn Muniz, Dozy l. c. I, 256 Monuſa, Conde l. c. c. 23 ſagt ausdrücklich, daß Munuza aus Abi Neza entſtanden ſei; Reinaud l. c. p. 36—37 behauptet, ohne es zu beweiſen, daß Otman und Munuz verſchiedene Perſonen geweſen ſeien.
⁵) Isid. Pac. c. 58. cf. Conde l. c. c. 23, I, p. 81 und 83, c. 24, p. 84.
⁶) Dozy l. c. I, p. 220.
⁷) Daſ. p. 229.
⁸) Isidor. Pac. l. c. c. 58 und Dozy l. c. tom. I, 256 und Conde l. c. p. 85.
⁹) Isid. Pac. l. c. c. 58. Et quia filiam suam dux Francorum nomine Eudo causa foederis ei in conjugio copulandam ob persecutionem Arabum differendam

entzogen, doch die Wahl Abbéramans zum Statthalter Spaniens verstimmte persönlich Monusa.

Als nun der neue Statthalter im Jahre 731 große Streitkräfte an den östlichen Grenzen Spaniens zusammenzog, um von dort aus in Frankreich einzufallen und den Feldherrn an der Grenze gleichfalls Befehle gab, Streitkräfte zu versammeln, so machte Othmân wegen der zwischen ihm und Eudo bestehenden Verträge gegen einen Angriff auf Aquitanien Einwendungen. Abbéraman antwortete, daß Verträge, ohne sein Wissen und seine Erlaubniß abgeschlossen, ungültig seien; es habe Othmân dies den Christen mitzutheilen und seine Truppen zum Feldzuge bereit zu halten.

Othmân gab Eudo Nachricht von dem, was ihm bevorstehe und versicherte ihm, er würde den Kampf nicht mit ihm beginnen.[1]

Zu dieser Zeit hat wahrscheinlich Othmân einen festen Frieden mit Eudo geschlossen und sich gegen Abbéraman unter dem Vorwande, seine Landsleute schützen zu wollen, erhoben, aber dadurch einen Angriff auf sich hervorgerufen. Er wird nach kurzer Zeit in Puycerbá von Truppen des spanischen Statthalters eingeschlossen, doch entkommt er mit seiner Gemahlin ins Gebirge; die Verfolger aber erreichen die beiden von Ermüdung und Durst erschöpften Flüchtigen. Othmân warf sich, nachdem er schon verwundet war, von einer Felsspitze herab, damit er nicht lebendig gefangen werde; die feindlichen Soldaten schlugen ihm den Kopf ab; Lampegia aber wird gefangen an Abbéraman gesandt, der sie ihrer Schönheit halber, dem Kalifen überschickt.[2]

Da Abbéraman die Statthalterschaft Spaniens im April 731 übernahm, so ist die Verfolgung Othmâns erst in den Juni desselben Jahres zu setzen.

Bevor Othmân über die Wahl des Statthalters aufgebracht wurde, war seine Verbindung mit Eudo für den letzteren von großem Werthe; sie gewährte ihm Sicherheit vor den arabischen Angriffen, die ihn seit 721 stets beschäftigt hatten. In diesem Gefühl der Sicherheit hat Eudo sich stark genug gefunden, die Verbindlichkeiten, die ihm der im Jahre 720 mit Karl geschlossene Vertrag auferlegte, nicht weiter zu erfüllen.[3] Worin dieser Bundesbruch lag, ist nicht einmal zu vermuthen, da die Vertragsbedingungen uns unbekannt geblieben sind. Sobald Karl durch seine Zwischenträger Eudos Verhalten erfuhr, bot er den Heerbann auf und überschritt im Jahre 731 die Loire, nahm

---

iam olim tradiderat. cf. Conde l. c. c. 24, p. 84. Othmân soll auf einem seiner Streifzüge Lampeja gefangen und aus Liebe zu seiner schönen Gefangenen friedliche Verträge seitdem mit den Christen unterhalten haben.
[1] Conde l. c. p. 85.
[2] Isid. Pac. l. c. c. 58. pacem nec mora cum Francis agens — — et palatii conturbatur status; sed non multo post expeditionem proelii agitans Abderraman supramemoratus rebellem immisericorditer insequitur conturbatus. Nempe ubi in Cerritenensi oppido reperitur vallatus, obsidione pressus — — in fugam prosiliens cedit etc. Wenig abweichend Conde l. c. p. 86. cf. Dozy l. c. III, p. 23, not. 2.
[3] Cont. Fred. c. 108. Eudone duce a iure foederis recedente.

Bourges ein, zog sich dann wieder zurück.[1]) Eudo aber belagerte bald darauf wieder Bourges,[2]) so daß Karl in demselben Jahre nochmals über die Loire zieht, den Herzog Eudo in die Flucht schlägt, das Land nochmals verwüstet und mit vieler Beute in sein Gebiet sich zurückzieht.[3])

Der Herzog von Aquitanien gerieth dadurch in eine äußerst verzweifelte Lage; er sah sich nicht allein überwunden, sondern auch der Kräfte, die er zur Vertheidigung seines Landes gegen Karl nöthig hatte, beraubt; er war so wenig diesem gefährlich, daß er dessen Spott ertragen mußte.[4]) Da wählte er ein verzweifeltes Mittel, seine Macht zu retten, und verabredete mit seinem Schwiegersohn Othmân ein Schutzbündniß;[5]) doch dessen Tod vereitelte die Hoffnungen Eudos nun nicht allein, sondern brachte auch ihm, dem Verbündeten Othmâns, dem Feinde des Statthalters, eben diesen mit seiner gesammten Macht in das Land. Abdéraman machte jetzt im Westen, nicht, wie er vor Beginn der Zerwürfnisse mit Othmân angeordnet hatte, im Osten in Person den Angriff auf das christliche Reich, mit dem er in keine Bundesgenossenschaft treten konnte; denn schon gegen die Verbindungen Othmâns mit den Christen hatte er den Grundsatz aufgestellt, daß zwischen den Muselmännern und dem Volke Frankreichs das Schwert die Verhältnisse bestimmen müsse.[6])

Die Lage Eudos war durch die Verwickelungen seines Schwiegersohnes mit dem spanischen Statthalter Karl gegenüber noch bedenklicher geworden, weil dieser von dem letzten seiner Nebenbuhler gerade damals durch den Tod befreit wurde: es starb 731 der frühere Majordomus Raganfred.[7])

---
[1]) l. c. quo comperto per internuntios, Carlus princeps commoto exercitu Ligerem fluvium transiens. Ann. Tiliani ad a. 731: Karolus pugnavit in Vasconia contra Eodonem. cf. Ann. Amandi unb Petav. ad a. 731: Karlus fuit in Wasconia contra Eodonem.
[2]) Vita Austrogesili apd. Bouquet l. c. III, 660—661. Nec multo post tempore cum Eudo princeps Bituricas civitatem obsidione circumvallatam haberet. Fälschlich ist Pippin als Gegner Eudos genannt.
[3]) Ann. Naz. Mosell. Lauresh. Alam. ad a. 731: Carolus vastavit duas vices ultra Ligara. cf. Cont. Fred. c. 108: Carlus — ipso duce Eudone fugato, praeda multa sublata, bis eo anno ab his hostibus populata, iterum remeatur ad propria.
[4]) Cont. Fred. c. 108: Eudo namque dux cernens se superatum atque derisum. cf. Gest. abb. Fontan. ad a. 732. Mon. SS. II., p. 282. Eudo — superatum et ad defendendam patriam suam contra Carolum se viribus destitutum.
[5]) Die Unkenntniß der Verhältnisse, in denen Eudo zu Othmân, dieser zu dem spanischen Statthalter Abdéraman stand, hat in den fränkischen Schriftstellern, zumal in dem Cont. Fred. c. 108 und seinen Benutzern, dem Annal. Fuldenses, Mettens. vita Theodefridi abb. Calmeliacensis (auct. anonym. ante sel. XI) Bouquet III, p. 652, zu dem falschen Berichte verführt, daß Eudo mit Abdéraman in Verbindung getreten und dieser als sein Verbündeter gegen Karl herangezogen sei.
[6]) Conde l. c. p. 84 und 85.
[7]) Annal. Naz. Mosell. Lauresh. Alam. z. J. 731: Raginfridus mortuus. cf. Ann. Petav. Ein Beispiel, welche Fabeln später auftraten, zeigt die Compilatio Vedastina fol. 76, in der Raganfred im Jahre 722 auf der Flucht ertrinkt. Anno domini 722 capitur ab invicto duce Karolo (Chilpericus) Ragan-

732. Abdéraman, Statthalter von Spanien, zieht gegen Eudo u. besiegt ihn.

Im Frühjahr 732 hatte Abdéraman seine Truppen bei den Pyrenäen versammelt; er zog mit einem gewaltigen Heere von Pampelona aus durch das Gebiet der iberischen Basken in die westlichen Landschaften des gallischen Vaskoniens und gelangte unter steten Verwüstungen bis Bordeaux, das belagert wird.[1]) Eudo hatte unterdessen sein Heer zusammengezogen und Karl von der Gefahr in Kenntniß gesetzt, ihn zur Rüstung aufgefordert. Er selbst geht den Arabern, welche die Garonne und Dordogne überschritten hatten, entgegen und bietet ihnen eine Schlacht an; er wird jedoch geschlagen, verliert den größten Theil seines Heeres, und flieht, von den Feinden verfolgt, zu Karl, den er um Hülfe bittet.[2]) Die furchtbaren Verheerungen, zumal die Verbrennung der christlichen Kirchen und Zerstörung der Paläste, die Niedermetzelung der Landesbewohner erregten allgemeinen Schrecken. Bald kamen die wüthenden Feinde der Christen nördlich von Poitiers, wo sie die Kirche des heiligen Hilarius, des Schutzheiligen der Stadt verbrannten. Den glaubenseifrigen Abdéraman und die beutegierigen Araber lockte die reiche Kirche des Heiligen, „der ganz Gallien gleich einer Sonne mit den Strahlen des Lichtes erleuchtet hatte, der durch viele Wunder dem Volke dargethan, daß Christus der Sohn Gottes, wahrer Gott sei, dessen Gebeine zu aller Zeit Wunder thaten", nämlich die Kirche des heiligen Martin zu Tours, zur Plünderung und Zerstörung an.[3])

fredus vero timore perterritus cupiens se liberare a Karoli manibus fugam arripuit quam potuit citius et relinquens arvorum plana et sui globum exercitus, per loca aquosa et saltus pervenire tetendit, munitionis gratia ad quendam vicum qui dicitur Theoderici mansus quod beatae ac gloriosae Rictrudis est fundus; namque ipso dinoscitur loco per prata et uberrimos saltus quondam rex degisse Theodericus. Verum fugae dum intenderet, mortis timore perculsus, haud procul miliarium unum a villa quae martianas dicitur, aquis est involutus. Verum ignoratur utrum ab aliquo eum fugante ibidem loci fuerit confossus, aut equo, malo omine, lapsus.

[1]) Chron. Moiss. Pertz Mon. SS. I, p. 291: Abderaman rex Spaniae, cum exercitu magno Sarracenorum per Pampelonam et montes Pirenos transiens, Burdigalem civitatem obsidet. Isidorus Pac. l. c. c. 59. multitudine sui exercitus repletam prospiciens terram, montana Vascaeorum dissecans. Paulus Diaconus hist. Lang. VI, 45, gens Sarracenorum — cum uxoribus et parvulis venientes Aquitaniam Galliae provinciam quasi habitaturi ingressi sunt; ihm folgt wörtlich Regino chron. ad a. 731. Nur Conde l. c. p. 88 erzählt ohne Angabe seines Gewährsmannes, daß Bordeaux erstürmt, der Graf jenes Grenzlandes, den die Saracenen bei dem Uebergange über den Fluß geschlagen, in der Stadt getödtet sei.

[2]) Chron. Moiss. l. c. Tunc Eudo, princeps Aquitaniae, collecto exercitu obviam eis exiit in proelium super Garonna fluvium sed inito proelio, Sarraceni victores existunt. Eudo vero fugiens maximam partem exercitus sui perdidit et ita demum Sarraceni Aquitaniam depraedare coeperunt. Eudo vero ad Karolum Francorum principem veniens, postulavit ei auxilium. — Isid. Pac. l. c. c. 59: Abderraman — terras Fr. intus experditat atque adeo eas penetrando gladio verberat, ut proelio ab Eudone ultra fluvio nomine Garonnam vel Dornoniam praeparato et in fugam dilapso, solus deus numerum morientium vel pereuntium recognoscit. cf. Conde l. c. c.,25, p. 87.

[3]) Cont. Fred. c. 108: ecclesiis igne concrematis, populis consumtis usque Pictavis progressi sunt, ubi basilica St. Hilarii igne concremata, quod dici dolor est, ad domum beatissimi Martini evertendam destinant. Ueber die Verehrung

Ehe dies noch ausgeführt werden konnte,[1]) erschien Karl mit einem gewaltigen Heere, wahrscheinlich dem ganzen Heerbanne des merovingischen Reiches: Austrasiern, Neustriern, christianisirten Friesen und den Völkern am Rhein, so weit sie seinem Rufe zur Vertheidigung des Christenthums gefolgt waren.[2])

Mit dem Ueberrest des aquitanischen Heeres hatte sich Eudo, die Zwietracht vergessend und Hülfe flehend, an Karl angeschlossen.[3])

Südlich von Tours, eine Meile von dem alten Poitiers, bei dem jetzigen Flecken Cenon[4]) traf die Vorhut der Araber im Oktober 732 auf die Truppen Karls.[5])

Sieben Tage lang standen die Heere einander beobachtend gegenüber; endlich stellten sie sich, es war an einem Sonnabend,[6]) in Schlachtordnung. Karls Schaaren nahmen eine Defensivstellung, indem sie ihre Massen in geschlossenen Gliedern ohne alle Zwischenräume zusammenzogen[7]); denn so pflegten die Germanen in den

---

des bl. Hilarius cf. Gregor Turonensis hist. eccl. Francorum, übersetzt von W. Giesebrecht, Band II, 353, sind im Register alle darauf bezüglichen Stellen nachgewiesen. Ueber Martin v. Tours cf. Greg. Tur. l. c. lib. I, p. 36 ff. und de miraculis St. Martini libri IV. Siehe Löbell, Gregor v. Tours und seine Zeit, 1838, S. 274 ff. Isid. Pac. l. c. 58. Abderaman — Eudonem insequens, dum Turonem ecclesiam palatia diruendo et ecclesiis ustulando depraedari desiderat. cf. Chron. Moiss. l. c. ita demum Sarraceni Aquitaniam depraedare coeperunt.

[1]) Condé l. c. c. 24, p. 88 erzählt ganz allein, daß Tours von den Arabern erstürmt sei. Da alle fränkischen Chronisten darüber schweigen, so ist die Thatsache sicherlich falsch.

[2]) Chron. Moiss. l. c. Tunc Karolus, collecto magno exercitu, exiit iis obviam. — Isid. Pac. l. c. c. 59 nennt die von Karl herbeigeführten Schaaren „gentes Septentrionales" dann Europenses. Nach der Schlacht ziehen sie: in patrias suas. cf. v. Peucker, das deutsche Kriegswesen der Urzeiten I, p. 367—368; dagegen Waitz, Dtsch. V.-G. III, p. 20, 23 und 532.

[3]) Chron. Moiss. l. c. Eudo vero ad Karolum Francorum principem veniens, postulavit ei auxilium. Paulus Diac. hist. Langob. VI, 45: Carolus cum Eodone Aquitaniae principe tunc discordiam habebat, qui tamen in unum se conjungentes, contra eosdem Sarracenos pari consilio dimicarunt. Ueber die Theilnahme der Friesen cf. de Geer, de strijd der Friezen en Franken. Utrecht 1850, pag. 27.

[4]) St. Hypolite, officier d'état major hat 1843 im spectateur militaire Vol. XXXVI, p. 270—278 eine Beschreibung der Schlacht und des Schlachtfeldes nach einem Auszuge aus einem arabischen Manuscript des Cid-Osmin-Ben-Arton, der selbst in der Schlacht gegenwärtig gewesen soll, gegeben. Hypolite führt nur einmal den Araber redend ein „que les Arabes continuèrent leur route vers le nord en traversant plusieurs provinces où l'on fit un riche butin. Déjà, dit-il, notre avantgarde était a Senone, lorsque nous apprimes que Charles, duc des Francs et de l'Austrasie, rassemblait de grandes forces et se portait en Touraine pour nous prendre par derrière et nous couper la retraite." Was sonst die eigenen Worte des arabischen Schriftstellers sind, geht aus der Darstellung Hypolites nicht hervor.

[5]) Ann. Til. ad a. 732: Karolus habuit bellum contra Sarecinos. Ann. Amandi fügen hinzu: in mense Octobri. Ann. Naz. ad a. 732: Karolus pugnavit contra Sarcinos die sabbato ad Pictavis. cf. Ann. Mosell. Lauresh. Alam.; cf. Ann. Petav. und Chron. Moiss. l. c. in suburbio Pictavensi.

[6]) Ann. Naz. Mosell. Lauresh. Alam. ad a. 732: die sabbati cf. Petav. Da im Jahre 732 Ostern auf den 20. April fiel, so sind die Sonnabende im Oktober nach unserer jetzigen Zeitrechnung am 4., 11., 18., 25. zu setzen.

[7]) Diese Stellung ist aus dem Bilde, in welchem Isid. Pac. l. c. c. 59

Ebenen einer überlegenen feindlichen Reiterei erfolgreichen Widerstand zu leisten;[1]) und so brach sich auch hier an der unbeweglichen Menschenmauer der Ansturz der arabischen Reiterei und des Fußvolkes. Besonders thaten sich die Austrasier durch die gewaltige Wucht ihrer Glieder und ihre eisenstarken Hände, mit denen sie von oben herab herzhaft einhieben, vor den Andern hervor. Ihren Streichen erliegt der Heerführer Abdéraman.[2]) Der Schlacht setzte erst die Nacht ein Ziel. Der Sieg war noch nicht vollständig für Karl entschieden; beide Heere kehren in ihr Lager zurück. Am folgenden Tage rücken die Christen, die am Abend vorher, als die Dunkelheit die Kämpfenden trennte, verächtlich gegen die Feinde die Schwerter erhoben, schon bei Tagesanbruch aus und erwarten bei dem Anblick der unzähligen Lagerstätten einen neuen Kampf. Niemand kommt ihnen aus den geordneten Lagerreihen entgegen; daher meinen die Franken, die feindliche Schlachtreihe sei innerhalb des Lagers kampfbereit aufgestellt. Kundschafter werden ausgeschickt; diese finden die sämmtlichen Schaaren der Muhammedaner entflohen; sie haben still im Schutze der Nacht den einer Flucht ähnlichen Rückzug nach ihrem Lande angetreten. Noch fürchten die versammelten Kriegsvölker, daß die Feinde sich auf Nebenwegen versteckt hielten; sie schleichen, über das Ereigniß in Erstaunen gesetzt, auf einem Umwege zu dem Lager.[3])

Auf eine Verfolgung der fliehenden Feinde ließen sich die versammelten Völker nicht ein, sondern machten sich an die Vertheilung der Beute. Darauf ziehen sie erfreut in ihre verschiedenen Heimathsorte zurück.[4])

Die Araber aber eilten flüchtend nach Spanien zurück.[5]) Sie nahmen nicht den nächsten Weg, nämlich den, welchen sie gekommen waren, sondern wendeten sich nach dem östlichen Aquitanien, durch

---

spricht: Septentrionales in ictu oculi ut paries immobiles permanentes sicut et zona rigoris glacialiter manent adstrictae, zu entnehmen.

[1]) cf. v. Peucker, das deutsche Kriegswesen der Urzeiten, II, p. 219 u. 261-264.

[2]) Isid. Pac. l. c. gens Austriae mole membrorum praevalida et ferrea manu perardue pectorabiliter ferientes regem inventum examinant. cf. Chron. Moiss. l. c. ibique rex Abderaman cecidit cum exercitu suo in proelium. cf. Dozy l. c. I, p. 252. cf. Conde l. c. p. 89.

[3]) Isid. Pac. l. c. c. 59: Statim nocte proelium dirimente, despicabiliter gladios elevant atque in alio die videntes castra Arabum innumerabilia ad pugnam sese reservant et exurgentes de vaginu diliculo prospiciunt Europenses Arabum tentoria ordinata et tabernacula ubi fuerant castra locata nescientes cuncta esse pervacua et putantes ab intimo esse Saracenorum phalanges ad proelium praeparatas mittentes exploratorum officia, cuncta repererunt Ismaelitarum agmina effugata omnesque iactu pernoctando cuneos diffugisse repatriando. Europenses vero solliciti, ne per semitas delitescentes aliquas facerent simulanter celatas undique stupefacti in circuitu sese frustra recaptant.

[4]) Isid. Pac. c. 59. — et qui ad persequentes gentes memoratas nullo modo vigilant spoliis tantum et manubiis decenter divisis in suas se laeti recipiunt patrias. Die Angabe der Chronique St. Denis, Bouquet l. c. III, p. 310, daß Karl sogleich den Namen Martell angenommen habe, theilt Reinaud l. c. p. 47. Dies ist falsch. Siehe oben p. 8, not. 3.

[5]) Chron. Moiss. Mon. SS. I, p. 291: et qui remanserunt ex eis per fugam reversi sunt in Spania.

welches von Poitiers nach Bourges und Limoges alte Römerstraßen führten. Auf diesem Wege wurden sie von den Christen, wahrscheinlich von den Schaaren, die unmittelbar von Karl geführt wurden, von den Austrasiern und Neustriern verfolgt und erlitten in mehreren Gefechten Verluste. Einzelne Schaaren durchzogen la Marche bis Guéret, das von ihnen zerstört wurde.[1]

Der Hauptort, nach welchem sich die flüchtigen Araber wendeten, war das feste Narbonne; Karl befahl es zu belagern; doch trotzdem er selbst dort war, gelang die Eroberung nicht. Karl gab daher die Umlagerung auf und begab sich nach Austrasien.[2]

Es ist nicht festzustellen, welche Stellung nach der Vertreibung der Araber Eudo zu Karl gehabt hat. Allerdings war der Herzog wehrlos; als ein Flüchtling hatte er bei Karl Hülfe gesucht; demnach ist bei dem Mangel der Nachrichten anzunehmen, daß er höchstens wieder in das Verhältniß zu Karl getreten sei, welches er durch das Bündniß im Jahre 720 erlangt hatte und in dem er bis 731 geblieben war.[3] Bis zu seinem Tode im Jahre 735 ist von ihm nichts mehr bekannt; er diente jetzt Karl sicherlich als der Wächter gegen die Araber, welche, während Karls Aufmerksamkeit sich auf das im Norden sich regende Heidenthum richten mußte, neue Einfälle in das Frankenreich vorbereiteten.

Der Statthalter von Afrika, Obaida, befahl dem neuernannten Statthalter von Spanien, Abdalmelik (eingesetzt im November 732), einen neuen Zug gegen die Franken; der Kalif Hichâm ermahnte ihn in einem eigenhändigen Schreiben, das vergossene Blut der Muselmänner zu rächen.[4]

An den Pyrenäen sammelten sich demnach aus Spanien und Afrika Truppen; doch es war Abdalmélic nicht möglich Vortheile zu gewinnen. In den Engpässen des Grenzgebirges gelang den Christen ein Ueberfall; der Statthalter Spaniens zog sich mit großem Verluste zurück.[5] Als im Jahre 736 an seine Stelle Oeba Ben Alhe-

---

[1] cf. vita Pardulfi abb. Varactensis. Bouquet l. c. III, p. 654.
[2] Nur arabische Quellen, cf. Conde l. c. c. 25, p. 89—90, führen diese Belagerung an. Da hier von den Franken kein Sieg erfochten wurde, so ist bei der Kürze der fränkischen Quellen das Uebergehen dieser Thatsache leicht erklärlich.
[3] Die aus dem 9. Jahrh. stammenden Gesta abbat. Fontanell. c. 9, Pertz Mon. II, p 282 sagen: Karolus acceptis spoliis eorum nomen domini glorificans, tota iam Aquitania subacta ad propria revertitur. Dies haben aus derselben Quelle die späteren Annal. Mett. I, p. 325. Der Zusammenhang läßt dies subacta Aquitania als das von den Arabern besetzte, jetzt wiedereroberte Aquitanien verstehen. Eudo soll durch den Angriff auf das arabische Lager und die rechte Flanke des Feindes viel zum Siege bei Poitiers beigetragen haben. cf. St. Hypolite l. c. p. 275.
[4] cf. Lembke l. c. I, p. 289, Conde c. 26, p. 90 und Dozy l. c. I, p. 219 und 252 nennt des Statthalter von Afrika Obaida, den Spaniens Abdalmélic, den Kalifen Hichâm.
[5] Isid. Pac. l. c. c. 60, p. 312. — monitus praedictus Abdelmelik a principali iussu — statim a Corduba exiliens cum omni manu publica subvertere nititur Pyrenaica inhabitantium iugâ et expeditionem per loca dirigens angusta,

70 Karls Gewaltthätigkeit gegen Eucherius, Bischof von Orleans.

gag trat, unternahm dieser neue Statthalter einen Feldzug gegen
die Franken; doch schon in Saragossa mußte er umkehren, weil ihn
ein Befehl des Statthalters in Afrika zur Dämpfung eines Auf=
standes in Libyen nach Cordova rief.¹)
Wenn auch durch diese Verhältnisse in diesem Jahre und später
durch die Streitigkeiten unter den muselmännischen Befehlshabern
und den tapferen Widerstand der christlichen Bevölkerung in den
Pyrenäen die Ausführung eines Feldzuges der spanischen Statthalter
verhindert und stets verschoben wurde; so erforderte die doch stets
von Spanien und Narbonne her drohende Gefahr die Sicherstellung
der südlichen Grenzen. Die Verhältnisse in Burgund boten jedoch
eben so wenig Gewähr für eine nachdrückliche Abwehr der Araber
im Südosten des merovingischen Reiches als für den Widerstand
gegen Aufstandsversuche.

In Burgund war die Absicht einzelner Bischöfe, sich eine terri=
toriale Herrschaft, unabhängig von der Gewalt des Majordomus zu
bilden, fast zur vollkommensten Entwickelung gekommen. Die Bischöfe
von Auxerre, Savaricus und Hainmar, waren vom Jahre 715—730
fast unabhängige Herren in einem großen Theile von Burgund ge=
wesen.²) Das Ansehn dieses zu Gewaltthätigkeiten höchst geneigten,
kriegerischen und reichen Geschlechtes³) flößte Karl Besorgniß ein, als
Eucherius, der Neffe des Savaricus, den er selbst 717 als Bischof
von Orleans auf Bitten der Gemeinde eingesetzt hatte,⁴) in seinem
Ansehn daselbst so bedeutend zunahm, daß Karls Räthe ihn angingen,
den Bischof und dessen Verwandte von ihren Stellen zu entfernen
und in die Verbannung zu schicken. Der Majordomus erklärte ihnen,
daß eben wegen des kriegerischen Geistes und Reichthums dieses Ge=
schlechtes ihr Antrag nicht so ohne Weiteres durchzuführen ginge.⁵)
Als aber Karl nach Besiegung der Araber über Orleans nach Paris
sich begab, befahl er dem Bischof Eucherius ihm zu folgen. Der=

---

nihil prosperum gessit. Convictus — multis suis bellatoribus perditis, sese
recipit in plana, repatriando per devia. cf. Conde l. c. p. 101.
¹) Isid. Pac. c. 61. cf. Lembke I. l. c. p. 289—90. Conde l. c. p. 91; Oeba
wird 734 ernannt, bleibt noch 2 Jahre in Afrika; und p. 95—97. Dozy l. c. I,
p. 238—244 setzt aber diese Thatsachen ins Jahr 740.
²) Vergl. z. Jahre 715 oben S. 15—16.
³) vita St. Eucherii, ep. Aurelianensis Mabillon Act. SS. B. Secl. III, tom. I,
c. 7, p. 597: Carolus suggerentibus haec adfatus ita: Nostis gentem hanc ferocissimam atque belligeram atque locupletatam vehementer. Die vita Eucherii
wird von den Bollandisten für alt gehalten; in ihrer Ausgabe fehlt auch die
Sage über die Verdammniß Karls. cf. Act. SS. Boll. Febr. III, p. 209 und
Roth, Benefizialwesen, p. 327.
⁴) vita Eucherii l. c. c. 4, p. 597. — et ex aula sua procerum fidelem
direxit, ut beatum virum ex coenobio (Gemmetico cf. cap. 3) quo se locaverat,
advocaret. Da Karl nach der Schlacht bei Sincy bis Paris kam, Savaricus
715 starb, so ist 717 die wahrscheinlichere Zahl, da Eucherius im 16. Jahre
seines Episcopats, nach der Schlacht bei Poitiers, also 732 abgesetzt wurde.
cf. l. c. c. 8.
⁵) l. c. c. 7. nostis gentem hanc ferocissimam ac belligeram ac locupletatam
vehementer; quocirca perficere nequaquam absque ambiguitate valemus.

selbe erscheint, nachdem er dem Befehle Karls gemäß Paris nicht besucht hatte, in Vernum, einem königlichen Gute, obgleich er merkte, daß ihm Nachstellungen bereitet würden. Hier ließ ihn Karl ergreifen und nebst seinen Verwandten nach Köln in die Verbannung führen.¹) Als auch dort Eucherius sich einen großen Anhang erwarb, so schickte ihn Karl, fürchtend, daß er heimlich mit seinen Anhängern sich in die Alpen flüchte, in den Gau Hasbania, in die Nähe des Ortes Sarchinium und übergab ihn dem Herzog Robert zur Bewachung. Eucherius hat in dem zum Sprengel von Metz damals gehörigen Kloster S. Trudo öfters geprebigt und ist in ihm nach seinem 738 erfolgten Tode begraben.²)

Karl trat hier höchst gewaltthätig auf; er entfernte einen Bischof von seinem Sitze ohne eine Synode seine Schuld entscheiden zu lassen; er behandelte ihn wie einen politischen Feind weltlichen Standes. Es ist nicht überliefert, was die Schuld des Eucherius gewesen, doch sicherlich ist er und sein Geschlecht nicht deshalb von den Aemtern entfernt worden, damit die Umgebung Karls und dieser selbst sie zu ihrem Nutzen verwende, wie der Biograph des Eucherius berichtet;³) es ist vielmehr wahrscheinlich, daß die Familie des Eucherius, festhaltend an den Bestrebungen, die Savaricus einst auszuführen begonnen, sich durch die Macht des Majordomus gedrückt fühlte und sich bei dem Aufstande, den Eudo 731 machte, nicht entschieden als ein Parteigänger Karls gezeigt hatte. Da Eucherius unter den Mitgliedern seiner Familie der einflußreichste Mann war; da ihn seine bischöfliche Stellung in Orleans zu einem gefährlichen Feinde machen konnte, wenn er offen gegen Karl auftrat: so war der Schlag gegen ihn ein Akt politischer Nothwendigkeit.⁴)

¹) l. c. c. 8. Anno sexto decimo eius episcopatus ordinationis Aurelianis egrediens, Parisius ordinante principe praeteriens, Vernum quoque fiscum publicae ditionis illico convolavit — (Karolus) satellitibus suis eum capere praecepit eumque in exilium cum reliquis propinquis ad urbem Coloniam perducere fecit. Daß dies 732 geschah, zeigt schon Mabillon Annales XXI, 14. Die Angabe des Sigibertus Gemblacensis in seinem Chronicon z. J. 723 Mon. SS. VI, p. 330: Eucherius quoque Aurelianensis episc. pro simili causa episcopatus privatus et apud Sarchinium Hasbaniae vicum exiliatur, in coenobio St. Trudonis in sanctitate consummatus est, hat für die Zeitbestimmung keinen Werth. Siehe oben z. Jahre 717, Seite 27.
²) vita St. Eucherii l. c. c. 7. (Carolus) qui metu perterritus ne silenter cum ipsis clientia addita Alpinam munitatem convolaret clam tutiori eum loco vocabulo Hasbanio Rotberto duci tradidit custodiendum und cap. 9. cf. Sigib. Gembl. chron. l. c. z. J. 723: apud Sarchinium Hasbaniae vicum exiliatus in coenobio St. Trudonis — consummatus est. cf. Gesta abbat. Trudon. Cont. II, lib. IV, und Cont. III, lib. I, c. 7. Mon. Germ. SS. X, p. 351 und 371.
³) vita St. Eucherii l. c. c. 7. — quatenus invidia circumfusi suggererent Carolo principi, ut beatum virum, cum omni propinquitate eius exsilio deputaret, honoresque eorum quosdam propriis usibus adnecteret, quosdam vero suis satellitibus cumularet.
⁴) cf. Henschen Commentarius praevius zur vita Eucherii 17, 211, und Roth, Beneficialwesen, p. 331—32.

Siebentes Capitel.

Karls Siege über Burgunder, Friesen und die Söhne Eudos.

733—736.

Wie in Neustrien eine dem Majordomus feindlich gesinnte Aristokratie deutlich hervortritt, so war sie auch in Burgund vorhanden. Karl fand sich veranlaßt, im Jahre 733 sich nach diesem Lande zu begeben und sich genau über die Verhältnisse daselbst zu unterrichten.[1]) In Folge seiner Erkenntniß setzte er über die Gebiete dieses Königreiches die von seinen Unterthanen, welche er in dem Eifer, sowohl den bei innern Aufständen Betheiligten als den Ungläubigen entgegenzutreten, am meisten erprobt hatte.[2])

Bei dem Kampfe gegen die Araber waren die Burgunder mit Karl ins Feld gezogen;[3]) es ist daher höchst wahrscheinlich, daß er bei diesem Feldzuge viele Burgunder in ihren Gesinnungen kennen gelernt hatte, und daß er den ihm ergebenen Männern jetzt die entscheidenden Beamtenstellen in Burgund gab. Es gelang ihm auch durch einen Vertrag sogar in Lyon die ihm ergebenen Männer an die Spitze der Geschäfte zu stellen, so daß er vertrauend auf die Beständigkeit dieser Verhältnisse die Provinz verließ.[4])

---

[1]) Cont. Fred. c. 109. Procedente alioquin anno sequente, egregius bellator Carlus princeps regionem Burgundiae sagaciter penetravit. Die Ann. Fuldeuses ad a. 727 und die Ann. Mettens. ad a. 733 haben aus dem Continuator abgeschrieben. Ueber die Zeitangaben sind die obigen Anfangsworte, mit denen der Cont. nach der Erzählung der Schlacht von Poitiers fortfährt, der einzige Anhaltspunkt.
[2]) Cont. Fred. l. c. fines regni illius leudibus suis probatissimis viris industriis ad resistendum gentibus rebellibus et infidelibus statuit.
[3]) vita Eucherii l. c. c. 7, p. 598. Audiens haec princeps Carolus collectis gentibus Burgundionum Francorumque obviam illis — pergit.
[4]) Cont. Fred. c. 109. pace patrata Lugdunum Galliae suis fidelibus tradidit. Firmata foedera iudiciaria reversus est victor fiducialiter agens. Karl hat hier nur unterhandelt, von Begleitung eines Heeres ist keine Rede. Der

733. Karls erster Zug gegen den Friesenherzog Bobo. 734. Zweiter Zug.

Die innere Ruhe in Burgund und der gute Vertheidigungszustand daselbst war um so wichtiger für Karl, da ihn Aufstände der heidnischen Friesen nach dem Nordosten riefen.

Auf den Rath ihres heidnischen Herzogs Bobo[1]) erneuerten die Friesen, welche nördlich vom Rhein längs der Nordsee wohnten, ihre Angriffe auf das seit 722 fränkisch gewordene Friesland. Um die Grausamkeiten des äußerst wilden Seevolkes zu beseitigen und zu strafen, zog Karl nach Wistrachia, wahrscheinlich von der Grenze des fränkischen Gebietes, diesseit des Flusses Flevus (Flie).[2]) Der Erfolg des Zuges war so wenig den Absichten Karls entsprechend, daß er einen bedeutenderen Angriff für das künftige Jahr 734 beschloß.[3])

Eine Menge Schiffe wurden auf verschiedenen Wegen in das Meer gebracht; nachdem Karl daselbst die Flotte versammelt hatte, greift er die Inseln Wistrachia und Austrachia an, bringt in dieselben ein und stellt, nachdem er den Grenzfluß Bordne jetzt Borne überschritten, in Austrachia, dem jetzigen Gebiet von Leuwarden, sein Lager auf. In dem folgenden Kampfe wurde der Herzog Bobo getödtet; das Heer der Friesen erlitt eine völlige Niederlage; Karl ließ die Götzentempel durch Feuer vernichten und zieht, nachdem er die Gegend geplündert und verwüstet hatte, nach dem Frankenreiche zurück.[4]) Die herzogliche Gewalt in Friesland hatte die Selbständigkeit eingebüßt.

Ausdruck leudes ist von dem Cont. Fredeg. gleich „Umgebung" satellites gebraucht, es sind Unterthanen, die durch ihre Stellung bei dem Majordomus zu ihm in eine nähere Beziehung getreten waren, ohne einen besonderen Stand zu bilden. cf. Roth, Benefizialwesen p. 305 und Waitz, Dtsch. Verf.-Gesch. II, p. 225 und die veränderte Auffassung III, p. 17, not. 5. Einen Beweis, daß Karl, um seine Getreuen in Ansehen, Macht und Einkünften festzustellen, hier in Burgund Güter der Kirche eingezogen habe, giebt diese Stelle nicht, obgleich Waitz l. c. III, 15—18 sie als Beleg für die Verwendung des Kirchengutes, das den Stiftern entzogen wurde und zur Ausstattung der Getreuen Karls diente, gebraucht.

[1]) Bobo Lesart des Cod. Boher., sonst Popo.
[2]) Annal. S. Amandi und Tiliani ad a. 733. Karolus venit cum exercitu in Wistragou. Dieser Gau beginnt bei Staveren und erstreckt sich über Franeker nach Norden. Vergl. z. Jahre 725 oben S. 40—41.
[3]) Annal. S. Amandi ad a. 734. iterum Karlus venit cum exercitu in Wistragou. Daß zum Jahre 734 zu setzen sei, was der Cont. Fred. c. 109 hinter dem Schlusse seiner Chronik, die er frühestens im Herbste 736 beendigte, vergl. meine Abhandlung de continuato Fredeg. Scholastici chronico, Berlin 1849, p. 7, über den friesischen Krieg mit den Worten: Iteroque quod superius praetermisimus, nachholt, habe ich eben daselbst p. 16 und 21 nachgewiesen.
[4]) Cont. Fred. c. 107. In gentem durissimam maritimam Frisionum nimis crudeliter rebellantem praefatus princeps audacter navali evectione properat, certatim ad mare ingressus, navium copia adunata, Wistrachiam et Austrachiam, insulas Frisionum penetravit super Burdine fluvium castra ponens. Bobonem gentilem Ducem illorum fraudulentum consiliarium interfecit, exercitum Frisionum prostravit: fana eorum idolatriae contrivit atque combussit igni: cum magnis spoliis et praedis victor reversus est in regnum Francorum. Ueber Bordau cf. Willibaldi vita Bonifatii c. VIII l. c. p. 464: iam quidem secus ripam fluminis quod dicitur Bordne, quod est in confinibus eorum, qui rustica dicuntur lingua Ostar et Westeraeche. cf. vita Lindgeri § 4, Pertz Mon. Germ. SS. II, p. 406. cf. de Geer l. c. p. 28.

Die Unterwerfung und Christianisirung des Landes war eine vollkommene und nachhaltige;[1] denn bis zum Jahre 782 werden keine Aufstände verzeichnet; erst dann wurden die Friesen, welche von Sachsen westlich bis zum Flie sitzen, als solche bezeichnet, die vom fränkischen Reiche abfielen.[2] Für diesen von Karl eroberten Theil Frieslands wurde das älteste Gesetzbuch der Friesen wahrscheinlich noch unter seiner Regierung aufgeschrieben und schon ist es durchweg christlich.[3] Die Einführung des Christenthums in den eroberten Gebieten wurde vom Bisthum Utrecht aus, dem Wilbrord bis zu seinem Tode 739 vorstand, geleitet.[4] Karl unterstützte die Vertilgung des Heidenthums überall, wo er siegte, durch Gesetze,[5] hier in Friesland auch durch Zurückführung einer für das Christenthum sehr thätigen friesischen Familie.

Wursing, ein angesehener Friese, war den Nachstellungen Ratbods, die er seiner Gerechtigkeit wegen erlitt, entflohen und hatte mit seiner Familie und Hausgenossen bei Grimoald, dem Sohne Pippins Schutz gefunden, war Christ geworden und blieb auch in Neustrien während der Wirren, die daselbst nach dem Tode Pippins folgten. Ratbod suchte noch kurz vor seinem Tode (er starb 719) die Familie zur Rückkehr nach Friesland zu bewegen. Nur der jüngste Sohn Wursings, Thiatgrim, folgte dem Anerbieten und erhielt die Güter seines Vaters zurück. Nach dem Siege über Bobo gab Karl an Wursing Güter bei Utrecht und ließ ihn in seinem Vaterlande Wohnsitz nehmen, um den christlichen Glauben daselbst zu befestigen.[6]

Aus dieser Familie gingen seitdem die wirksamsten Bekehrer der Friesen hervor. Wursing unterstützte mit seinen Söhnen und Töchtern Wilbrord; sein Enkel Liudger vollendete die Bekehrung Frieslands bis zur sächsischen Grenze.[7]

---

[1] Ann. Naz. Mosell. ad a. 734: Karlus perrexit in Frisiam et inde usque internecionem. cf. Ann. Lauresh. Alam.: Carolus perrexit in Frisiam et eam vastavit. Vergl. Ann. S. Amandi: iterum Karlus venit cum exercitu in Wistragou. Während die belgischen Annalen die beiden Züge 733—734 anführen, verzeichnen die aus dem entfernteren Alamannien stammenden Annalen nur den Zug von 734, da er der größere und erfolgreiche war.

[2] Altfrid, vita Liudgeri § 18 l. c. p. 410: cumque — Liudgerus in eadem regione — persisteret consurrexit radix sceleris Wedukint dux Saxonum eatenus gentilium, qui evertit Frisones a via dei combussitque ecclesias et expulit dei famulos et usque ad Fleo fluvium fecit Frisones Christi fidem relinquere et immolare idolis iuxta morem erroris pristini. cf. Liudger vita Gregorii c. 10, p. 326. Vergl. v. Richthofen, lex Frisionum Mon. Ger. legg. III, p. 643.

[3] v. Richthofen, lex Frisionum l. c. p. 641 ff. sagt: Alles, was in diesen Gesetzen gelesen wird, ist jener Zeit nicht fremd. cf. Stobbe, Rechtsquellen I, p. 184 ff.

[4] cf. Rettberg, Deutsch. Kirchengesch. II, p. 522, not. 22 und Alberdingk Thym der heilige Willibrord p. 201.

[5] Dies ist aus dem capitulare Liftinense seines Sohnes Karlomann vom Jahre 745 zu erkennen. Mon. Germ. legg. I, p. 18: decrevimus quoque, quod et pater meus ante praecipiebat, ut qui paganas observationes in aliqua re fecerit, multetur et damnetur quindecim solidis. cf. Hahn, Fränk. Jahrb. p 192.

[6] Altfrid, vita Liudgeri Mon. Germ. SS. II, p. 405—406. misit eum ad patriam causa fidei corroborandae. cf. Thym. l. c. p. 182—183.

[7] Altfrid, vita Liudgeri l. c. p. 408—410. cf. de Geer l. c. p. 36—37.

Während durch die Anstrengungen Karls dem Christenthum im Nordosten des Frankenreiches das Gebiet am Gestade der Nordsee eröffnet wurde, glückten an dem Ufer des Mittelmeers den Muhammedanern neue Versuche, dem Christenthum Gebiete zu entfremden.

Der arabische Statthalter in Narbonne, Jussef ibn-Abdéraman, der seit 734 seinen Posten inne hatte,[1]) erfüllte die vom Kalifen Hichâm oft wiederholten Befehle, die Christen im Frankenreiche anzugreifen, und überschritt im Jahre 735 den Rhonefluß.[2])

In ähnlicher Weise wie Eudo 730 ein Bündniß mit dem arabischen Feldherrn der Grenzarmee eingegangen war, um sich gegen Karl eine Stütze zu gewinnen, so waren auch in dem Gebiet von Arles die Großen eher dazu geneigt mit Jussef eine Abkunft zu schließen, als ihm energischen Widerstand zu leisten. Durch einen Vertrag wird dem Feinde die Stadt Arles geöffnet; er tastet die Schätze derselben an und behandelt vier Jahre hindurch die ganze arelatische Provinz wie Feindesland.[3])

Statt eines energischen Widerstandes hatten also die Großen Burgunds und der Provence vorgezogen, einen Gebietstheil dem Glaubensfeinde zu überliefern, um sich gegen fernere Angriffe zu sichern, den Statthalter von Narbonne für sich zu gewinnen. Die Beamten, welche Karl im Jahre 733 eingesetzt hatte, haben diese Verbindung nicht hindern können. Karl selbst aber hatte in diesem Jahre einen Zug bis in das südlichste Gebiet des westlichen merovingischen Reiches, nach Waskonien,[4]) unternommen, nachdem Eudo 735 gestorben war.[5])

Sobald die Nachricht vom Tode des aquitanischen Herzogs zu

Thym l. c. p. 182—84. Er sieht in Wursing und seiner Familie nur Werkzeuge Karls, um die Unabhängigkeit Wilbrords zu unterdrücken.

[1]) Chronicon Moissac. ad a. 734. Pertz Mon. G. SS. I, p. 291. cf. Lembke l. c. I, p. 290.

[2]) Chron. Moiss. l. c. alio anno Rodanum flumen transiit, cf. Reinaud, invasions des Sarrazins en France p. 54. Er setzt den Zug fälschlich ins Jahr 734; Dorr l. c. p. 40 und 46 sogar 738.

[3]) Chron. Moiss. l. c.: Arelato civitate pace ingreditur, thesaurosque civitatis invadit et per quattuor annos totam Arelatensem provinciam depopulat atque depraedat.

[4]) Ann. Tilian. ad a. 735 l. c. Karolus cum exercitu pugnavit in Wasconia cf. S. Amandi, Laubacenses ad a. 735; Ann. Naz. ad a. 735: Karlus invasit Wasconiam. cf. Mosell. Lauresh. Petav. Die Ann. Naz. Mosell. und Lauresh. unterscheiden zwischen Aquitania cf. ad a. 721, ultra Ligerem ad a. 730, Wasconia ad a. 735.

[5]) Der Cont. Fred. schreibt das Ende seiner Chronik am 1. Januar 736. cf. l. c. c. 209: Curricula annorum hactenus reperiuntur — et a passione Dom. usque ad istum annum praesentem, qui est in cyclo Victoris anni CLXXVII, Cal. Jan. die Dom. ann. DCCXXXV. Da der Cyclus des Viktorius (siehe Ideler Chronologie p. 279) um Ostern des Jahres 27 beginnt und 532 Jahre dauert, so war der erste Cyclus Ostern 559 beendet; das 177. des 2. Cyclus endete nach unserer Zeitrechnung 736, Ostern, also fällt der 1. Januar des Jahres 735 nach dem Cyclus des Victorius auf den Anfang des Jahres 736. Da nun der Chronist den Tod Eudos und den Zug Karls nach der Gascogne erwähnt, so sind diese Ereignisse sicher im Jahre 735 gewesen, wie ja auch die obengenannten Annalen angeben.

dem Majordomus gelangte, hielt er mit seinen Vornehmen einen Rath, in welchem die Eroberung Aquitaniens beschlossen wurde;[1]) wahrscheinlich haben die Söhne Eudos dieselbe fast unabhängige Stellung, wie sie ihr Vater gehabt, beansprucht oder haben gar die Anerkennung dieser geringen Abhängigkeit, die Tribute und Geschenke, die äußeren Zeichen[2]) dieses Verhältnisses, verweigert. Karl überschritt den Grenzfluß, die Loire, aufs neue und gelangte, wie es scheint, ohne Kampf bis über die Garonne. Hier aber besetzte er Bordeaux und die Burg Blavia (Blaye), auch wurde die ganze Landschaft des westlichen Aquitaniens nebst Städten und Burggebieten von Karl zur Unterwerfung gebracht.[3])

Gegen diese Besetzung Waskoniens erhoben sich die Söhne Eudos, Chunold und Hatto;[4]) Karl kämpfte mit ihnen im Jahre 736;[5]) Hatto wurde gefangen und ins Gefängniß gesetzt,[6]) mit Chunold jedoch ein Vertrag geschlossen, durch welchen er in der seinem Vater gestatteten Selbstständigkeit blieb, nachdem er für sich und seine Söhne das Schutzverhältniß, also doch eine Unterordnung unter Karl, anerkannt hatte.[7]) Das Gebiet blieb ihm ungeschmälert,[8]) und bis zu Karls Tode 741 blieb auch das Verhältniß zu dem Majordom unverändert, wenn auch Spuren einer feindseligen Gesinnung und trotzigen Auftretens gegen Karl vorhanden sind; denn Chunold hält einen Abgesandten des Majordoms, Lantfred, Abt von S. Germain

---

[1]) Cont. Fred. c. 109 l. c. In illis quippe Eudo dux mortuus est. Haec audiens praefatus princeps Carlus, inito consilio procerum suorum —. Daß Eudo im Kampfe gegen Abdalmelic im Jahre 736 gefallen sei, entbehrt jeden Anhaltes, cf. Dorr l. c. p. 5, not. 11.

[2]) Cont. Fred. c. 130: tributa et munera, quae antecessores sui reges Francorum de Aquitania provincia exigere consueverant, annis singulis solvere deberent, werden von Herzog Waifar als Zeichen seiner Unterwürfigkeit unter König Pippin verlangt.

[3]) Cont. Fred. c. 109 l. c. — denuo Ligerem fluvium transiit usque Garonnam vel urbem Burdegalensem vel castrum Blavium veniens occupavit illamque regionem cepit ac subjugavit cum urbibus ac suburbanis castrorum.

[4]) Rabanis, essai historique et critique sur les Mérovingiens d'Aquitaine et la charte d'Alaon. Bordeaux 1841. Er weist die Fälschungen in der Genealogie der Nachkommen Eudos nach.

[5]) Ann. Til. ad a. 736: Karolus dimicabat contra filios Eodonum cf. Ann. S. Amandi. Ado Viennensis chron. Pertz Mon. G. SS. II, p. 319: Mortuo Eudone contra filios illius arma corripuit eosque vehementer affixit. Sed variante concertatione, cum ex utrisque partibus plurimi caederentur, tandem foedus non diu mansurum ineunt.

[6]) Ann. Naz. Mosell. Lauresh. Alam. ad a. 736: Hatto ligatus est.

[7]) cf. vita Pardulfi abbatis Varactensis Mabill. Act. SS. ord. B. Scl. III, pars I, p. 580: quum Chunoldus per permissum Karoli Aquitaniam rexit. Der Biograph ist selbst ein Aquitanier. cf. Hahn, Jahrbücher d. Frk. Reiches, p. 21, not. 4. Aehnlich Ann. Mettenses ad a. 742: nam eidem Hunaldo Karolus princeps Aquitaniorum ducatum tribuit, quando sibi et filius suis fidem promisit. cf. Excurs I.

[8]) Als im Jahre 742 Pippin und Karlomann gegen Chunold ziehen, überschreiten sie die Loire und verheerten das Gebiet der Stadt Bourges mit Feuer. Die alten Grenzen waren also noch geblieben, wie sie es auch noch in den Jahren 745 und 760 sind. cf. Cont. Fred. c. 110, 114, 119. cf. Hahn l. c. p. 21 und 22.

in Paris, unter dem Vorwande, er sei ein Kundschafter, seit 738 drei und ein halb Jahr gefangen.¹) Doch blieb die Stellung des Herzogthums zu dem merovingischen Reiche unverändert; denn im Jahre 741 wird bei der Vertheilung des Reiches, die Karl im Beirath seiner Großen zu Gunsten seiner Söhne Karlomann und Pippin vornimmt, weder Aquitaniens noch Waskoniens Erwähnung gethan.²) Der Zusammenhang dieser Landschaften mit dem merovingischen Reiche war demnach gleich dem des Bayernlandes; die Herzöge hatten die Oberherrschaft der Franken anzuerkennen, in ihrem Gebiete waren sie in der Verwaltung unabhängig.

Die schnelle Besiegung der Söhne Eudos mag wohl durch deren Uneinigkeit, die in den Begebenheiten des Jahres 744 ans Licht tritt,³) beschleunigt worden sein.

Noch in demselben Jahre⁴) wandte sich Karl mit einem Heere nach Burgund; wahrscheinlich war er jetzt erst im Stande, die Befreiung von Arles zu unternehmen, und außerdem hatte sich wohl gezeigt, daß seine Verträge, die er im Jahre 733⁵) mit den Burgundern über die Verwaltung des Landes getroffen, nicht seinen Absichten entsprachen. Hatte er damals Eingeborene, die er für seine Parteigänger hielt, in die einflußreichen Beamtenstellen gebracht, so ließ er jetzt, um die noch mächtigen territorialen Gewalten zu dem Königthum in eine sichere Abhängigkeit zu bringen, die mächtige Stadt Lyon, die Vornehmsten und Einflußreichsten der Freien und die höchsten Beamten Burgunds und der Provence bis Marseille hin zur vasallitischen Huldigung zwingen.⁶) Die dabei gebräuchlichen Gaben der Anerkennung, baares Geld und Geschenke, brachte Karl nach Austrien zurück.⁷)

Da Karl auch in Arles seine Beamten einsetzte,⁸) so kann Jussef die Stadt nicht mehr inne gehabt haben; aber gerade da jetzt

---

¹) Translatio Germani ep. Parisiensis — auctore Lantfredo abbato. Mabill. Act. SS. III, 2, 94: a supradicto principe (Karolo) legationis causa in Aquitaniam mittitur. Interea Karolus moritur; iisdem vero abbas ab Aquitania patricio quasi explorator tribus semis annis invitus detinetur, sed tandem in regnum substituto Pippino minore firmataque inter regna pace, legatus absolvitur. cf. Hahn l. c. p. 21.
²) cf. Cont. Fred. c. 110.
³) cf. Hahn l. c. z. J. 744, p. 63 ff.
⁴) Der zweite Cont. Fred. (cf. meine Abh. de cont. Fredeg. chron. S. 5 und 35 ff.) beginnt seine Fortsetzung mit den Worten: Ideo sagacissimus vir Carolus dux commoto exercitu, ad partes Burgundiae dirigit. Da der erste Cont. mit dem 1. Januar 736 schließt, so ist der Zug nach Burgund 736 zu setzen.
⁵) cf. z. Jahre 733 Seite 72.
⁶) Cont. Fred. c.109: Lugdunum, Galliae urbem, maiores natu atque praefectos (cf. Waitz, D. Verf.-Gesch. II, p. 237, not. 4, und 324) eiusdem Provinciae suae ditioni reipublicae (cf. Waitz l. c. IV, p. 236) subiugavit usque Massiliensem urbem.
⁷) Cont. Fred. c. 109: cum magnis thesauris et muneribus in Francorum regnum remeavit in sedem principatus sui. cf. z. Jahre 736 St. 131 not. 2 nb Waitz l. c. II, p. 122, 199, 502.
⁸) Cont. Fred. l. c. vel Arelatum suis iudicibus constituit. cf. Waitz l. c. p. 323 und III, p. 17; vergl. Roth, Benefizialwesen p. 305, not. 117.

neue Beamte in die Stelle derjenigen traten, die 735 ihm die Stadt überlassen mußten, hat er das Gebiet angegriffen, Menschen und Eigenthum fortgeführt.[1])

Die Güter derer, welche mit den Arabern in Verbindung gestanden hatten, zog Karl ein, namentlich ist jedoch nur Rikulf, reich begütert in den Gauen zwischen der Rhone und den Alpen,[2]) als ein Verbündeter der Ungläubigen bekannt geworden.

---

[1]) Chronicon Moissac. p. 91. Arelato civitate pace ingreditur thesaurosque civitatis invadit et per quattuor annos totam provinciam Arelatensem depopulat atque depraedat. Vergl. oben S. 73 und 75.

[2]) Brequigny-Pardessus II num. 559, p. 370—78 zum Jahre 739. donamus Abbo Tarsiae, filiae Honoriae liberti nostrae, res illas, quae fuerunt Riculfum, filium Rudolfum cuondam, quem pro praeceptione domno Theoderico rege et inluster vir domno Karolo in pago — conquesivimus — dum et ipse Riculfus apud gente Sarracenorum ad infidelitatem regni Francorum sibi sociavit et multa mala cum ipsa gentem pagana fecit. Da Theoderich 737 stirbt, so muß die Einziehung schon 736 geschehen sein. Die Güter lagen in den Gauen von Die (Drômes), Grenoble, Embrun (Hautes-Alpes), Valence.

Achtes Capitel.

Karl regiert ohne König. — Sieg über Herzog Maurontus in der Provence und über die Araber. — Schlacht an dem Flüßchen Berre.

737.

Die Macht Karls hatte sich durch die Erfolge seiner Waffen in den ostrheinischen deutschen Staaten und in dem Süden des Frankenreiches so erweitert und befestigt, daß der Majordomus nicht mehr der Repräsentation der königlichen Gewalt, die er faktisch ausübte, durch eine Person aus dem königlichen Geschlechte bedurfte; er konnte sie in sich selbst darstellen. Daher hatte Karl, als im Jahre 737 König Theoderich starb, keinen König mehr erwählen lassen.

Die Regierungsthätigkeit der merovingischen Fürsten hatte sich in der letzten Zeit auch nur auf die Verleihung einiger Immunitäten für Klöster und Kirchen, in dem Abhalten der Placita, in dem Empfang der Gesandten bestanden. Die Könige hatten nur die Antworten gegeben, die ihnen der Majordomus vorgeschrieben hatte, der allein alles, was die Verwaltung des Königreiches und dessen Verhältnisse mit den auswärtigen Mächten anging, ordnete.[1] Das Hoflager der Könige war bald hier bald dort: im Jahre 721 ist Theoderich am 3. März zu Soissons[2], am 10. November in der Burg Confelentes im Gau von Trier (Coblenz),[3] am 1. März 723 zu Valenciennes,[4] 726 am 3. März zur Abhaltung des Placitum in

---

[1] In keiner Quelle, außer in den Diplomen wird der König erwähnt, dem nur die äußere Repräsentation des Königthums blieb, während der Majordom wirklich regierte. Die Schilderung, welche Einhard vita Caroli c. 1 Jaffé Mon. Carol. p. 510 ff. über die Lage der Könige macht, paßt auf Theoderich. cf. Bonnell l. c. p. 126.
[2] Bréquigny-Pardessus num. 515 tom. II, p. 327.
[3] l. c. n. 518 tom. II, p. 331.
[4] l. c. n. 527 tom. II, p. 340.

80 737. König Theoderich stirbt. Karl regiert ohne König. Aufstand in d. Provence.

der Pfalz Pontegune¹) (Pontion bei Vitry-sür-Marne), 727 im Anfang Juli in Gundulfivilla²) (Gondreville im Gau von Toul), wo er dem neugegründeten Kloster Murbach im Elsaß besondere Freiheiten schenkt. Nur bis zum Jahre 730 reichen die uns erhaltenen Urkunden, doch hat Theoderich bis Ende März 737³) das Königthum inne gehabt. Seinen Tod merken die gleichzeitigen Chronisten nicht an, spätere nennen die letzten Könige wahnsinnig.⁴)

Karl regierte fortan als Majordomus ohne die äußeren Zeichen der königlichen Gewalt anzunehmen; in den öffentlichen Dokumenten, die bis dahin unter dem Namen und mit den Regierungsjahren des Königs bezeichnet ausgegeben wurden, wird die Zeit ihrer Ausstellung durch den Zusatz: post transitu Theoderici regis oder post defunctum Theodericum regem⁵) bestimmt. Karl nennt sich selbst nur majordomus; wenige Wochen vor seinem Tode, am 14. September 741, unterschreibt er sich allein mit dieser Bezeichnung.⁶) Karl besaß die königliche Gewalt schon seit 720 ohne von den Königen beschränkt zu sein; jetzt führte er sie aus, ohne noch den Schein, den Willen eines merovingischen Königs zu erfüllen, festzuhalten.

Möglicherweise gab die Nichterwählung eines Königs die Veranlassung zu dem Aufstand, der sich in der Provence erhob. Einige Grafen daselbst, deren Haupt Maurontus, ein sonst nicht bekannter Mann, war, hatten enge verrätherische Verbindungen mit den Muhammedanern angeknüpft; durch ihre Treulosigkeit und Hinterlist geschah es, daß die über den Rhonefluß vordringenden Araber in die Stadt Avignon, obgleich sie durch ihre Lage auf den Bergen und durch starke Befestigung geschützt war, mit einem Heere einziehen.⁷)

---

¹) l. c. n. 535 tom. II, p. 345—46.
²) l. c. n. 542 tom. II, p. 351.
³) Anonymus tractatus de computo ecclesiastico, Bouquet Receuil tom. III, p. 367: a nativitate domini usque in praesentem annum in quo Theodericus rex Francorum defunctus est DCCXXXVII, in quo anno indictio V, pascha IX Cal. Aprilis. Aus der Zusammenstellung des von Bréquigny-Pardessus l. c. II, p. 379 charta n. 562 angeführten fragmentum traditionis von Robert, v. Hasbanien, mit der Bezeichnung: quinto anno post obitum Theoderici regis, die septimo post Kal. Aprilis und den charta n. 58—63 in Additamentis, l. c. p. 458—63 geht hervor, wie Pardess. selbst p. 380, n. 4 bemerkt, daß Theoderich kurz vor dem April gestorben sei.
⁴) Ademari hist. lib. II. Mon. Germ. SS. IV, p. 161: post Dagobertum (er meint Dagobert III. † 715) defecit genus regale a prudentia. Er nennt Chilperich und Theoderich ineptus und insensatus.
⁵) Breq.-Pard. II, n. 563, p. 380, von Karl selbst ausgestellt. cf. Additamenta n. 57, 59—63, p. 459, 460—463.
⁶) l. c. II, n. 563. Der Papst Gregor III. redet ihn in den Briefen vom Jahre 739 und 740 subregulus an, cf. Jaffé Mon. Carolina p. 14 und 15, Codex Carol. ep. 1 und 2, während Gregor II. ihn im Jahre 723 nur dux im Briefe nennt, cf. Jaffé Mon. Mogunt. Bonif. epp. n. 21, im J. 724 gegen Bonifacius als Patricius bezeichnet. l. c. ep. 25.
⁷) Cont. Fred. c. 109: Denuo rebellante gente validissima Ismahelitarum irrumpentesque Rhodanum fluvium, insidiantibus infidelibus hominibus sub dolo et fraude Mauronto quodam cum sociis suis, Avenionem urbem munitissimam ac montuosam, ipsi Sarraceni, collecto hostili agmine ingrediuntur. Die

Von Avignon aus verheerten die Araber weithin Burgund und Aquitanien nach ihrer Weise mit Feuer und Schwert; sie entweihen die Klöster und heiligen Stätten, sie schleppen unzählige Menschen nach Spanien fort; gerade die Gebiete von Vienne und Lyon erlitten die bedeutendsten Verwüstungen.¹) Sobald die Kunde von dem Einbruch der Muhammedaner zu Karl gelangte, entsandte er eiligst 737²) ein Heer von Franken, Burgundern und den übrigen Nationen, die diesen Gegenden benachbart und ihm unterworfen waren, nebst Kriegsgeräth unter der Leitung des Herzogs Childebrand, eines sorgsamen Mannes, mit den übrigen Herzogen und Grafen in die bedrängten Gegenden.³) Weshalb Karl nicht selbst das Heer begleitet, sondern seinem Stiefbruder⁴) den Oberbefehl giebt, ist nicht festzustellen; wahrscheinlich hielt ihn noch die Organisation des heranziehenden Heerbannes in Austrasien auf, während er den in Burgund wohnenden Childebrand⁵) mit den dort gesammelten Truppen schneller nach Avignon vorausfenden konnte. In eiligem Marsche gelangte die Heeresabtheilung Childebrands bis Avignon, da die bis Lyon herumstreifenden Araber sich vor den Franken bis dahin zurückzogen.⁶)

Bezeichnung: Mauronto quodam läßt darauf schließen, daß Maurontus sonst nicht bekannt war, nicht zu den Bedeutendsten der Provence gehörte. Später nennt Cont. Fred. c. 109 ihn dux.
  Gest. abb. Fontan. Pertz Mon. Germ. II, p. 281: per fraudem quorundam Provincialium comitum.
  ¹) Adonis chron. Viennensis Pertz Mon. G. II, p. 319. Sarraceni pene totam Aquitaniam vastantes et late alias provincias igne ferroque superantes, Burgundiam durissima satis infestatione depraedantur, pene omnia flammis exurentes monasteria quoque ac loca sacra foedantes innumerum populum abigunt atque in Hispaniam transponunt. Contra quos Carolus iterum expeditionem movit —.
  ²) Ann. Tiliani ad a. 737: Karolus iterum bellum habuit contra Sarracinos; cf. Ann. S. Amandi; Ann. Naz.: Karlus pugnavit in Provincia usque Massilia; Ann. Mosell.: Karlus pugnavit contra Saracenos in Gotia in dominica die. cf. Ann. Lauresh. Alam. Gesta abb. Font. Mon. II, p. 283. huius (Teutsindi abbatis) anno quarto, incarnatione dom. 737 nunciatum est Carolo, quod Sarracenorum gens obtenta Septimania et Gocia in partem iam Provinciam irruisset.
  ³) Cont. Fred. c. 109: At contra vir egregius Carolus dux, germanum suum, virum industrium, Childebrandnm ducem cum reliquis ducibus et comitibus, illis partibus cum apparatu hostili dirigit.
  cf. chron. Moiss. l. c. p. 292: collecto magno exercitu Francorum vel Burgundionum vel ceterarum in circuitu nationum, quae ditioni illius erant.
  ⁴) Childebrand ist nicht der Sohn Pippins und der Chalpaida, vergl. S. 7 not. 4.
  ⁵) Karl hatte Childebrand das bei Autun gelegene Gut Persy als Benefizium gegeben. Pérard Receuil de plusieurs pièces servant à l'histoire de Bourgogne I, 33: res quae sunt in pago Augustodunensi in villa Belgiaco, quam Karolus Hildebranno beneficiaverat de villa Patriciaco. cf. Roth, Benefizialwesen p. 422—423 und Roth, Feudalität p. 44—45 und 130.
  ⁶) In den fränkischen Quellen steht nicht ausdrücklich, daß sich die Araber zurückzogen, doch der Zusammenhang mit den obigen Angaben Abos l. c. f. Seite 81, not. 1, ergiebt die Thatsache. Lembke, Gesch. Spaniens I, p. 292, meint, daß der Bericht über den Feldzug Karls gegen Narbonne bei Murphy, history of the Mohametans in Spain p. 71 auf das Jahr 737 zu beziehen sei. In der Beilage I, p. 418 giebt Lembke den arabischen Text. Von einem Angriff

82 Erstürmung Avignons. Belagerung von Narbonne.

Vor der Stadt schlugen die Franken ihre Zelte auf und nahmen, ehe Karl selbst ankam, die Stadt selbst und die Vorstädte ein, belagern die sehr starke Citadelle und geben den Truppen die für den Angriff geeignete Stellung. Dieser beginnt bei der Ankunft Karls. Das Heer wird enge um die Mauern herumgelagert; die Belagerungsarbeiten werden mit aller Macht betrieben und zuletzt die Mauern der Festung und der Gebäude im Sturm unter dem Geschrei der Heere und Trompetenschall vermittelst der Thürme und Strickleitern überstiegen; Feuer wird in die am meisten befestigten Plätze geworfen. Die Krieger nehmen die Feinde theils gefangen, die sich wehrenden metzeln sie nieder. Die Unterwürfigkeit Avignons wird darauf nachwirkend wieder hergestellt.[1])
Karl bricht darauf mit seinem Heere über den Rhone in das Gebiet der Gothen[2]) d. h. in das von Nismes bis nach Narbonne, der Hauptstadt der arabischen Besitzungen nördlich von den Pyrenäen, und belagert es. An dem Flusse Adice (l'Aude) läßt er eine kreisförmige Befestigung aufwerfen und schließt durch sein von allen Seiten aufgestelltes Lager den Führer der Araber, Abderaman, mit seiner Mannschaft in Narbonne ein.[3])

---

auf Avignon ist dort nicht die Rede, doch wird berichtet, daß, als Karl zum Schloß Lutzun (Lugdunum, Lyon) gekommen war und die Araber die Menge seiner Schaaren erkannten, sie vor seinem Angesicht wichen. Karl fand sie erst bei Narbonne.
[1]) Cont. Fred. c. 109. — quique praepropere ad eandem urbem pervenientes tentoria instruunt. Undique ipsum oppidum et suburbana praeoccupant, munitissimam civitatem obsident, aciem instruunt, donec insecutus vir belligerator Carolus praedictam urbem aggreditur, muros circumdat, castra ponit, obsidionem coacervat, in modum Hierico cum strepitu hostium et sonitu tubarum cum machinis et restium funibus super muros et aedium moenia inruunt, urbem munitissimam ingredientes succendunt hostes inimicos suos capiunt, interficientes trucidant atque prosternunt et in suam ditionem efficaciter restituunt. Die hier vom Cont. Fred. angegebenen Vorgänge bei der Erstürmung stimmen in den Hauptmomenten mit der von v. Peucker, Kriegswesen in den Urzeiten, Theil II, S. 476—507 erklärten, bei dem Angriff auf feste Plätze von den Deutschen befolgten Methode überein, besonders mit der Erstürmung von Laugres, im Jahre 264 von den Alamannen vollführt. cf. v. Peucker l. c. S. 491, erzählt nach einer Ueberlieferung aus dem 7. Jahrh. durch Warnachar, ex actis S. Desiderii episc. Lingonensis Bouquet I, p. 641.
[2]) Die Gallia braccata war in 3 Theile getheilt: 1) Gothea, 2) Septimania und 3) Narbonensis.
[3]) Cont. Fred. c. 109: — Carolus Rhodanum fluvium cum exercitu suo transiit, Gotthorum fines penetravit usque Narbonensem Galliam pernecessit, ipsam urbem celeberrimam atque metropolim eorum obsedit: super Adice fluvio munitionem in gyrum in modum arietum instruxit, regem Sarracenorum, nomine Athima, cum satellitibus suis ibidem reclusit castraque metatus est undique. Athima ist corrumpirt aus Abderaman, wahrscheinlich auf den Statthalter von Narbonne Juffef ibn-Abderaman zu beziehen, vergl. zu 735 Seite 75.
In dem von Murphy p. 41 angeführten arabischen Autor, cf. Lemblé I, S. 419, wird erzählt, daß die Araber in ihrem Rückzuge vor Karl schon zwischen die Berge in der Nähe vor Narbonne gekommen waren und in zu großer Sicherheit weder Späher noch Kundschafter gebrauchten. Sie merkten Karls Nähe nicht, bis sie umzingelt und von der Stadt Narbonne abgeschnitten waren. In einem gewaltigen Kampfe verloren viele Araber das Leben; endlich machten

Die Nachrichten von den Siegen Karls brachten den Statthalter Spaniens Ocba[1]) und alle arabischen Vornehmen in Bewegung. Es wurde von ihnen ein Heer zusammengeführt, das unter Omar ibn-Chaled, mit Belagerungswerkzeugen versehen, zum Schutze der Stadt Narbonne aufbrach. Das Heer nahm den Weg zur See und wollte den Fluß, an welchem die belagerte Stadt lag, hinaufschiffen; als aber Omar dessen Ufer bereits durch die Verschanzungen Karls gedeckt sah, landete er an der Küste, um der Stadt von Süden her zu Lande Hülfe zu bringen.[2])

Karl ließ einen Theil seines Heeres vor Narbonne zurück und eilt dem Entsatzheere entgegen.[3]) Südlich vom Flüßchen Birra (Berre) und einem Palaste im Thale Corbaria, drei und eine halbe Meile südlich von Narbonne, zwischen den Dörfern de Pontel und du Lac, nahe bei der Mündung des Flusses in den Sumpf Sijean,[4]) treffen sich die Heere.

In der Schlacht daselbst erlitten die Araber eine vollkommene Niederlage, und als sie den Tod ihres Feldherrn Omar gewahr wurden, warfen sie sich in die wildeste Flucht. Diejenigen, welche sich gerettet hatten, versuchten zu Schiffe zu entfliehen, sprangen sich drängend in das seichte Wasser und versuchten in ihm zu schwimmen. Die Franken aber fielen auf Fahrzeugen mit Wurfgeschossen über sie her, erstickten sie im Wasser.[5])

---

sie in gedrängter Masse auf die Reihen Karls einen Angriff, zerrissen sie und gelangten in die Stadt, hinter deren Mauern sie sich bargen. Darauf belagerte Karl die Araber Tage lang und verlor dabei viele Leute.

Ueber munitiones in gyrum in modum arietum instruxit cf. v. Peucker l. c. II, 468. Es sind Ortsbefestigungen nach Art der Sturmdächer, unter denen Sturmböcke sich befanden.

[1]) cf. Dozy l. c. I, 233.
[2]) Cont. Fred. c. 109: Haec audientes maiores natu et principes Sarracenorum, qui commorabantur eo tempore in regione Hispaniarum, eo adunato exercitu hostium cum alio rege Amor nomine, machinis adversus Carolum viriliter armati consurgunt, praeparantur ad proelium.
cf. chron. Moiss. l. c. p. 291. Quam (Narbonam) dum obsideret (Karolus) Oenpa, rex Sarracenorum, se Spania Amor Ibin-Calet cum exercitu magno Sarracenorum ad praesidium Narbona transmittit. Beide Quellen nennen den Führer des Entsatzheeres Amor; es irrt Lembke I, p. 291, not. 5, wenn er zwischen beiden einen Widerspruch findet.
Die Erzählung giebt Lembke I, p. 291 und 292 nach arabischen, ausführlicheren, aber mit den fränkischen Quellen sonst übereinstimmenden Quellen. cf. l. c. p. 292, not. 1.
[3]) Cont. Fred. c. 109: — contra quos praefatus dux Carolus triumphator occurrit super fluvio Birra et valle Corbaria Palatio.
Chron. Moiss. l. c. — Tunc Karolus partem exercitus sui ad obsidendam civitatem reliquit, reliquam vero partem sumpta Sarracenis obviam exivit in proelio super Berre fluvio. cf. Gesta abb. Fontan. c. 10.
[4]) Teulet, opera Einhardi, tom. I, p. 11, not. 1. Der Palast ist vom Gothenkönige Athaulf gebaut.
[5]) Cont. Fred. c. 109: illisque mutuo confligentibus, Sarraceni devicti atque prostrati, cernentes regem eorum interfectum, in fugam lapsi terga verterunt, qui evaserant cupientes navali evectione evadere, in stagno maris natantes, namque sibimet mutuo conatu iusiliunt. Franci cum navibus et iaculis armatoriis super eos insiliunt suffocantesque in aquis interimunt.

Ungeheure Beute und eine große Anzahl Gefangene fielen den Siegern zu; Narbonne aber wurde nicht erobert; Karl ließ ein Beobachtungsheer bei der Stadt zurück[1]) und zerstörte auf seinem Rückmarsche nach Austrasien die Städte Agde, Beziers, Maguelonne,[2]) Nismes von Grund aus, indem er die Mauern und Befestigungen niederreißen und in die Häuser Feuer werfen ließ. Die Burgen und Stadtgebiete wurden verwüstet.[3]) Doch bieten die Ruinen des römischen Amphitheaters, das damals zu Nismes zerstört wurde,[4]) heute noch einen großartigen Anblick dar.

Diese harte Strafe wurde an den Städten sicherlich deshalb vollzogen, um den Arabern die festen Plätze zu nehmen und die christliche Bevölkerung zu züchtigen, die hier mit den Muhammedanern gemeinschaftliche Sache gegen Karl gemacht hatte.[5]) Letzterer ließ sich daher zu seiner Sicherstellung, als er nach Austrasien zurückkehrte, von der Bevölkerung Geiseln geben.[6]) Das vor Narbonne gelassene Beobachtungsheer zog ab;[7]) daraus ist ersichtlich, daß Karl es nicht gerathen fand, einen weiteren Kampf mit den Arabern um den Besitz von Gothia einzugehen.

---

[1]) Gest. abb. Font. l. c. p. 284: devictis omnibus hostibus praeter eos, quos in Narbona incluserat, urbe eadem sub custodia derelicta — remeavit in Franciam.

[2]) Chron. Moiss. l. c. p. 292: Magdalonam destrui praecipit. Von dieser alten Stadt war 1837 nur noch eine Kirche übrig, die als Stall diente.

[3]) Cont. Fred. l. c. Sicque Franci triumphantes de hostibus praedam magnam et spolia capiunt, capta multitudine captivorum, cum duce victore regionem Gotthicam depopulantur; urbes famosissimas Nemausum, Agatem ac Biterris funditus muros et moenia Carolus destruens, igne supposito concremavit, surburbana et castra illius regionis vastavit. cf. Lembke l. c. I, p. 292, Reinaud l. c. p. 56.

[4]) Chron. Moiss. l. c. p. 292: Nemauso vero arenam civitatis illius atque portas cremari iussit.

[5]) Die Worte des Cont. Fred. c. 109: devicto adversariorum agmine, Christo in omnibus praesule et capite salutis victoriae lassen vermuthen, daß hier das Christenthum zum Siege gebracht worden und bei dem Verfahren gegen die Städte hauptsächlich die Vernichtung der Ungläubigen das Ziel gewesen sei.

[6]) Chron. Moiss. l. c. p. 292: atque obsidibus acceptis reversus est in Franciam.

[7]) Das Heer hatte Karl bei der Verheerung Gothiens den Rücken decken müssen; nach der Zerstörung der Städte war es vor Narbonne unnütz, wenn nicht die Eroberung dieser Stadt beabsichtigt wurde.

Neuntes Capitel.

Karls Sieg über die Sachsen. — Vertreibung des Her=
zogs Maurontus. — Bonifaz' Wirksamkeit in Bayern. —
Gesandtschaften Gregors III. und der Römer an Karl. —
Reichstheilung unter Karls Söhne, Karlomann und
Pippin. — Karls Tod.

738—741.

In dem ostrheinischen Deutschland hatte unterdessen das Christen=
thum immer mehr festen Fuß gefaßt. Bonifaz hatte nämlich in den
Gegenden um die Unstrut mit großem Erfolge die christliche Lehre,
welche in Thüringen schon viele und beharrliche Anhänger hatte,[1]
verbreitet; er verbesserte die bestehenden Ordnungen nach den zu
Rom festgestellten Glaubenssätzen und Formen,[2] stiftete zu Ohrdruf,
südlich von Gotha, ein Mönchskloster,[3] zu Kizzingen, Bischofsheim,
Ochsenfurt in der Maingegend Klöster für Nonnen.[4] Durch solche
Förderung des Christenthums an ihren Landesgrenzen mögen die
Sachsen, „die Erzheiden,"[5] von ihren Priestern aufgeregt, zu neuem
Kampfe angeregt sein, zumal Bonifaz im Jahre 738 sich nach Rom
begeben hatte.[6]

---

[1] Bonif. epp. n. 20 ad a. 723 l. c. p. 80. Brief Gregors II. an die
christlichen Großen Thüringens.
[2] Willibaldi vita Bonif. c. VI l. c. p. 453.
[3] Das. c. VI, p. 454.
[4] Othlonis vita Bonif. Jaffé Mon. Mog. p. 490, 491: Teclam (sie ist femina
religiosa) iuxta fluvium Moin in locis, Kizzinga et Ohsnofurt nuncupatis, collo-
cavit; Liobam quoque ad Biscofesheim, ut illic multitudini virginum congregatae
praeesset, constituit.
[5] Cont. Fred. c. 109: itemque rebellantibus Saxonibus paganissimis. cf. Bolze
l. c. p. 20.
[6] Willibaldi vita Bonif. c. VII. l. c. p. 456 cf. Huscher, im neuen Jahres=
bericht des hist. Vereins für Mittelfranken, Nürnberg 1839, S. 132.

Karl zog in demselben Jahre bei der Lippemündung, also nahe Wesel, über den Rhein, verwüstete das sehr rauhe Land, zwang einen Theil des Volkes sich tributpflichtig zu erklären und nahm viele Geiseln nach Austrasien mit.[1] Dieser Kriegszug hatte so nachhaltige Folgen, daß sich die Sachsen, solange Karl lebte, ruhig verhielten; erst im Jahre 744 erhoben sie neue Unruhen und griffen die christianisirten Thüringer an.[2]

Im Jahre 739 fielen die Araber wiederum in die Provence ein, eroberten daselbst Arles und richteten ringsum große Verwüstungen an. Karl schickte Gesandte an den König der Langobarden Liutprand, welche Geschenke überbrachten und seine Hülfe gegen die Saracenen erbaten. Ohne Zögern eilte der König mit dem ganzen Langobardenheere zur Hülfe herbei; die Araber flohen aber schon bei der Nachricht von dem Herannahen Liutprands aus dem arelatischen Lande, und daher kehrten die Langobarden, ohne gekämpft zu haben, nach Italien zurück.[3]

Die Bereitwilligkeit, mit der Liutprand die Hülfe leistete, hatte in seinem freundschaftlichen Verhältnisse mit Karl seinen Grund. Letzterer hatte im Jahre 735 seinen Sohn Pippin ihm zugesandt, damit der Langobardenkönig ihm das Haupthaar abschneide und dadurch erkläre, den fränkischen Jüngling an Kindesstatt angenommen zu haben. Liutprand hatte den Wunsch Karls erfüllt und Pippin königlich beschenkt seinem Erzeuger zurückgeschickt.[4]

Möglicherweise beschleunigte die Gefahr, in welche die Gebiete der Langobarden durch die Streifzüge der Araber kamen, die Hülfsleistung Liutprands. Bis in das Thal von Susa, sogar in das Gebiet von Novalitia (la Novaléze) waren nämlich die Araber vorgedrungen,[5] und da sie schon einst den Weg über den Mont Cenis bis auf wenige Meilen vor Turin verfolgt hatten, so lag es im

---

[1] Cont. Fred. c. 109: Carolus dux, commoto exercitu Francorum in loco, ubi Lippia fluvius Rhenum amnem ingreditur, sagaci intentione transmeavit, maxima ex parte regionem illam dirissimam stravit gentemque illam saevissimam ex parte tributarios esse praecipit atque quam plures obsides ab eis accepit, — victor remeavit ad propria.

[2] Diese Jahreszahl hat als die wahrscheinlichste Hahn, Fränk. Jahrb. p. 64 und im Excurs XIV, p. 193 nachgewiesen.

[3] Die fränkischen Schriftsteller erwähnen diese Hülfsleistung Liutprands nicht, dagegen Paulus Diaconus hist. de gestis Langobardorum lib. VI, c. 53, dessen genaue Kenntniß der Geschichte seines Volkes die Richtigkeit seiner Angabe nicht bezweifeln läßt. Da Paul. Diac. nach der Erwähnung der Schlacht bei Narbonne, d. h. am Flüßchen Berre, die im Jahre 737 stattfand, vergl. oben S. 83, fortfährt: Sarraceni iterato Galliae fines ingressi usque ad Provinciam veuerunt, so ist der Zug Liutprands später als 737 zu setzen. Zwar setzt ihn Regino in seiner Chronik Pertz Mon. Germ. SS. I, p. 534 zum 24. Regierungsjahre Karls, also, da er 26 dieser Jahre zählt, ins Jahr 739; doch die chronologischen Bestimmungen dieser Chronik sind nicht zuverlässig.

[4] Paulus Diaconus l. c. lib. VI, c. 52. Ueber die Stelle vergl. J. Grimm, Deutsche Rechtsalterthümer p. 146.

[5] Bréquigny-Pardessus n. 559, pars II, p. 377. testamentum Abbonis. Da die Urkunde am 5. Mai 739 ausgestellt ist, so fällt der Streifzug der Araber spätestens in den Anfang des Jahres 739.

Interesse des Langobardenkönigs, das Vordringen der Araber in Südfrankreich zu verhindern.

Mit dem Einfall der Araber stand wahrscheinlich die neue Erhebung der im Jahre 737¹) in der Provence unterdrückten Partei im Zusammenhange. Herzog Maurontus war wieder der Führer der Bewegung, die so bedeutend war, daß Karl seinen Stiefbruder Childebrand nebst vielen Herzogen und Grafen als Führer des Heerbannes nach dem Herde des Aufstandes im Jahre 739²) entsandte. Der Majordom selbst eilte ihnen nach und traf sie bei Avignon, das er wiederum einnahm; bis zur Küste des großen Meeres, d. h. des Mittelmeeres, bis Marseille unterwarf er das ganze Land seiner Herrschaft.³)

Weil Herzog Maurontus in die Befestigungen am Meere, die durch die Felsen sehr geschützt und unzugänglich waren, seine Zuflucht genommen hatte, so kehrte Karl, nachdem er seiner eignem Autorität das ganze Land unterthänig gemacht, da niemand sich mehr gegen ihn erhob, siegreich nach Austrasien zurück,⁴) wo er nach seiner Heimkehr auf dem Hofgute Verimbrea (Verberie) an der Oise in eine Krankheit verfiel.⁵)

Auffallend ist es, daß gerade auch in diesem Jahre sich Verwandte Karls in eine Verschwörung gegen ihn einlassen. Es scheint, als ob die Unterlassung einer neuen Königswahl zu vielen Versuchen, sich der Autorität des Hausmeiers zu entziehen, ja vielleicht zu dem Plane geführt habe, durch Beseitigung desselben selbständige kleine Herrschaften zu bilden.

Wido, ein Mitglied der Pippinischen Familie,⁶) Abt von S.

---

¹) Siehe z. J. 737 Seite 81 ff.
²) Cont. Fred. c. 109 schließt diesen Aufstand in der Provence an die Ereignisse des Jahres 737 mit den Worten: denuo curriculo anni illius mense secundo; demnach wären diese Thatsachen in den Februar d. J. 737 zu setzen. Cointius ann. eccl. tom. V, p. 14 hat diese chronologische Verwirrung dadurch zu verbessern gesucht, daß er behauptete, es seien die Worte: „illius mense" durch spätere Hinzufügung in den Text durch Abschreiber gekommen, ursprünglich habe gestanden: „curriculo anni secundo", wodurch die Thatsachen auf das Jahr 739 passen. Bis zur neuen Textausgabe ist diese Conjectur als die beste anzunehmen, da ja die Ann. Naz. Laures. Alam. ad a. 739 Carolus intravit in Provincia usque Maslia einen Zug Karls in die Provence berichten. cf. Ann. Petav.
³) Cont. Fred. c. 109: — praedictum germanum suum cum pluribus ducibus atque comitibus commoto exercitu ad partes Provinciae dirigit, Avenionem urbem venientes, Carolus praeproperans peraccessit cunctamque regionem usque litus maris magni suae dominationi restituit. cf. Gest. abb. Fontan. c. 12. Mon. Germ. II, p. 285.
⁴) Cont. Fred. c. 109: — fugato duce Mauronto impenetrabilibus tutissimis rupibus maritimis munitionibus praefatus princeps Carolus cuncta sibimet adquisita regna victor regressus est, nullo contra eum rebellante —. Von einer Theilnahme der Araber an diesem Aufstande ist nichts berichtet.
⁵) Cont. Fred. l. c.: reversus in regionem Francorum aegrotare coepit in villa Verimbrea super Isara fluvio. cf. Gest. abb. Font. c. 12.
⁶) Gest. abb. Font. c. 11. Mon. Germ. II, p. 284. Wido — propinquus Caroli. In welchem Verwandtschaftsgrade er gestanden, ist unbekannt. In der Schenkungsakte, welche Karl am 1. Januar 722 zu Heristal zu Gunsten des

Baaft bei Arras, im Jahre 738 sogar zum Abt von S. Wandrille erwählt, des Klosters, das unter Karls besonderem Schutze stand,[1] war nur dem Amte nach ein Geistlicher, im übrigen ein den weltlichen Dingen ergebener Mann. Er war stets mit einem breiten zweischneidigen Schwerte umgürtet; statt des geistlichen Kleides trug er das Kriegskleid; er kümmerte sich wenig um die Gesetze der geistlichen Zucht. Zahlreiche Hunde dienten ihm zur Jagd, seinem täglichen Vergnügen; er zeichnete sich in der Fertigkeit im Vogelschießen mit der hölzernen Armbrust aus, auf geistliche Studien und Uebungen verwendete er jedoch weniger Zeit. Sobald als der Abt bei Karl angeklagt war, daß er mit Anderen eine Verschwörung gegen ihn im Schilde führe, wird er auf Befehl des Majordomus unter dem Geleit königlicher Diener in das Gebiet von Vermandois gebracht, wo er zum Tode verurtheilt, geköpft und begraben ward.[2] Wer das Urtheil sprach, ist unbekannt; doch war es nicht das Gericht, vor welches ein Geistlicher gehörte, die Synode; denn Bonifaz klagt im Jahre 742, daß schon mehr denn 80 Jahre lang keine Synode von den Franken gehalten worden sei.[3]

Die Abtei S. Wandrille wurde sogleich einem Manne zugetheilt, der nur durch seine vornehme fränkische Abstammung und die enge Verbindung mit Karl, der ihn zum Taufzeugen seines Sohnes Pippin erwählt hatte,[4] in hohe kirchliche Aemter gelangt war, sonst aber aller Befähigung zum geistlichen Stande entbehrte. Ragenfrid war aus einem Laien[5] unmittelbar zum Bischof von Rouen gemacht worden; ihm wurde jetzt die Leitung des Klosters zu Fontanellum übergeben. Er erlaubte sich, den Mönchen Abbruch an Kost und Kleidung zu thun und die Ersparnisse für sich zu verwenden. Sei es, daß die Mönche mit ihren Klagen darüber nicht an Karl gelangten, sei es, daß sie keine Klage erhoben oder abgewiesen wurden, erst nach dem Tode Karls, im Jahre 742 entfernte Pippin auf Bitten der Mönche Ragenfrid von der Leitung des Klosters und beschränkte ihn auf das Bisthum Rouen.[6]

Klosters zu Maastricht ausstellt, findet sich das Siegel „Widonis". Breq.-Pard. n. 521, pars II, p. 335.

[1] Gesta abb. Font. c. 9. l. c. p. 281. Hic Landa (v. J. 731—734 Abt) impetravit a praefato Carolo principe privilegium immunitatis perennis, in quo continetur, quod coenobium istud sub sua defensione ac tuitione idem princeps specialius receptum haberet.

[2] l. c. c. 11, p. 284.

[3] Bonif. epp. n. 42 ad a. 742 l. c. p. 112: Franci enim, ut seniores dicunt, plus quam per tempus octuginta annorum synodum non fecerunt —. cf. Hahn, Fränk. Jahrb. p. 29 und 30 zum Jahre 742.

[4] Gest. abb. Font. c. 12 l. c. p. 284. Hic Ragenfridus de nobili prosapia Francorum oriundus exstitit; compater etiam spiritualis regenerationis Pippini, magni regis cf. Hahn l. c. p. 3.

[5] l. c. qui de seculari quidem habitu commutatus —.

[6] l. c. p. 285. Ragenfrid leitete das Kloster zwei und ein halbes Jahr. Im Jahre 755 wurde er auch seines Bischofsamtes entsetzt.

Hatte sich Karl in der Wahl Wibos getäuscht, so beging er denselben Fehler in der Erwählung Odilos, eines Agilolfingers, dem er nach dem Tode Huberts, des Herzogs von Bayern im Jahre 739 die herzogliche Würde übertrug.[1]) Odilo wurde nämlich nach dem Tode Karls der Mittelpunkt aller Aufstände gegen die Macht seiner Söhne.[2])

Odilos Thätigkeit betraf zuerst die Durchführung der kirchlichen Organisation Bayerns, die sein Vorgänger begonnen hatte. Er lud zu diesem Werke Bonifazius, welcher auf der Rückreise von Rom bei dem Langobardenkönige Liutprand verweilte, zu sich ein.[3]) Der Herzog kam bei dieser Einladung den Absichten des Bonifaz entgegen, da dieser die Verhältnisse der bayrischen Kirche mit Papst Gregor III. genau besprochen hatte, und jetzt, mit einem Schreiben des römischen Bischofs an die Bischöfe in Bayern und Alamanien versehen,[4]) die noch heidnischen Gebräuche, die von dem Glauben der römischen Kirche abweichenden Lehren, besonders die der Briten und anderer Ketzer, zu unterdrücken, ein Concil an der Donau oder zu Augsburg zu halten beauftragt war.[5]) Bonifaz fand nur einen Bischof in Bayern, den der Papst geweiht,[6]) der überhaupt nach den Regeln der Kirche ordinirt worden war, Vivilo, Bischof von Lorch. Dieser verweilte aber damals schon in Passau, da den Avaren 738 endlich die alte Römerfeste Lorch (Laureacum) nicht mehr Widerstand leisten konnte.[7]) Manche Männer hatten sich als Bischöfe aufge-

---

[1]) Gegen alle anderen Angaben und Combinationen über das Todesjahr Huberts cf. Meerer, Beiträge z. Gesch. v. Baiern, IV. Stück S. 218, ist das Todesjahr 736 durch Auctuarium Garstense und Annales S. Rudberti Salisburgensis Mon. Germ. SS. 18, 563 und 768 festgestellt. Daß Odilo der Nachfolger gewesen, lehrt auch Kleimayern Juvavia Anhang S. 19: successor nam- que filius eius Hucbertus dux tradidit — post hunc extitit Otilo dux, qui — tradidit. Er wird nicht der Sohn genannt; überhaupt ist unbekannt, in welchem verwandtschaftlichen Verhältnisse Odilo zu Hubert gestanden, cf. Rudhart l. c. p. 272, Zirngibl l. c. § 78 und § 81.
[2]) cf. Hahn, Fränk. Jahrb. z. J. 743 S. 43 ff.
[3]) Willibaldi vita Bonif. c. VII, p. 456: Italiamque perveniens Ticenae urbis ingressus est moenia et apud honorandum Longobardorum Liutbrandum regem iam, senio fessis membris, requiescebat. Et recedens, non solum invitatus Baioariorum ab Odilone duce sed et spontaneus, visitavit incolas.
[4]) Bonif. epp. n. 37 ad n. 739 l. c. p. 103.
[5]) Bonif. epp. n. 37 l. c. p. 104. Et in quo vobis loco ad celebranda concilia convenire mandaverit, sive iuxta Danuvium sive in civitate Augusta vel ubicumque indicaverit, pro nomine Christi parati esse inveniamini.
[6]) Bonif. epp. n. 38 l. c. p. 105. Igitur quia indicasti: perrexisse te ad gentem Baioariorum et iuvenisse eos extra ordinem aecclesiasticum, viventes, dum episcopos non hubebant in provincia, nisi unum nomine Vivilo, quem nos ante tempus ordinavimus, und p. 106. Nam Vivilo episcopus a nobis est ordinatus.
[7]) Darüber wird erst 898 berichtet, Mon. Boic. 28. 1. p. 119. Vuichingus Pataviensis ecclesiae presul obtulit — auctoritates immunitatum — in quibus continebatur insertum, qualiter ipsi predictam sedem, quam Vivilo quondam sanctae Lauriacensis ecclesiae archiepiscopus post excidium et miserabilem barbaricam devastationem eiusdem prescripte Lauriacensis ecclesiae — primus episcopavit, Otilone strenuo Baioariorum duce concedente —.

worfen, ohne den Empfang der Weihe nachweisen zu können, andere waren Irrlehrer oder hatten keinen Beruf zum Geistlichen.[1]

Bonifaz trat mit Odilo und den Großen Bayerns in Berathung über die gründliche Abhülfe dieser Zustände; er fand sie in der Errichtung von vier Bisthümern und in ihrer Besetzung mit Männern, die der römischen Lehre allein zugethan waren. Mit der Zustimmung des Herzogs bestimmte er Salzburg, Freising, Regensburg und Passau als die Bischofssitze und begrenzte ihre Parochien.[2]

Das Concil aber kam noch nicht zu Stande; denn obgleich Papst Gregor III. Bonifaz in seinem Briefe vom 29. October 739 ermahnte, auf dem Concil, das er an der Donau halten soll, persönlich zu erscheinen,[3] so ist doch keine Nachricht vorhanden, daß Bonifaz daselbst gewesen wäre.[4] Bonifaz hat die Bisthümer mit Männern seiner Wahl besetzt; Johannes, wahrscheinlich einer seiner Begleiter, erhielt Salzburg, in Freising wurde Erembercht, Corbinians Bruder, auf den Bischofstuhl gesetzt, in Regensburg Goibald. In Passau mußte Bonifaz Vivilo als Bischof lassen, obgleich er ihn nicht in allen Stücken den kanonischen Vorschriften gehorsam fand. Papst Gregor ermahnt Bonifaz den Bischof zu belehren und zu bessern.[5]

Das kirchliche Leben erblühte durch die feste Einrichtung der Sprengel, durch die Theilnahme des Fürsten und der weltlichen Großen an dieser Organisation rasch: viele Klöster wurden gestiftet, welche die christliche Lehre übereinstimmend verbreiteten.[6]

Bonifaz selbst zog, seinem eigenen Hange folgend und gehorsam den Aufträgen des Papstes Gregor III., in den westlichen Landschaften, in denen die Zahl der Rechtgläubigen noch spärlich war, zu predigen, Bischöfe zu weihen, und sie zu lehren, an den apostolischen und kanonischen Lehren festzuhalten,[7] wahrscheinlich 739 nach Thü-

---

[1] Bonif. epp. n. 38. l. c. p. 105. Willibaldi vita Bonifacii c. VII, l. c p. 457.
[2] Bonif. epp. n. 38. l. c. p. 105. Gregor schreibt an Bonifaz am 29. Oct. 739: et quia cum consensu Otile, ducis eorundem Baioariorum, seu optimatum provinciae illius tres alios ordinasses episcopos; et in quattuor partes provinciam illam divisistis, id est quattuor parrochiae, ut unusquisque episcopus suam habeat parrochiam.
cf. Willib. vita Bonif. c. VII, l. c. p. 457. Es werden dort die Bischofssitze angeführt.
[3] Bonif. epp. n. 38 l. c. p. 106: De concilio vero, ut iuxta ripam Danuvii debeas celebrare nostra vice, praecipimus fraternitati tuae, apostolica auctoritate te ibidem praesentari.
[4] cf. Rettberg l. c. II, p. 223 gegen Seiters, Bonifaz p. 283.
[5] Willibaldi vita Bonif. c. VII l. c. p. 457; Othlo vita Bonif. lib. I, l. c. p. 491 cf. Rettberg l. c. II, p. 233, 258, 270, Seiters, Bonifaz S. 279—290.
Bonif. epp. n. 38 l. c. p. 106: Nam Vivilo episcopus a nobis est ordinatus. Et si aliquid excedit extra canonicam regulam, doce et corrige eum iuxta Romanae aecclesiae traditionem, quam a nobis accepisti.
[6] cf. Seiters, Bonifaz S. 290—295.
[7] Bonif. epp. 38 l. c. p. 106. Nec enim habebis licentiam, frater, percepti laboris in uno morari loco. Sed confirma corda fratrum et omnium fidelium, qui rures sunt in illis Speriis partibus; ubi tibi dominus aperuerit viam salutis, praedicare non desistas. Et ubi locum inveneris necessarium, secundum

ringen, wo durch den Sieg Karls über die Sachsen 738 in den verwüsteten Distrikten die Wiederherstellung der christlichen Gründungen durch einen energischen Mann schnell gefördert werden konnte.[1]

Am Ende des Jahres, am 7. November starb zu Utrecht Wilbrord, 81 Jahre alt, der Lehrer des Bonifaz in dem Werke der Heidenbekehrung, ein Mann, dem die christliche Kirche viel zu verdanken hat, der mit Recht der Apostel der Friesen genannt wird. Er ward in der Kirche zu Echternach begraben.[2] Die Verwesung des Bisthums übernahm wahrscheinlich der von Wilbrord selbst erwählte Coadjutor, Eoban oder Daban, bis Bonifaz auf den Antrag Karlomanns, also nach Karls Tode, einen Bischof einsetzte und ordinirte.[3]

Die Thätigkeit und Einwirkung Karls bei diesen kirchlichen Einrichtungen ist nicht in Abrede zu stellen; durch seinen speziellen Schutz hatte Bonifaz einen so gewaltigen Einfluß, ungestört durch weltliche Beamte, ausüben können. Wohl hat dieser Apostel den Rückhalt, den er an Karl hatte, in seinem vollen Werthe erkannt und darüber in seinen Briefen im Jahre 739 an Papst Gregor III. gesprochen;[4] solche Nachrichten haben dazu mitgewirkt, daß Gregor in diesem Jahre während seiner Bedrängniß durch die Langobarden bei Karl Schutz suchte. Die Feindseligkeiten nämlich, welche durch die Bestimmungen des oströmischen Kaisers Leo gegen die Bilderverehrung zwischen den Bischöfen von Rom und dem Kaiserhofe entstanden waren, hatten sich allmählich bis zum offenen Kriege gesteigert. Gregor III. hatte schon im ersten Jahre seiner Regierung 731 nach dem Ausspruch einer Synode, die zu Rom in der Kirche des heiligen Petrus von 93 Bischöfen und Presbytern abgehalten wurde, einen Jeden exkommunirt, der die Bilder von ihrer Stelle fortnähme, zerstöre, entheilige oder über sie spotte.[5] Durch diese Synodalbestimmungen besonders bewogen, ließen die Kaiser — denn Leo hatte seinen Sohn Constantin zum Mitregenten angenommen — ein bedeutendes Heer auf einer ansehnlichen Flotte gegen Italien auslaufen; doch Schiffe und Mannschaft gingen in einem furchtbaren Sturme im adriatischen Meere verloren. Die Einfälle der Araber in das oströmische Reich und die Unterstützung, die sie einem Gegenkaiser Tiberius, einem angeblichen Sohne Justinians, zu Theil werden ließen, nahmen die Thätigkeit und Heereskräfte der oströmischen

---

canonicam regulam episcopos ordina ex nostra vice, et apostolicam atque canonicam traditionem eos tenere edocabis.
[1] Siehe z. J. 738 S. 86.
[2] cf. Thym I. c. 200—202 über die chronologische Streitfrage.
[3] cf. Rettberg II, p. 529. Daban erscheint auf der ersten germanischen Synode April 742 als Bischof. cf. Hahn, Fränk. Jahrb. p. 34.
[4] Gregor schreibt am 29. Oct. 739 an Bonifaz: Bonif. epp. n. 38 l. c. p. 104 und 105: Agnoscentes itaque, in sillabis fraternitatis tuae innotuisti tam de Germaniae gentibus, quas sua pietate deus noster de potestate paganorum liberavit et ad centum milia animas in sinu sanctae matris aecclesiae tuo conamine et Carli principis Francorum aggregare dignatus est.
[5] Gregor III. wird am 11. Februar 731 erwählt, am 1. November 731 hält er die Synode. cf. Jaffé, Regesta pontific. Roman. z. J. 731.

Kaiser so in Anspruch, daß es ihnen nicht möglich war, einen neuen Angriff gegen den römischen Bischof zu unternehmen.[1]) Sie konnten den Bischof nur durch die Einziehung der reichen Patrimonien, welche die Kirche des heiligen Petrus in Calabrien und Sicilien besaß, beeinträchtigen.[2]) Der Exarch von Ravenna, Euchytius, blieb auf seine eignen Hülfsmittel beschränkt; seine Lage war schwierig, da die Langobarden in dem Dogma der Bilderverehrung mit dem römischen Bischofe übereinstimmten. Doch die Politik Gregors erleichterte ihm die Sorge um seine Sicherheit; denn der Papst mischte sich in die Streitigkeiten der langobardischen Herzoge mit ihrem Könige; er begünstigte die Empörung der Herzoge Trasimund von Spoleto und Godschalk von Benevent gegen den König Liutprand und seinen Mitregenten Hildeprand.[3]) Als ein königliches Heer Trasimund aus seinem Herzogthum getrieben hatte, fand der Flüchtige in Rom Aufnahme. Die Forderung Liutprands, der von dem eroberten Spoleto aus einen Boten sandte, den flüchtigen Empörer auszuliefern, beantworteten Gregor und Stephanus, der einstige Patricius[4]) und damalige Anführer, nebst dem ganzen römischen Heere mit entschiedener Verweigerung. Weder die Gefahren einer Belagerung, mit welcher der Langobardenkönig vom Felde Neros aus Rom bedrängte, noch die Verwüstungen der Campagna, noch daß viele vornehme Römer gefangen und langobardische Kleidung und Haartracht anzunehmen gezwungen wurden, erschütterte den Widerstand des Papstes.[5])

---

[1]) Schlosser, Bilderstürmende Kaiser, S. 194 ff.
[2]) Codex Carolinus ed. Jaffé in Monum. Carolina ep. VIII, p. 43—48. cf. Gregorovius, Beschreibung der Stadt Rom im M.-A. II, S. 277. Die Patrimonien warfen jährlich 35000 Goldstücke, 1½ Talent ab.
[3]) Paulus Diaconus hist. Langobard. lib. VI, c. 54. Seit 786 hatte Liutprant seinen Neffen zum Mitregenten genommen.
[4]) Liber pontificalis ed. Joannes Vignoli tom. II, p. 59. vita Zachariae c. 2. Stephanus quondam patricius et dux atque omnis exercitus Romanus. Gregorovius, Geschichte der Stadt Rom im M.-A. Th. II, p. 279 glaubt aus der Erwähnung des dux neben dem Papste und römischen Heere zu erkennen, daß noch ein kaiserlicher Beamter als Gouverneur des Dukatus in Rom sich befunden habe und daß Gregor im Einverständniß mit dem Exarchen von Ravenna gegen Liutprand aufgetreten sei.
[5]) Vita Gregorii III. c. 14. Liber pontificalis ed. Joannes Vignoli tom. II, p. 55. Huius temporibus concussa est provincia Romanorum ditioni subjecta nefandorum Langobardorum seu a rege eorum Liudprando veniensque Romam in campo Neronis tentoria tetendit, depraedataque Campania multos nobiles de Romanis more Langobardorum totondit et vestivit. Dieses Capitel kommt nur in sehr wenigen, doch gerade den ältesten Codicibus und den von ihnen abzuleitenden Abschriften vor, nämlich im Cod. Vat. Alex III. u. 183 und in dem bei Muratori SS. rer. Italic. III, pars I, Cod. A. genannt cod. Ambrosianus und im cod. Vindobonnensis. cf. Murat. l. c. p. 37 und Vignoli lib. pontif. II, p. 55. Variant. lection. not. a und tom. I, codices XV. Diese Codices endigen mit dem Leben Stephan II. im Jahre 755; die vitae selber beruhen auf Aufzeichnungen von Zeitgenossen, welche die uns verlornen vatikanischen Regesten benutzten. cf. Pertz im Archiv für ältere deutsche Geschichtskunde V, p. 30 und p. 70—75. Große Glaubwürdigkeit wird diesen Lebensbeschreibungen seit Gregor II. auch in der Beschreibung der Stadt Rom von Platner, Bunsen, Röstell 1829, Band I, p. 217 zugestanden und durch W. v. Giesebrecht:

Liutprand ließ jedoch, als er die Belagerung im Jahre 739 aufhob und in seinen Palast nach Pavia zurückkehrte, in vier zum Herzogthum Rom gehörigen Städten: Ameria (Amelia), Hortä (Orte), Polimartium (Berzona), Blera (Bieba) Besatzungen zurück.¹)

Während noch die langobardischen Könige Rom belagerten, also im Jahre 739²) schickte Papst Gregor den Bischof Anastasius und den Presbyter Sergius auf dem Seewege zu Karl, welcher damals den Kampf in der Provence gegen die Araber mit Hülfe Liutprands so eben beendigt hatte.³) Die Geistlichen brachten dem Majordomus als Ehrengeschenk die Schlüssel zu dem Grabe des heiligen Petrus und theilten ihm die Bitte des Papstes mit, er möchte die Römer von den gewaltigen Bedrängungen, die ihnen von den Langobarden zugefügt wurden, befreien. Große Geschenke und kostbare Reliquien, die Fesseln des heiligen Petrus,⁴) begleiteten diese Bitte.⁵) Karl kam

Ueber die Quellen der früheren Papstgeschichte in der Allgem. Monatsschrift f. Wissenschaft u. Literatur, 1852, April, p. 259 bestätigt.

¹) Vita Zachariae c. 2. l. c. p. 60. per mensem Augustum ind. VII. Die achte Indiction begann mit dem 1. Sept. 739. cf. H. Beltman, De Karoli Martelli patriciatu qui vocatur sive consulatu Romano, Münster 1863, p. 11 und 12, und Jaffé, Mon. Carolina p. 16, not. 9. In dem hier mitgetheilten Briefe Gregors III. an die Bischöfe in Tuscia Langobardorum, data Idus Octobris indictione 9, also vom 15. October 740 sagt Gregor: Igitur quia praesentes viros Anastasium — et Aeodolatum, nostros fideles ad obsecrandum et deo favente obtinendum pro quatuor castris, quae anno praeterito beato Petro ablata sunt, ut restituantur a filiis nostris Liutprando et Hilprando supplicare destinavimus. Fälschlich bezeichnet Jaffé l. c. den Brief als am 5. Oct. 741 gegeben, denn die Indictio 9 begann am 1. Sept. 740, endet am 1. Sept. 741; der October der Indict. 9 fällt also ins Jahr 740. cf. Jaffé Mon. Moguntina p. 19 die Tabelle der Indictionen.

²) Siehe vorhergehende Note.

³) Siehe S. 86.

⁴) Vita Gregorii III. c. 14 l. c. Pro quo vir dei undique dolore constrictus sacras claves ex confessione beati Petri apostoli accipiens, partibus Franciae Karolo, sagacissimo viro, qui tunc regnum regebat Francorum, navali itinere per missos suos direxit, id est per Anastasium sanctissimum virum episcopum nec non et Serginum presbyterum postulantes a praefato excellentissimo Karolo, ut eos a tanta oppressione Langobardorum liberaret. Es waren dies goldene Schlüssel zum Grabe des Apostels; sie dienten als Symbol, durch welches die Beschenkten zu Hütern dieses Heiligthums berufen wurden. cf. Gregorovius l. c. II, p. 283 und 508; Beltman l. c. p. 27. Papst Leo III. schickt im Jahre 796 ebenfalls claves confessionis S. Petri cf. Ann. Laur. maj. Mon. Germ. SS. I, p. 182, als ein Ehrengeschenk neben dem übertragenen Schutzrechte über Rom; denn Leo schickte zugleich das Banner der Stadt und bat um Zusendung eines der Großen Karls, damit dieser das römische Volk den Eid der Treue und Unterthänigkeit schwören lasse. cf. Döllinger, das Kaiserthum Karls des Großen, Münchener Histor. Jahrbuch für 1865, p. 329.

⁵) Cont. Fred. c. 110: Eo enim tempore bis a Roma sede S. Petri apostoli beatus papa Gregorius claves venerandi sepulcri cum vinculis S. Petri et muneribus magnis et infinitis legationem, quod antea nullis auditis aut visis temporibus fuit, memorato principi destinavit cf. chron. Moissac. l. c. 291, welches eine Relation benutzte, der die Continuatio Fredegarii zu Grunde liegt. Sie fügt aber noch hinzu: epistolam quoque et decreta Romanorum principum praedictus papa Gregorius cum legatione etiam munera misit. Die zweimalige Erwähnung der munera scheint auf eine zweite Gesandtschaft des Papstes hinzuweisen und erklärt, wie der Continuator Fred l. c. zu dem Ausdruck: eodem enim

durch diesen Antrag des Papstes in eine peinliche Lage, denn er war mit dem Könige Liutprand nicht nur nur in politische, sondern auch persönliche freundschaftliche Beziehungen getreten;[1] er war ihm jetzt gerade für die schnelle Hülfe, die er in demselben Jahre den Franken gegen die Saracenen geleistet hatte, zum Dank verpflichtet. Doch Karls Antwort ist auf die zuerst gestellte Bitte des Papstes nicht geradezu ablehnend gewesen, aber seine Hülfe erschien nicht. Daher wandte sich Gregor noch einmal schriftlich an ihn[2]; er schreibt, daß er die Verfolgungen und die Bedrängung, welche er von den Langobarden erleide, nicht mehr aushalten könne, daß diese Feinde alle dem Apostelfürsten gehörigen Geschenke, sogar die, welche von Karl selbst und seinen Eltern geweiht wären, fortgenommen hätten.[3] Gregor theilt dem Unterkönige — denn so nennt er Karl in der Anrede des Briefes[4] — ferner mit, daß die Langobarden ihn, den Papst, eben weil er bei Karl nächst Gott Rettung gesucht habe, mit Vorwürfen überhäufen und ihn bedrängen.[5] Der Bote habe den Auftrag, die Leiden des Papstes noch eingehender zu berichten.[6]

Karl wurde auch durch diesen Hülferuf nicht bewogen, nach dem Wunsche Gregors thätig gegen die Langobarden vorzugehen, er nahm vielmehr eine zwischen den streitenden Mächten vermittelnde Stellung ein. Es wurden ihm von den langobardischen Königen Berichte über die Stellung, welche die Herzoge von Spoleto und Benevent gegen sie einnähmen, gegeben; es wurden ihm die Gründe mitgetheilt, durch welche bewogen die Herzoge mit dem Papste in Verbindung getreten wären;[7] und diese Nachrichten veranlaßten Karl, gegen die

---

tempore bis a Roma sede — destinavit gekommen ist. Die claves und vincula können nicht zweimal geschickt sein; das Wort „bis" kann sich nur auf die Gesandtschaft beziehen, wie es auch der Annalista Mettensis l. c. p. 327 in seiner Quelle gefunden hat: Karolus princeps — bis eodem anno legationem beatissimi Gregorii papae ab apostolica sede directam suscepit. Da die vita Gregorii III. c. 14 auch nur von einer Gesandtschaft berichtet, so läßt sich die zweite, auf welche die Cont. Fred. hinweist, von der auch die Gest. abb. Fontan. c. 12. Mon. Germ. SS. II, p. 286: Carolus legationem beati papae Gregorii bis eodem anno suscepit berichten, auf die Ankunft des Getreuen Karls (fidelis Karoli) beziehen, der vom Papste einen zweiten Brief im Jahre 739 überbringt. Jaffé Mon. Carol. p. 14. Cod. Carol. ep. I, domino excellentissimo filio Carolo subregulo Gregorius papa. Ob nimium dolorem cordis et lacrimas iterata vicae tuae excellentiae necessarium duximus scribendum. Der erste Brief des Papstes, den wahrscheinlich die Gesandtschaft, deren Führer der Bischof Anastasius war, mitgebracht hatte, ist verloren. cf. Jaffé Regesta pont. Rom. p. 182 u. 1732.

[1] Siehe oben S. 86.
[2] Codex Carolinus l. c. ep. I. iterata vicae tuae excellenciae necessarium duximus scribendum.
[3] Das. Omnia enim luminaria ad ipsius principis apostolorum et quae a vestris parentibus et a vobis offerta sunt, abstulerunt.
[4] Das. Domino excellentissimo filio Carolo subregulo Gregorius papa.
[5] Das. Et quoniam ad te post deum confugium fecimus, propterea nos ipsi Langobardi in obprobrium habent et opprimunt.
[6] Das. Tamen omnes nostros dolores subtilius in ore posuimus praesenti portitori, tuo fideli, que in auribus tuae excellenciae suggerere debeat.
[7] Codex Carol. ep. II ed. Jaffé l. c. p. 16: non credas, fili, falsidicis suggestionibus ac suasionibus eorundem regum. Omnia enim tibi false sugge-

kriegerischen Maßnahmen der Langobarden keinen Einspruch zu thun.¹) Der Papst selbst aber that dagegen entschiedene Schritte, die Macht Liutprands zu schwächen: er gestattete dem Herzog Trasimund für das Versprechen, ihm die vier verlornen Städte wieder zu erobern, alle Mannschaft im Herzogthum Rom aufzubieten. Gegen Ende des Jahres 739 zog der Herzog von Rom aus, sowohl um sein Herzogthum Spoleto wiederzugewinnen als auch dem Papste das Versprechen zu erfüllen. Schnell unterwarf sich Trasimund das spoletanische Gebiet, rückte schon im December 739²) in seine Hauptstadt ein und tödtete den Herzog Childerich, den Liutprand daselbst eingesetzt hatte.³) Auch mit dem Herzoge von Benevent, Godschalf, der nach Ermordung Gregors, des Neffen Liutprands, durch eine der königlichen Familie feindlichen Partei sich des Herzogthums im Jahre 739 bemächtigt hatte,⁴) waren die Römer und ihr Bischof in enge Beziehungen getreten.

Nochmals macht Gregor einen Versuch, Karl auf seine Seite zu bringen, von ihm thätige Hülfsleistung gegen die Langobarden zu erhalten. Er sendet daher einen Getreuen Karls, Anthät⁵) im Jahre 740 an Karl, den Unterkönig,⁶) mit einem Briefe, in welchem er sich bitter beklagt, daß die Kirche täglich von allen Seiten von ihren Söhnen, auf welcher die Hoffnung ihrer Vertheidigung beruhe, verlassen würde; daß er sehen müsse, wie die Kirchengüter, die im vorigen Jahre im Gebiet von Ravenna unversehrt geblieben waren, jetzt von den langobardischen Königen Liutprand und Hilprand mit Feuer und Schwert verwüstet würden. Er theilt Karl mit, daß diese Könige auch in das Gebiet von Rom mehrere Heeresabtheilun-

---

runt, scribentes circumventiones: quod quasi aliquam culpam commissam habeant eorum duces, id est Spoletanus et Beneventanus. Sed omnia mendacia sunt.
¹) Das. p. 15: Et nulla nobis, apud te excellentissime fili, refugium facientibus pervenit actenus consolacio. Sed ut conspicimus — dum indultum a vobis eisdem regibus est mocione faciendi — quod eorum suggestio plus quam nostra veritas apud vobis recepta est.
²) Vita Zacharinae lib. pont. c. 2 und 3 ed. Vignoli II, p. 60: Trasamundus vero dux habito consilio cum Romanis collectoque generali exercitu ducatus Romani ingressi sunt — in fines ducatus Spoletini. — Exinde pergentes ingressus est (sc. Trasamundus) Spoletum per mensem Decembrem praedicta indictione. Daß diese Judiction nicht VII, sondern VIII sei, weist nach Beltman l. c. p. 11, not. 3.
³) Paulus Diaconus hist. Langobard. lib. VI, c. 54 und 55, und vita Zachar. l. c.
⁴) Paul. Diac. hist. Langob. c. 55 giebt an, daß Godschalf drei Jahre Herzog von Benevent gewesen sei und berichtet seinen Tod c. 56 gleichzeitig mit der Wiedereinnahme von Spoleto, die 741 erfolgte. Dagegen setzt Beltman l. c. p. 12, not. 1 den Regierungsanfang Godschalfs ins Jahr 740; doch sind seine Berechnungen aus obigem Grunde ungenau.
⁵) Codex Carolinus ep. 2 ed. Jaffé l. c. p. 18: Harum autem litterarum portitor, Anthät vester fidelis.
⁶) Das. p. 15. Domino excellentissimo filio Carolo subregulo Gregorius papa. Beltman l. c. p. 13 und 14 setzt den Brief fälschlich ins Jahr 741, weil er p. 14, not. nach seiner eigenen, jedoch nicht sicheren Berechnung p. 12, not. 1 als gewiß annimmt, daß 739 zu Benevent Greger, nicht Godschalf Herzog war.

gen gesandt hätten, von denen alle dem heiligen Petrus gehörigen Gehöfte zerstört und das noch übrige Vieh fortgetrieben wäre.[1] Gregor macht in demselben Briefe[2] Karl neue Vorwürfe, daß er, der Papst, von ihm noch keinen Trost empfangen, obgleich er doch bei ihm seine Zuflucht gesucht habe; er macht ihm Vorwürfe, daß durch seine Nachsicht es geschehen, daß jene Könige ihre Heereszüge ausführten, weil er ihren falschen Darlegungen mehr Glauben schenke als der Wahrheit, welche er sage. Durch die Mittheilung, wie die langobardischen Könige den Schutz Karls bespötteln: „Es möge doch kommen Karl, zu dem ihr eure Zuflucht genommen habt; es mögen kommen die Heerschaaren der Franken, und wenn sie es können, dann mögen sie euch helfen und aus unserer Hand reißen", sucht Gregor Karl gegen die Könige einzunehmen, von denen er behauptet, daß sie Lügen schrieben, wenn sie von den Herzögen von Spoleto und Benevent irgend ein Verbrechen angäben. Die Könige verfolgten aus keinem andern Grunde die Herzöge, als deshalb, weil diese im vergangenen Jahre nicht auch ihrerseits wie sie selbst es gethan haben, über den Papst hätten herfallen und das Gut der heiligen Apostel verwüsten und deren Unterthanen berauben wollen, sondern erklärt hätten, sie würden gegen die heilige Kirche Gottes und deren Volk nicht streiten, da sie mit ihm im Bündniß ständen und Schutz von der Kirche empfangen hätten.[3] Gregor versichert Karl, jene Herzöge seien bereit gewesen und noch bereit, den Königen nach altem Brauch zu gehorchen, doch wollten diese nur einen Vorwand haben, jene und ihn zu vernichten, und daher berichteten sie ihm Falsches, um jene erlauchten Herzöge ihrer Stellen zu entsetzen,[4] dagegen ihre eignen schlechten Leute als Herzöge einzusetzen und in viel größerem Maßstabe als heute und von allen Seiten die Kirche Gottes zu bedrängen, das Gut des heiligen Petrus zu zersplittern und sein Volk in die Gefangenschaft zu führen.

Der Papst bittet ferner Karl, er möge, um die wahre Sachlage zu erfahren, wenn die Könige in ihr Land zurückgekehrt seien, einen unbestechlichen Boten, einen seiner Getreuesten, nach Rom senden, damit er mit eignen Augen die Verfolgung des Papstes, die Erniedrigung

---

[1] Das. p. 15: quod modicum remanserat praeterito anno (d. h. 739) pro subsidio et alimento pauperum Christi seu luminariorum concinnacione a partibus Ravennacium, nunc gladio et igni cuncta consumi a Liutprando et Hilprando, regibus Langobardorum. Sed in istis partibus Romanis mittentes plura exercita, similia nobis fecerunt et faciunt, et omnes salas sancti Petri destruxerunt et peculia, quae remanserant, abstulerunt.
[2] Cod. Carol. ep. 2. l. c. p. 17.
[3] Cod. Carol. ep. II. l. c. p. 16 und 17: Non enim pro alio — satisfaciat te veritas, fili — eosdem duces persequitur capitulo nisi pro eo, quod noluerunt praeterito anno de suis partibus super nos iruere et, sicut illi fecerunt, res sanctorum apostolorum destruere et peculiarem populum depraedare; ita dicentes ipsi duces: Quia contra ecclesiam sanctam Dei eiusque populum peculiarem non exercitamus; quoniam et pactum cum eis habemus et ex ipsa ecclesia fidem accepimus. Ideoque mucro eorum desevit contra eos.
[4] Das. p. 17: ut et duces illos nobilissimos degradent; et suos ibidem pravos ordinent duces —.

der Kirche und die trostlose Lage ihres Vermögens sehe und ihm alles berichte. Bei seinem Seelenheile bittet Gregor den Majordomus, er möge der Kirche des heiligen Petrus und dessen Volke zu Hülfe kommen; er möge die Könige mit der möglichsten Schnelligkeit zurückweisen, von ihm zurücktreiben, und ihnen befehlen in ihre Sitze zurückzukehren; er beschwört Karl bei dem lebendigen und wahrhaftigen Gott und den allerheiligsten Schlüsseln vom Grabe des heiligen Petrus, die er ihm als Geschenk gesandt habe,[1]) er möge nicht die Freundschaft der Langobardenkönige der des Apostelfürsten vorziehen; er möge aufs schnellste die Schmerzen des Papstes lindern und ihm erfreuliche Antwort geben. Der Bote Anthät hat den Auftrag, Karl über die Verhältnisse, die er selbst gesehen, und über Mittheilungen des Papstes aufzuklären.[2]) Aller Wahrscheinlichkeit nach beziehen sich diese mündlichen Aufträge auf die Anerbietungen, welche die römischen Großen und der Papst Karl zu machen beabsichtigten. Bisher hatten sie noch das Unterthanenverhältniß zu dem griechischen Kaiser anerkannt; Papst Gregor II. hatte die Römer, als sie von dem Kaiser Leo, dem Bilderstürmer, abfallen und einen eignen Kaiser wählen wollten, ermahnt, von der Liebe und Treue zum römischen Reiche nicht abzufallen, weil dadurch der Zusammenhang Roms mit den noch nicht langobardischen Staaten in Italien und dem Ueberreste des alten römischen Gemeinwesens in Ostrom zerrissen sein würde.[3]) Doch theils die Feindseligkeit der byzantinischen, bilderfeindlichen Kaiser, theils ihre politische Ohnmacht, den bedrängten Römern gegen die Langobarden beizustehen, brachten den Papst und die römische Aristokratie zu dem Beschluß, das nur noch nominell bestehende Unterthanenverhältniß zu den oströmischen Kaisern aufzugeben und dafür auf Karl die Herrschaft über die römische Stadt- und Landgemeinde zu übertragen, wenn er die ihm vorgelegten Bedingungen eingegangen wäre.[4]) Durch einen

[1]) Cod. Carol. ep. 2. l. c. 17: Coniuro te in Deum vivum et verum et ipsas sacratissimas claves confessionis beati Petri, quas vobis ad rogum direximus cf. Waitz, Deutsche Verf.-Gesch. III, p. 78. Gegen die Lesart regnum, welche Bellman l. c. p. 27 gestützt auf Baronius annimmt, vergl. Jaffé Mon. Carol. p. 3, not. 3.

[2]) Cod. Carol. ep. 2. l. c. p. 18. Harum litterarum portitor, Anthát, vester fidelis, quod oculis suis vidit et nos ei iniunximus omnia tuae benignae excellenciae viva voce enarrat.

[3]) cf. Döllinger, Das Kaiserthum Karls des Großen l. c. p. 318.

[4]) Fred. Cont, c. 110. Eo pacto patrato ut a partibus Imperatoris recederet et Romanum consulatum praefato principi Carolo sanciret. Deutlicher sagt dies das Chron. Moiss, p. 291, welches aus einer Ueberarbeitung des Fred. cont. schöpfte: Quo pacto patrato sese populus Romanus relicto imperatore Graecorum et dominatione ad praedicti principis defensionem et invictam suis clementiam convertere cum voluissent, ipse (Karolus) legationem — Romam remisit. Es ist klar, daß unter consulatus dominatio zu verstehen sei, also die Herrschaft, welche die byzantinischen Kaiser aus dem Consulat, dem mit dem imperium stets verbundenen Amte, herleiteten. Es ist also consulatus in dem Begriffe des Alterthums zu nehmen, nach dem den Consuln eine gesetzlich geregelte Einwirkung auf die Leitung der Angelegenheiten des römischen Volkes, zumal die Vertheidigung gegen äußere Feinde oblag.

Jahrb. d. dtsch. Gesch. Brehsig, Karl Martell. 7

schriftlichen Antrag, überbracht durch eine besondere Gesandtschaft, werden die Beschlüsse der römischen Großen und des Papstes Karl mitgetheilt.[1] Noch zählte der byzantinische Kaiser die Stadt Rom und ihr Gebiet zu den achtzehn Exarchaten des Reiches; sie ist ein Glied der „dienstbaren italischen Provinz." Der Exarch von Ravenna hatte den größten Einfluß auf die Papstwahl, die deshalb auch nur einmal zwischen den Jahren 685 bis 752 auf einen Römer, Gregor III. (715—731) fiel, sonst auf Griechen oder Syrer geleitet wurde; die Bestätigung des gewählten Papstes mußte von dem Exarchen von Ravenna unter Verwendung des dortigen Erzbischofs von Clerus und Volk demüthig erbeten werden.[2] Wenn also die Römer den Herrn wechseln wollten[3], eben weil sie von ihm für ihre Leistungen nichts empfingen, er ihnen keinen Schutz gegen die Langobarden gewährte, so ist es selbstverständlich, daß sie Karl dieselben Rechte anboten, welche der byzantinische Kaiser bisher in Rom hatte, vorausgesetzt, daß sie durch ihn wirksame Vertheidigung fänden. Sie gewähren ihm auch auf ihre inneren Angelegenheiten Einwirkung, da sie sich seiner unbesiegten Gnade übergeben wollen. Die römischen Großen und der Papst wollten in ihrer Noth gegen die Langobarden kriegerische Hülfe, daher mußten sie auch weltliche Vortheile anbieten.[4]

Die römische Gesandtschaft trat mit besonderem Glanze auf, wurde von Karl mit großen Ehrenbezeigungen empfangen und mit kostbaren Geschenken nach Rom zurückgeschickt,[5] da eine besondere Gesandtschaft Karls seine Antwort überbringen würde. Die Entscheidung war nämlich für den Majordomus nicht leicht: die Annahme

---

[1] Chron. Moiss. l. c. p. 291. Epistolam quoque et decreta Romanorum principum praedictus papa Gregorius cum legatione etiam munera misit.
[2] Siehe Döllinger l. c. p. 315—316.
[3] Daf. 318. Unvereinbar mit den Worten Cont. Fred. 110: ut a partibus imperatoris recederet, und des Chron. Moiss. l. c. p. 291: relicto imperatore Graecorum et dominatione ist die Meinung, daß die Römer und der Papst von der Unterordnung unter das Imperium zu Constantinopel sich keineswegs hätten lossagen wollen.
[4] Chron. Moiss. l. c. ad praedicti principis defensionem et invictam eius clementiam convertere cum voluissent. Von der Uebertragung des Patriciats an Karl ist in den gleichzeitigen Quellen keine Rede; da aber schon im J. 724 Karl vom Papst Gregor III. in einem Briefe an Bonifaz Patricius genannt wird: Carolo excellentissimo filio nostro patricio Epp. Bonif. n. 25 ed. Jaffé Mon. Mog. p. 86, so kann von einer allgemeinen Schutzherrschaft über die Kirche, wie sie im Patriciat lag, doch nicht im Jahre 730 ein Beschluß der römischen Großen, den eine feierliche Gesandtschaft überbringen soll, veranlaßt werden. Da in den Briefen Gregors nichts von diesem Antrage steht, so ist er sicher später als der zweite Brief, der wahrscheinlich erst im September 740 an Karl gebracht wurde, cf. Beltman p. 34, n. 1 und 35, gemacht worden. Die zweite Gesandtschaft fällt also in den Spätherbst oder Winter 740 oder den Anfang des Jahres 741. Die Cont. Fred. und Chron. Moiss. sind in der Zeitbestimmung dieser Gesandtschaft unzuverlässig.
[5] Cont. Fred. c. 110: Ipse itaque princeps mirifico ac magnifico honore ipsam legationem recepit, munera pretiosa contulit atque cum magnis praemiis cum suis sodalibus — Romam ad limina S. Petri et Pauli destinavit. Genauer ist Chron. Moiss. l. c. ipse vero his omnibus cum gaudio et gratiarum actione repensis ipsam legationem cum magnis muneribus Romam remisit.

der römischen Anträge hätte sicherlich sogleich einen Krieg mit den Langobarden und dem oströmischen Kaiser zugleich zur Folge gehabt, und es war vorauszusehen, daß selbst ein vollkommener Sieg über diese Gegner nur die Quelle von vielen Anforderungen seitens Rom sein würde; andrerseits hatte die Machtstellung in Italien an Stelle des oströmischen Kaisers, die Unterthänigkeit des Bischofs von Rom, der durch die Wirksamkeit seines Apostels Bonifaz unter den deutschen, vom Frankenreiche abhängigen Stämmen gerade damals bedeutendes Ansehn erlangt hatte, für den Hausmeier viel Verlockendes. Er allein konnte jedoch, obgleich er ohne König regierte, nicht entscheiden; er mußte mit seinem Volke über die Annahme einer Politik berathen, welche die Kräfte der Nation für langwierige Verwickelungen und Kriege in Anspruch nehmen würde. Nach der Berathung setzt er in einem Antwortschreiben auseinander, welcher Meinung er sowohl selbst als auch das fränkische Volk in Betreff der römischen Anerbietungen sei, und ließ diese Entscheidung durch eine besondere Gesandtschaft, bestehend aus Grimo, Abt von Corbie bei Amiens und Sigbert, der eine Zelle in der Kirche des heiligen Dionysius bewohnte, nebst vielen Geschenken nach Rom bringen.[1)]

Was das Schreiben enthielt, ob es ablehnende oder unbestimmte Antwort ertheilte, es ist nicht überliefert. Aus dem Schweigen aber, mit dem diese ganze Angelegenheit im Papstbuche übergangen wird, aus der Zurückhaltung des folgenden Papstes Zacharias mit einem ähnlichen Antrage an den Nachfolger Karls läßt sich wohl folgern, daß die Entscheidung der Franken so entschieden ablehnend gewesen sei, daß die Idee, die Herrschaft von dem oströmischen Kaiser auf die Franken und deren Regenten zu übertragen, von den Römern aufgegeben werden mußte. Die Franken waren wenigstens noch zur Zeit des Königs Pippin einem Kriege mit den Langobarden, um den Bischof von Rom zu schützen, so abgeneigt, daß, als Pippin auf die inständigen Bitten Stephans III. den Krieg gegen die Langobarden vorschlug, einige seiner Vornehmen und zwar seine vertrautesten Räthe seinem Willen sich so widersetzten, daß sie offen erklärten, sie würden den König verlassen und noch Hause zurückkehren;[2)] in dieser

---

[1)] Chron. Moiss. l. c. Posthaec elegit viros religiosos ex suis fidelibus Grimonem scilicet Corbiensis monasterii abbatem et Sigbertum, reclusum basilicae S. Dionysii martyris et cum magnis muneribus ad limina beati Petri principis apostolorum misit ac per eos omnia in responsis quae sibi et populo Francorum visa fuerunt, praesuli scriptum remandavit. Die Berathungen zum populo geschahen im Frühling und Herbst des Jahres; zur Zeit Karl Martells bestand noch das Märzfeld als die Hauptversammlung, cf. Waitz, Dtsch. V.-G. III, p. 468 und 469; es ist demnach wahrscheinlich, daß auf dem Märzfelde im Jahre 741 die Antwort auf die römischen Anträge beschlossen sei.

[2)] Einharti vita Karoli Magni c. VI. ed. Jaffé Mon. Carol. p. 514. (Karolus) bellum contra Langobardos suscepit. Quod prius quidem et a patre eius Stephano papa supplicante cum magna difficultate suscepta est. Quia quidam a primoribus Francorum, cum quibus consultare solebat, adeo voluntati eius renisi sunt, ut se regem deserturos domumque redituros libera voce proclamarent. cf. Beltman l. c. p. 32—34.

Zeit aber machten die Verhältnisse im südöstlichen Frankenreiche, veranlaßt durch die noch immer von Narbonne aus drohenden Araber und die Unzuverlässigkeit der kaum besiegten Großen der Provence es zu einer unabweisbaren Nothwendigkeit, mit dem langobardischen Könige und Volke in Frieden und Freundschaft zu leben. Ferner waren im Südwesten des merovingischen Reiches, in Aquitanien, neue Verwicklungen in Aussicht, da Herzog Chunold den Gesandten Karls, Lantfred, Abt von St. Germain in Paris noch gefangen hielt.¹) Unter solchen Verhältnissen konnten weder die Franken noch Karl die römischen Anerbietungen annehmen; das frühere Verhältniß jedoch, welches der Majordomus zu dem Papst gehabt, dauerte fort: er behielt die Würde des Patricius der Römer, die sich die Päpste als Vertreter des römischen Staates, der respublica Romana, seit dem siebenten Jahrhundert zu verleihen ermächtigt hielten, mit der aber keine Uebertragung einer Regierungsgewalt oder eines Richteramtes über den römischen Ducatus verbunden war; der Patricius sollte nur Schutzherr der römischen Respublica in Italien und noch besonders Schirmvogt der römischen Kirche sein.²)

Es ist sehr wahrscheinlich, daß Karl auf demselben Märzfelde, welches sich im Jahre 741 mit der Berathung und Beantwortung der römischen Anträge beschäftigte, auch über seine Nachfolge verhandelt habe. Die Beantwortung der Anfrage des Papstes und der Römer, ob Karl das Consulat zu Rom übernehmen wolle, mußte ganz natürlich auf die Frage leiten, wie die Franken sich zu dem Geschlechte Karls nach seinem Tode verhalten würden: ob ein König gewählt werden sollte, ob einer der Söhne Karls die alleinige Macht des Vaters fortführen oder ob sie unter seine Söhne getheilt werden würde.³)

Karl berieth daher mit den Optimaten des Reiches d. h. mit den Männern verschiedener Stände und Nationalität, Weltlichen und Geistlichen, die sich an seinem Hoflager befanden oder von ihm zur Besetzung der Aemter oder zu einzelnen Dienstleistungen verwandt wurden⁴), wie es mit seiner Nachfolge gehalten werden solle. Sein

---

¹) Vergl. oben S. 75—76.
²) Vergl. v. Döllinger l. c. p. 318—319. Auf dieses Verhältniß weist Karl der Große im Capitulare z. J. 806 de divisione regnorum n. 14. Mon. Germ. legg. II, p. 142 hin: Super omnia autem iubemus atque praecipimus, ut ipsi tres fratres curam et defensionem ecclesiae S. Petri simul suscipiant, sicut quondam ab avo nostro Karolo et beatae memoriae genitore nostro Pippino rege et a nobis postea susceptus est, ut eam cum dei adiutorio ab hostibus defendere nitantur et iustitiam suam quantum ad ipsos pertinet et ratio postulaverit, habere faciant. Pippin erhielt diese Stellung, die weit von einer Herrschaft ist, nach der Salbung durch Papst Stephan, cf. Chron. Moiss. p. 293, vergl. Waitz, D. V.-G. III, p. 79 und 80 und v. Döllinger l. c. p. 366 und Bellmann l. c. p. 37 ff.
³) Cont. Fred. c. 110 wird die Berathung über die Reichstheilung unmittelbar an die Absendung der Gesandtschaft an den Papst geknüpft: igitur memoratus princeps, und in das Todesjahr Karls gesetzt: eo anno.
⁴) Ueber Optimates vergl. Waitz, D. V.-G. II, p. 241, not. 1: 384, 385, 1. und Roth, Benefizialwesen p. 126, not. 55 und 127. Die Angabe in Erchanberti

Einfluß war so groß, daß er das erreichte, was die Politik seines Geschlechtes von jeher gewesen, was aber sein Vater Pippin noch nicht erlangen konnte, nämlich das Merovingerreich zu einem im Geschlechte der Pippiniden erblichen Reiche zu machen. Wie bei einem erblichen Königthum vertheilte Karl das Reich unter seine beiden ehelichen Söhne: es erhielt der Erstgeborne Karlmann die östlichen, vollkommen germanischen Länder, nämlich Austrasien, Schwaben und Thüringen; der zweite Sohn Pippin wurde zum Herrscher in den mehr romanischen Landestheilen, in Neustrien, Burgund und der Provence bestimmt.[1]) Aquitanien und Bayern werden in der Vertheilung nicht aufgezählt; offenbar waren also diese beiden Länder nur Nebenreiche des fränkischen Reiches unter eigenen Herzogen, die nur die Oberhoheit des merovingischen Herrschers oder seines Vertreters anerkannten. In Burgund scheint diese Erbtheilung nicht mit allgemeiner Zufriedenheit aufgenommen worden zu sein, sondern die nur eben unterworfene Partei, unter dem Vorwande, daß sich die Pippiniden die Königsgewalt anmaßten, zu neuer Erhebung sich gerüstet zu haben;[2]) denn Karl ließ seinen Sohn Pippin mit einem neugesammelten Heere nach Burgund ziehen. Dem damals 27jährigen[3]) Sohne gab der Majordomus seinen eigenen Stiefbruder, den Herzog Childebrand, einen wohlerprobten Mann,[4]) als Begleiter; er stattete ihn mit einem großen Hofstaate, bestehend aus Vasallen und zahlreicher Dienerschaft aus, und es gelang Pippin ohne Schwertstreich sein Erbe zu besetzen.[5]) Dagegen brechen in der eignen Familie Karls über die Erbtheilung Mißhelligkeiten aus. Es waren nämlich bei der mit den Optimaten vereinbarten Reichstheilung nur die beiden Söhne aus Karls Ehe mit Chrotrud, Karlomann und Pippin, be-

Breviarium regum Francorum Mon. Germ. SS. II, p. 328 rege petito illoque persuaso nolente tandem consenticute ist erdichtet, da seit 737 bis zum Jahre 743 kein merovingischer König regierte.

[1]) Cont. Fred. c. 110: Igitur memoratus princeps concilio optimatum suorum expetito, filiis suis regna divisit. Itaque primogenito suo, Carlomanno nomine, Auster et Suaviam, quae nunc Alamannia dicitur atque Thoringiam tradidit. Alterum vero secundum filium, Pippinum nomine, Burgundiae, Neuster et Provinciae praefecit. Die Richtigkeit dieser Angaben ergiebt sich aus den öffentlichen Documenten der folgenden Jahre, vergl. Breysig, de cont. Fred. chron. p. 44, und Hahn, Fränk. Jahrb. S. 14.

[2]) Diese Anklagen wurden von den Großen noch oft gegen die Söhne Karls vorgebracht und haben diese zuletzt zur Wahl eines Königs getrieben, cf. Hahn z. J. 743 l. c. 40 ff.

[3]) Vergl. Hahn l. c. p. 3.

[4]) Vergl. oben S. 81 und 87. Childebrand war in Burgund angesessen, gehörte daher zu den Vasallen Pippins, cf. Hahn l. c. p. 7.

[5]) Cont. Fred. c. 110: Eo anno Pippinus dux, commoto exercitu, cum avunculo suo Childebrando duce et multitudine primatum et agmine satellitum plurimorum ad Burgundiam dirigunt, fines regionum praeoccupant. Dafür, daß dieser Zug im Frühjahr, etwa um Ostern gemacht sei, liegt eine Andeutung in dem Cont. Fred. l. c., da sich an obige Erzählung unmittelbar die Angaben schließen: interim quod dici dolor et maeror sollicitat ruinam in sole et luna et stellis nova signa apparuerunt seu et paschalis ordo sacratissimus turbatus fuit. cf. Hahn l. c. p. 15.

rücksichtigt worden, dagegen war der etwa fünfzehnjährige Sohn, den Swanahild, Nichte des Bayernherzogs Odilo, welche Karl im Jahre 725 aus Bayern fortgeführt hatte, ihm geboren, Grifo mit Namen,[1]) leer ausgegangen. Da Karl und Swanahild ihn sehr liebten,[2]) so ist es wahrscheinlich, daß Karl bei der Reichstheilung dem Willen der Optimaten den seinigen untergeordnet habe. Mit Swanahild selbst war Karl sogar in Unfrieden; sehr dunkle, aber sichere Nachrichten theilen mit, daß sie, mit dem pariser Gaugrafen Gairefrid verschworen, den Majordomus auf einige Zeit aus Paris vertrieben, das Kloster S. Denis seiner Einkünfte beraubt und durch Bedrückung der heranziehenden fremden Kaufleute den pariser Handel gestört habe.[3]) Gegen Ende des Jahres 741 waren diese Verhältnisse ausgeglichen; denn als Karl am 17. September d. J. in seiner Pfalz zu Kiersy an der Oise nahe Noyon, eine Schenkung bestätigt, die er kurz vorher zu S. Denis dem Kloster daselbst gemacht hatte, nämlich das Gut Clippiacum (Clichy im Gau von Paris) mit allem Zubehör, so gaben Swanahild und Grifo durch ihre Unterschrift ihre Beistimmung zu dieser Schenkung; Karls Geheimschreiber Chrodegang recognoscirte die Urkunde.[4])

Um welchen Preis diese Einigung zwischen Karl und Swanahilde zu Stande gekommen ist, läßt sich aus den Angaben einer späten Quelle nur vermuthen[5]), nämlich, daß Karl der Ueberredung Swanahilds nachgebend, sicherlich ohne Beirath der Großen, eine neue Vertheilung des Reiches unter seine Söhne, Karlomann, Pippin und Grifo[6]) anordnete, dergemäß letzterer einen Theil Neustriens,

---

[1]) Siehe oben S. 54.
[2]) Siehe daselbst S. 54.
[3]) Diplom des Königs Pippin für S. Denis im Jahre 753, cf. Bouquet l. c. V, p. 700 — quando eiectus est Carolus Swanahildae cupiditate, cf. Hahn, Fränk. Jahrb. p. 17.
[4]) Breq.-Pard. p. II, p. 380, n. 563. Cont. Fred. c. 110: Carolus nempe princeps Parisius basilicam S. Dionysii martyris multis muneribus ditavit veniensque Carisiacum villam Palatii super Isaram fluvium valida febre correptus obiit in pace.
Der Continuator spricht von dem Akt der Schenkung, die Urkunde darüber ist erst in Kiersy ausgestellt. Ueber Kiersy cf. Alf. Jacobs, géographie de Frédégaire et ses continuateurs p. 11, Paris 1859. Chrodegang leitete als Referendarius Karls die wichtigsten Reichsgeschäfte. cf. vita Chrodegangi Pertz M. G. SS. X, p. 557. cf. Paul. Diaconi gesta episc. Mettensium M. G. SS. II, 267. cf. Hahn, Jahrbücher S. 9 und 146, not. 6.
[5]) Annales Mettenses ad a. 741. l. c. p. 327: Karolus — tertio filio Gripponi, quem ex Sonichilde, quam de Baioaria captivam adduxerat, habuit, suadente eadem concubina sua, partem ei in medio principatus sui tribuit, partem videlicet aliquam Neustriae partemque Austriae et Burgundiae. De hac autem tertia portione quam Gripponi adolescenti decessurus princeps tradiderat, Franci valde contristati erant, quod per consilium mulieris improbae fuissent divisi et a legitimis heredibus sejuncti. Der Continuator Fredeg. übergeht diese Theilung und die daraus folgenden Zwistigkeiten in Karls Familie völlig. cf. Hahn, Jahrbücher S. 17 und 18.
[6]) Karl hatte noch drei andere Söhne von Beischläferinnen geringeren Standes als Swanahild: Bernhart, Remigius und Hieronymus. Ueber sie hat schon Hahn, Fränk. Jahrb. S. 7—9 erschöpfende Mittheilungen gemacht.

Austrasiens und Burgunds, also ein Gebiet mitten im Reiche erhalten sollte.

Zu Kiersy wurde Karl von einem heftigen Fieber ergriffen und
starb am 21. Oktober 741 daselbst.[1]) Er wurde in der Kirche zu
S. Denis bei Paris auf der linken Seite des Chors begraben[2]);
seine Gebeine wurden 1264 auf die rechte Seite desselben Chors
hinübergebracht.[3])

Sechsundzwanzig Jahre lang hatte Karl die bedeutendste Einwirkung auf die Ereignisse im merovingischen Reiche gehabt, die
größtentheils in Folge seiner Pläne in kriegerischen Unternehmungen
bestanden. Die Bevölkerung wurde in Folge dessen so an den Kriegs-
zustand gewöhnt, daß als ein besonderes merkwürdiges Ereigniß die
Mönche in ihren kurzen Klosterannalen aufzeichneten, es sei in diesem
oder jenem Jahre kein Kriegszug unternommen worden, die
Franken oder Karl habe geruht. Und doch war Karl kein Eroberer,
kein Politiker, der verwickelte Projekte durchführen wollte, sondern
ein Mann, der nur das erreichbare, durch die Natur der Verhältnisse zunächst gestellte Ziel erstrebte, dies aber mit aller Energie.
Seine unausgesetzt kriegerische Thätigkeit wurde erstens durch seine
Absicht bedingt, die Gewalt seines Vaters Pippin, welche sich dieser
als alleiniger Majordomus im merovingischen Reiche erworben
hatte, sich als ein Erbe der Familie zu erhalten und die Macht des
Königs und der Großen immer mehr zurückzudrängen, ferner durch
die Unternehmungen, welche nöthig waren, um die Länder in Gallien
und Deutschland, die einst in irgend eine Art der Abhängigkeit vom
merovingischen Reiche gekommen waren, wieder in diese Stellung
zu bringen, und endlich durch die Pflicht, die Angriffe des Heidenthums auf den von ihm geleiteten christlichen Staat abzuwehren und
für die Zukunft zu verhindern.

Hervorragend an Lebensalter und an Talent vor den anderen

---

[1]) Ann. Nazar. ad a. 741. Karlus mortuus est cf. ann. Mosell. Karlus obiit;
Lauresh. Alam; Ann. Til. ad a. 741. Karlus defunctus. Ann. S. Amand.: Karlus
dux Francorum mortuus est Idibus Octobris. cf. ann. Pet. Dieser Angabe
des Todestages widerspricht Cont. Fred. c. 110: transiit itaque undecimo Cal.
Novembris sepultusque est Parisius in basilica St. Dionysii. Da die Chronik
in diesem Theile ihrer Fortsetzung von Karls Halbbruder Childebrand aufs
sorgfältigste besorgt ist, cf. meine Abhandlung de cont. Fred. chron. p. 36, so
ist anzunehmen, daß hier der Todestag Karls richtig angegeben sei. Ueber die
mögliche Ausgleichung der Angaben in den Annalen und des Chronisten, welche
Cointius Annal. eccles. tom. V, p. 14 versucht, daß nämlich Karl am 15. Oct.
gestorben, am 21. zu S. Denis begraben sei, kann erst durch eine Revision des
Textes, welche feststellt, ob sepultus oder sepultusque zu lesen sei, entschieden
werden. cf. Breysig l. c. p. 40.

[2]) Abbreviatio chronicae, genealogiae et historiae regum Francorum nach
einem Codex des 12. Jahrh. herausgegeben von Waitz, Archiv f. ält. dtsch.
Geschichtskde. XI, p. 287. ann. dom. 741: obiit Karolus Martellus princeps sepultus in basilica St. Dionysii sinistra manu.

[3]) Chronicon breve eccl. S. Dionysii auct. illius abbatiae monacho Bene-
dictino in d'Achery Spicileg. tom. II, p. 496 ed. II. (beginnt mit dem J. 986
und endet 1292) sagt zum Jahre 1264: Translati sunt reges in dextro choro
scl. Ludovicus rex filius Dagoberti, Carolus Martellus rex.

männlichen Nachkommen Pippins tritt Karl zuerst als Verfechter seiner persönlichen Rechte seinen Verwandten, für die Plektrud, die Wittwe seines Vaters eintritt, gegenüber; dadurch wird bis zum Jahr 717 Austrasien der Tummelplatz der Parteien unter den Pippiniden. Nach dem Siege über seine Familie ergab sich für Karl als nächste Aufgabe, die Majordomusgewalt in der Ausdehnung, wie sie sein Vater gehabt, wiederherzustellen und sich in ihr zu behaupten, also vor allem die provinzielle Opposition der Neustrier zu brechen, den Führer des Widerstandes, den Majordomus Raganfred nebst seinem Verbündeten, dem Aquitanenfürsten Eudo, zu besiegen. Mit Hülfe der Anhänger Pippins, Männern von Geburtsadel und Bedeutung durch Amt und Persönlichkeit, errang Karl in den Schlachten bei Vincy und Soissons den Sieg, der ihm Paris öffnete, den König Chilperich aus dem Lande trieb. Karl aber suchte selbst in dieser mächtigen Stellung den Frieden, nicht den Krieg. Durch Verhandlungen gelangte Karl in Besitz der Person des Königs, so daß er im Jahre 723 nicht nur die Stellung, die sein Vater Pippin sterbend besaß, nämlich als alleiniger Majordomus im merovingischen Reiche, dessen König er nach seinem Willen leitete, zu herrschen, einnahm, sondern auch in diesem Amte eine viel stärkere Gewalt zumal in Neustrien ausübte.

Um dieselbe Anerkennung in den Nebenreichen, in Alamanien, Bayern, Theilen von Friesland, Sachsen und Thüringen zu erlangen; um wieder das Uebergewicht der Franken über die deutschen Stämme durchzusetzen, welche durch die Anstrengungen Chlodwigs und seiner nächsten Nachfolger in eine, wenn auch immerhin lose Abhängigkeit gekommen waren: um die Stellung des merovingischen Staates in Aquitanien und Burgund wieder zu dem alten Ansehen zu bringen: dazu waren die kriegerischen Unternehmungen der Jahre 724—739 nothwendig. Durch die Siege in den einzelnen Staaten wuchs Karls Macht auch in dem austrasischen und neustrischen Frankenreiche so gewaltig, daß er im Jahre 737 nach dem Tode des Königs Theoderich nicht mehr in einem Schattenkönige die bildliche Repräsentation der königlichen Gewalt, die er selbst ausübte, nöthig hatte; er regierte bis zu seinem Tode 741 ohne König und theilte dann das merovingische Reich mit Ausnahme von Bayern und Aquitanien seinen Söhnen wie ein erblicher König zu. Welchen bedeutenden Schritt hatte Karl in der Ausübung der höchsten Gewalt gemacht! Und nicht mit Grausamkeit und leidenschaftlichen Verfolgungseifer wird Karl Herr seiner Gegner; meistens schließen Verträge wie mit Plektrud, Raganfred, Eudo und König Chilperich die begonnenen Kämpfe, und überall baut er dem Feinde eine goldene Brücke des Rückzuges. In den revolutionären Zeiten von 715—724 scheint Karl ein Feind der Geistlichkeit, doch näher betrachtet, ist er nur der Feind der einzelnen Geistlichen, die sich seinen Gegnern, sei es dem neustrischen Majordomus, sei es den merovingischen Königen anschlossen; solche Männer entfernt er von ihren Abteien und Bisthümern und setzt, wenn er nicht würdige Geistliche findet, wie Hugo, seinen Stiefneffen, und Benignus, an ihre Stelle auch Kriegsleute, die wie Milo und Wido nur dem Namen nach Geistliche, in der That aber die politischen Stützen Karls in den Bisthümern waren. Das Kirchengut ist wie von ihm systematisch den Stiftungen entzogen worden, wenn auch einzelne Güter unter den Gewaltthätigkeiten der von Karl eingesetzten Aebte und Bischöfe den Kirchen, vielleicht sogar mit Connivenz Karls entfremdet wurden. Denn gerade weniger als in den andern Theilen des merovingischen Reiches ist eine organisatorische Thätigkeit in der Zeit Karl Martells in Auster und Neustrien zu merken; wir kennen wenigstens für diese Länder keine allgemeine Anordnung über Gesetzgebung und Verwaltung aus dieser Zeit, während in Alamannien, in Bayern, in Friesland und Burgund Karls Antheil an der Gesetzgebung und Verwaltungsordnung nachweisbar ist. Deutlicher tritt noch in Behandlung der dogmatischen Fragen Karls verschiedene Politik in Auster und Neustrien einerseits und den ostrheinischen Staaten andrerseits hervor; denn während er in den letztgenannten Ländern Bonifaz unterstützte, die römisch-katholische Doktrin durchzuführen, gestattete er, daß in Neustrien wie in Auster die Lehren des schwärmerischen und betrügerischen Aldebert, so wie des Gegners des römisch-katholischen Cultus, des Schotten Clemens, ungestört gepredigt wurden.[1]) Ihm war die Ausbreitung des Christenthums ein Weg für seine politische Macht, aber zugleich war er auch von dem welthistorischen Werthe desselben erfüllt. Diese Erkenntniß führte ihn zu den Thaten, die seinen Ruhm für immer begründet, ihm einen Platz unter den Männern geschaffen, denen noch die jetzige Welt die bisher gewonnene Entwickelung der europäischen Cultur zu verdanken hat. Als der letzte Hort des Christenthums im westlichen Europa, zwischen dem Vordringen des germanischen Heidenthums der Friesen und Sachsen und dem mächtigen Heranfluthen der fanatischen Verbreiter der Lehre Muhammeds trat Karl beiden mächtigen Gegnern siegreich entgegen; in den Schlachten bei Poitiers und am Flüßchen Berre gebot er dem riesigen Reiche der ommijadischen Kalifen, das im Osten Europas schon öfters an die Thore Konstantinopels klopfte, ein unüberwindliches Halt. Es gelang ihm dies nur durch die Vereinigung des gesammten Heerbannes der christlichen Völker nördlich von den Pyrenäen, der Europenses, wie sie der spanische Isidorus nennt; und hiermit hat Karl den ersten Schritt zur Bildung militärisch-religiöser Genossenschaften christlicher Völker zur Bekämpfung des Heidenthums gethan.

Hatte Karl durch die Wiederherstellung des merovingischen Reiches unter einer starken Gewalt die welthistorische Stellung des fränkischen Reiches, wie sie seit Chlodwig allmählig gewonnen, durch die Familienzwistigkeiten der Merovinger aber verloren worden, sich ein bleibendes Verdienst um die Entwickelung der europäischen Staatenfamilien erworben; hatte Karl durch seine Siege über die Muhammedaner und Sachsen das Christenthum vor den größten Gefahren

---

[1]) Vergl. Hahn, Fränkisch. Jahrb. p. 68—73.

geschützt: so rettete er auch durch diese beiden Thaten die Bildungsstufe, welche, durch Verflößung der römischen Welt mit dem Germanenthum entstanden, sich fähig zeigte, die im Occident gewonnenen Resultate der menschlichen Geistesarbeit weiter zu entwickeln, vor dem die Vergangenheit vernichtenden arabischen Wesen, vor dem die bestehende, auf dem Christenthum beruhende Bildung verachtenden und zerstörenden germanischen Heidenthum der Sachsen. Karls Siege haben die Frage, über die schon auf den catalaunischen Feldern in Gallien zwischen den hunnisch=germanisch heidnischen und den römisch=germanisch christlichen Völkerbündnissen der erbitterste Kampf geführt wurde, zum zweitenmal zu Gunsten der bestehenden Cultur und des Christenthums entschieden, und nimmer sind diese höchsten Güter der Menschen im Westen Europas wieder in Frage gestellt worden. Franzosen sowie Deutsche haben Karl Martell zu ihren verdienstvollsten Helden zu rechnen.

Excurse.

Excurs I.

Ueber die Zuverlässigkeit der Annalen und Chroniken für die Geschichte der Jahre 714—741.

Die Aufzeichnungen, aus denen die Geschichte der Jahre 714—741 zu entnehmen ist, werden hauptsächlich in sehr wenigen, wortkargen Annalen und Chroniken, in dem Leben einiger Heiligen, den Briefen des Bonifaz, der Päpste Gregor II. und III. nebst einigen Diplomen gefunden. Fast alle Quellen dieses Zeitraums sind in der unvollkommensten Darstellungsweise, dem fehlerhaftesten Latein geschrieben; sie sind in ihren chronologischen Angaben vielfach lückenhaft und schwankend. Was Fredegar als Charakteristik seines Zeitalters in Beziehung auf die literarischen Leistungen angiebt: es stehe im Greisenalter der Welt, daher habe die Schärfe des Geistes nachgelassen; dazu geben die Quellen für diesen Zeitabschnitt der fränkischen Reichsgeschichte die schlagendsten Beweise.

Die Glaubwürdigkeit der Thatsachen kann nur durch die Uebereinstimmung mehrerer, von einander unabhängiger Aufzeichnungen, die der Zeit nach den Ereignissen nahe stehen, gefunden werden. Für den betreffenden Zeitabschnitt finden wir in den alten annalistischen Aufzeichnungen, welche einerseits für die Annalen belgischer Klöster, anderseits für die Angaben, welche zu den Ostertafeln in elsässischen und an der oberen Mosel gelegenen Klöstern gemacht sind, die Quelle bilden, die festesten Anhaltepunkte für die Ereignisse und deren Chronologie. Auf diese Annalengruppen hat der Herausgeber der Monumenta Germaniae historica, Pertz, zuerst aufmerksam gemacht; er hat die ältesten Annalen der Franken, die sich auf das belgische Kloster des heiligen Amandus zu Elnon im Hennegau als ihren Ursprungsort zurückführen lassen, in den Monumentis Germ. SS. I, p. 6 ff. unter dem Namen Annales S. Amandi, Tiliani, Laubacenses mitgetheilt und ist der Meinung, daß sie bis zum Jahre 741 auf gleichzeitigen Aufzeichnungen beruhen cf. Mon. Germ. l. c. p. 4.

Als eine zweite Familie zusammengehöriger Annalen bezeichnet Pertz Mon. Germ. SS. I. p. 19 ff. diejenigen, welche seiner Meinung nach sich auf die verlornen Jahrbücher des elsässischen Klosters Murbach als ihre gemeinschaftliche Quelle beziehen; er rechnet dazu die Annales Laureshamenses, Guelferbytani und Nazariani; auch sie gehen in ihrem ersten Theile bis zum Jahre 741.

Die neuesten Untersuchungen über die Entstehungsweise dieser Annalengruppen, dargelegt von W. von Giesebrecht in der akademischen Abhandlung, Münchner historisches Jahrbuch für 1865 p. 224—227, von L. Th. Heigel, über die aus den ältesten Murbacher Annalen abgeleiteten Quellen, in Forschungen zur Deutschen Geschichte, Band V. p. 399—403, Göttingen 1865, und von

Wattenbach in Deutschlands Geschichtsquellen im Mittelalter, 2. Auflage, Berlin 1866, p. 99—104, haben die Resultate, zu denen Pertz gelangt ist, vielfach modifizirt. Sowohl Giesebrecht als Wattenbach kommen darüber überein, daß den jetzt vorliegenden Ann. S. Amandi ältere Aufzeichnungen zu Grunde liegen, die bis 771 reichten, in das Amandusklofter zu Elnon gebracht und daselbst etwas umgearbeitet und fortgesetzt wurden cf. Giesebrecht l. c. p. 225. Wattenbach l. c. p. 99—100; darüber aber, wo jene ältesten Aufzeichnungen geschehen seien, gehen beide weit auseinander. Giesebrecht l. c. p. 225 glaubt ihren Ursprung den Schottenmönchen im Kloster des S. Martin in Köln, Wattenbach l. c. p. 101 einem Mitgliede der Hofgeistlichkeit zuweisen zu können. Wie dem auch sei, es steht fest, daß wir in den Annalen von S. Amand die ältesten fränkischen Angaben besitzen, die für die Ereignisse der Jahre 714—741 und deren Chronologie grundlegend sind.

Pertz bezeichnet als zu derselben Gruppe gehörig, d. h. auf gemeinschaftlicher Quelle beruhend, die Ann. Tiliani und Laubacenses. Die ersteren werden von Giesebrecht l. c. p. 225 not. 47 und von Wattenbach l. c. p. 99 not. 1. in ihrem ersten Theile von 708—737 eine bloße Copie der Ann. S. Amandi genannt.

Diese Ansicht kann ich jedoch nicht theilen, da meines Erachtens dasjenige Schriftstück nicht eine Copie genannt werden kann, welches das angebliche Original um wesentliche Angaben verkürzt. Es haben nämlich:

Ann. Tiliani 708 quando Drogo mortuus est
Ann. S. Amandi 708 quando Drogo mortuus est in vernali tempore
Ann. Tiliani 709, 710, Pippinus pugnavit in Suavis
Ann. S. Amandi quando Pippinus perexit in Suavis contra Vilario
Ann. Tiliani 714: depositio Grimoldi et — —
Ann. S. Amandi: depositio Grimoaldo in mense Aprili et —
Ann. Tiliani 716: Ratbodus venit ad Coloniam
Ann. S. Amandi: quando Ratbodus venit in Colonia mense Martio.

Zum Jahre 717 fügen die S. Amandi zu den Aufzeichnungen der Tiliani in Vinciaco media quadragesima, die dominica, zum Jahre 730 ad Suavos, zum Jahre 732: in mense Octobri hinzu. Zum Jahre 734 haben die S. Amandi allein: iterum Karlus venit cum exercitu in Westragou und lassen zum Jahre 729 die Bemerkung der Tiliani Karolus voluit pergere in Saxonia aus.

Die Ann. S. Amandi vermehren die Angaben der Ann. Tiliani um wichtige Nachrichten, den Ort, Zeit und Personen betreffend, daher glaube ich in den Tilianis vielmehr die Quelle als eine Abschrift der S. Amandi zu erkennen. Letztere haben eine zwiefache Erweiterung erlitten, einmal durch einen der Verhältnisse der Hausmeier kundigen Mann, wie die oben angeführten Beispiele zeigen, außerdem durch einen den Ereignissen sehr fernstehenden Schreiber, der die beiden falschen Angaben 691 indem Pippinus in Textriaco ubi superavit Francos 702 obitus Hildeberti regis zufügte.

Es stehen daher die Tiliani den ursprünglichen Aufzeichnungen noch näher als die Ann. S. Amandi und sind als selbständige Quelle für die Ereignisse des Zeitraums von 708—737 zu betrachten.

Zu derselben Gruppe rechnet Pertz, Mon. Germ. I. p. 4 und p. 7 die Ann. Laubacenses; sie geben weniger Nachrichten als die Ann. Tiliani und S. Amandi, stimmen im Ausdruck mehr mit den letzteren als ersteren überein, vergl. zu den Jahren 717, 725, 730, 737.

Die falsche Chronologie bei den Angaben des Todes Grimoalds und Pippins zum Jahre 711 und 712 sind sehr auffällig; die den Ann. Laubacenses eigen angehörige Notiz zum Jahre 717 Leo imperator ist falsch, da Leo erst 719 Kaiser wurde.

Die Aufzeichnung zum Jahre 687 Pipinus primus regnum coepit weist auf eine Kenntniß eines anderen Pippin hin; es sind demnach diese Jahrbücher für die Geschichte Karl Martells von keinem Werthe. Daß in ihnen Verschiedenartiges verarbeitet sei und bis zum Jahre 791 mit den Ann. S. Amandi zusammenhängen, haben Giesebrecht l. c. p. 225 not. 47 und Wattenbach l. c. p. 99 not. 1 bemerkt.

Aus der zweiten Gruppe, welche Pertz Mon. Germ. l. p. 19 nach ihrer gemeinschaftlichen Quelle, den verlornen Murbacher Annalen, zusammengestellt hat, nämlich den Annales Laureshamenses, Alamannici, Guelferbytani, Nazariani müssen die Laureshamenses ausscheiden, da Giesebrecht l. c. p. 226 nachgewiesen hat, daß sie mit dem Kloster Murbach durchaus in keinem Zusammenhange stehen, sondern bis zum Jahre 785 auf alten alamannischen[1] Aufzeichnungen und deren Fortsetzungen im Kloster Gorze bei Metz beruhen. Die übrigen obengenannten Annalen haben aber in den verlornen Murbacher Aufzeichnungen ihre gemeinschaftliche Quelle, die in den Ann. Guelferbytanis bis zum Jahre 790 im Wesentlichen rein und unvermischt wiedergegeben wird, cf. Heigel l. c. p. 399 ff. Da die Ann. Guelf. erst mit dem Jahre 740 beginnen, so ist aus ihnen für die Geschichte Karls nichts zu schöpfen. Von großem Werthe sind dagegen als Quelle die Ann. Nazariani, welche mit dem Jahre 708 beginnen und mit 790 enden. Sie beruhen bis zum Jahre 741 ausschließlich auf den alten uns verlornen alamannischen Annalen, die uns in den von Lappenberg in Petersburg entdeckten Ann. Mosellanis cf. Mon. Germ. SS. XVI. p. 491—499 in größter Reinheit erhalten sind; cf. Th. Heigel l. c. p. 402, Giesebrecht l. c. p. 225—226 und Wattenbach l. c. p. 101—103. Da nun die Ann. Naz. erst mit dem Jahre 742 die Murbacher Annalen, wie sie in den Guelferbytanis vorliegen, benutzen, so sind die Angaben der Ann. Naz. bis zu dem Jahre 741 den Ereignissen gleichzeitig zu erachten, wenn auch das ganze bis zum Jahre 790 reichende Jahrbuch erst in diesem Jahre in einem thüringischen oder hessischen Kloster abgefaßt ist. Vergl. Th. Heigel l. c. p. 403.

Die von Pertz der Murbacher Gruppe noch ferner zugetheilten Ann. Alamannici sind in S. Gallen im Jahre 799 entstanden, vergl. Heigel l. c. p. 403; sie verarbeiten die ältesten Murbacher Annalen bis 790 unter Hinzuziehung der Ann. Laureshamenses; sie sind also für die Geschichte Karls von keinem Werth. Die Ann. Laureshamenses Mon. Germ. SS. 19 ff. entstanden durch die Fortführung und Umarbeitung der alamannischen Aufzeichnungen, wie Giesebrecht l. c. p. 226 meint, nachdem sie im Kloster Gorze bis zum Jahre 777 umgestaltet waren, in dem diesem benachbarten Kloster Lorsch, oder wie Wattenbach l. c. p. 102 glaubt, durch die von ihm als Metzer Aufzeichnungen bezeichneten Annalen cf. l. p. durch einen Kleriker im Gefolge eines Bischofs von Metz. Für die Zeit bis 741 schließen sich die Ann. Laureshamenses sehr genau an die in den Ann. Nazariani uns überlieferten alten Aufzeichnungen an und haben durchaus keine Verbindung mit den Annalen der belgischen Gruppe, nämlich den Ann. Tiliani und S. Amandi. Es scheint mir daher die Ansicht Wattenbachs von der Entstehung der Ann. Laureshamenses die richtige zu sein; denn beruhten sie auf einer Fortsetzung und Umarbeitung der alten Aufzeichnungen, wie sie bis zum Jahre 777 in Gorze gemacht war, so würde auch in ihrem ersten Theile eine Verbindung mit den belgischen Annalen hervortreten, wie dies in der in Gorze etwa um das Jahr 760 gemachten Compilation, die unter dem Namen Ann. Petaviani Mon. Germ. SS. p. 6 ff. bekannt ist, sichtbar ist. cf. Giesebrecht l. c. p. 225 not. 50. Diese Jahrbücher verbinden schon in dem ersten Theile bis zum Jahre 771 die alten belgischen Aufzeichnungen, wie sie uns in den Ann. Tiliani (denn zum Jahre 729 haben die Petaviani die Notiz, welche die Til. allein haben: voluit Karolus pergere in Saxoniam) und den Ann. S. Amandi vorliegen, mit den ebenfalls alten Aufzeichnungen, die ihren Ursprung entweder in Alamannien cf. Giesebrecht l. c. p. 225 und Th. Heigel l. c. p. 402 oder in Metz, cf. Wattenbach l. c. p. 101 genommen haben und jetzt in der reinsten Gestalt uns in den von ihnen abgeleiteten Ann. Mosellani und Naz. erhalten sind, cf. Th. Heigel l. c. p. 402.

Es ist daher einerseits die belgische Gruppe, d. h. die Ann. Tiliani und S. Amandi, andererseits die alamannische, resp. Metzer Gruppe d. h. die Ann. Nazariani, Mosellani und Laureshamenses, da eine jede am reinsten und frühesten die ältesten uns verlornen Aufzeichnungen, welche unabhängig von einander

---

[1]) Wattenbach l. c. p. 102 zweifelt an dem alamannischen Ursprunge; er vermuthet in ihnen Metzer Annal'n.

sich gegenseitig ergänzen und controliren, wiedergeben, für die Kritik der Jahre 714—741 maßgebend.

Als die früheste aus beiden Gruppen compilirte Darstellung haben auch die Ann. Petaviani einigen Werth; die übrigen Annalen jedoch sind nur Ableitungen aus den genannten cf. Wattenbach l. c. p. 99—104 Anmerkungen und sind nur in lokalen Notizen als selbständige Quelle heranzuziehen, wie z. B. Ann. Besuenses Mon. Germ. SS. II, p. 248, die ihre Angaben aus den Ann. Alamannicis und Augiensibus entnehmen, zum Jahre 731 die Zerstörung des Klosters und die Verwüstung von Autun durch die Araber mittheilen.

Die ersten zusammenhängenden Ueberlieferungen über die Zeit Karl Martells sind uns in den Thatsachen der gleichzeitigen Chroniken der Gesta regum Francorum (gewöhnlich in den Citaten Gesta Francorum genannt) vel historia Francorum herausgegeben in Bouquet Receuil des historiens des Gaules et de la France tom. II, p. 542 ff. und die ersten drei Fortsetzungen der Chronik des Fredegrius Scholasticus in Bouquet l. c. tom II, p. 449 ff.

Die Gesta Francorum sind von einem Neustrier, wahrscheinlich in Rouen, (cf. E. Cauer, de Karolo Martello, Berol. 1846, p. 14, 15, 27) im Jahre 726 geschrieben; denn die Lesart der besten Codices, nämlich des codex Crassier, jetzt der Pariser Bibliothek suppl. Latin. n. 125 und des Codex Bernensis n. 599: Theodericum regem super se statuunt, qui usque nunc anno sexto in regno subsistit beweist dies Theoderich IV. wurde aber im Jahre 720 König: siehe oben S. 38.

Der erste Theil der Gesta Franc. enthält viele Erdichtungen; z. B. führt der Verfasser die fabelhafte Abstammung der Franken von den Trojanern weiter aus, erdichtet einen Stammbaum der merovingischen Könige und den König Faramund; überhaupt beweist der Chronist durch sein Bestreben, den Ruhm des merovingischen Königsgeschlechtes durch das Alter seiner Abstammung zu vermehren und dasselbe im Gedächtniß der Leser zu erhalten, die bedeutende Zuneigung, die er zu der alten Königsfamilie hat. Dadurch, daß der Verf. der Gesta bei der Darstellung der Ereignisse, die er aus der Geschichte Gregors von Tours excerpirt, nur die Thaten der Könige von Neustrien anführt, die Angelegenheiten Austers und Burgunds, wenn sie nicht mit den neustrischen in Verbindung stehen, mit keinem Worte erwähnt, erweist er sich als ein Neustrier.

Die Quellen seiner Geschichte von dem Jahre 581 ab sind uns unbekannt; er hat die Bücher, welche uns jetzt als Hauptquellen dieses Abschnittes dienen, nämlich die vier letzten Bücher Gregors von Tours und die Chronik Fredegars, die bis 641 reicht, nicht gekannt, denn weder die Reihenfolge der in diesen Chroniken angegebenen Thatsachen findet sich bei ihm wieder, noch läßt auch irgend ein gleiches Wort einen Zusammenhang mit den angegebenen Werken vermuthen. In Capitel 44 Bouquet l. c. p. 569 ff., sagt der Verfasser, er habe die Werke vieler Schriftsteller gelesen; wir erkennen ihm für diese Zeit keinen nachweisen, dem er gefolgt wäre. Je näher aber der Chronist den Ereignissen seiner Zeit kommt, desto kürzer wird er; aber auch hier ist ihm seine Quelle nachzuweisen, er hat selbst mit den genuinen Annalen dieser Jahre keinen Zusammenhang. Seine Zeitbestimmungen sind bis zur Zeit des älteren Pippin ungenau, dann aber sehr bestimmt, so daß es wahrscheinlich wird, es sei der Chronist mit den Ereignissen seit 685 gleichzeitig gewesen. cf. Cauer l. c. p. 25.

Sein Werk war für die Zeit Karl Martells den Historikern des achten Jahrhunderts die hauptsächlichste und zuverlässigste Quelle. Zuerst benutzte den ersten Fortsetzer Fredegars, der am 1. Januar 736 seine Chronik im jetzigen Capitel 109 Bouquet l. c. p. 445 mit den Worten regnum Francorum schloß, die Gesta als eine Quelle. Ein anderer Fortsetzer schrieb selbständig die Ereignisse bis zum Tode Karls im Jahre 741. Er endete mit den Worten Dionysii martyris in c. 110. Bouquet l. c. p. 458 vergl. meine Abhandlung De continuato Fredegarii Scholastici chronico Berol. 1849 über die Verfasser der einzelnen Fortsetzungen. Mit meinen dort ausgesprochenen Ansichten stimmt überein Otto Abel, in der Einleitung zur Uebersetzung der Jahrbücher Einhards, Berlin 1850 p. 11 und 12; ebenso Wattenbach, Deutschlands Geschichtsquellen 1866, p. 90 und 91. Durch eine mündliche Mittheilung des Dr. Bethmann, der mit der Herausgabe Fredegars und seiner Fortsetzer für die Mon. Germ. hist. beauftragt war, ist mir bekannt, daß die ihm vorgelegenen Codices keine Aenderungen veranlassen würden.

Daß dieser erste Fortsetzer ein Austrasier gewesen, wie er mit besonderem Interesse für das Pippinsche Geschlecht zu den Gestis Francorum Zusätze macht, oder sie verändert, wie er dagegen die merovingische Dynastie und neustrische Angelegenheiten übergeht, überhaupt nähere Beziehungen zu der Familie Karl Martells nicht verkennen läßt, habe ich in obengenannter Abhandlung p. 7—35 nachgewiesen und dadurch die Ansicht Cauers l. c. p. 24, daß der Fortsetzer die Gesta Franc. nicht verbessert, sondern nur corrumpirt habe, und daß die erste Fortsetzung Fredegars als Quelle nicht in Betracht zu ziehen sei, unter Nachweis, was irrthümlich verändert sei, zurückgewiesen. Mit meiner Meinung stimmt auch die Ansicht Otto Abels l. c. p. 12 überein.

Die zweite Fortsetzung, die von der Mitte des Cap. 109 bis Ende des Cap. 110 geht, mit dem Tode Karls schließt, cf. meine Abhandlung de cont. Fredeg. chron. p. 35—46, ist kurz nachher geschrieben. Der Verfasser ist ein austrasischer Geistlicher, den Childebrand, der Stiefbruder Karls, zur Aufzeichnung der Begebenheiten veranlaßte, cf. meine Abhandlung p. 36; Otto Abel l. c. p. 11.

Die Gründe, welche H. Habn im Archiv der Gesellsch. f. ält. dtsch. Geschichtskde., herausgegeben von Pertz, Band XI, p. 805—840, dafür aufstellt, daß die sämmtlichen Fortsetzungen von einem Fortsetzer herrühren, der also nach 768 geschrieben haben müsse, sind nicht überzeugend, wenn es auch möglich ist, daß der letzte Continuator die verschiedenen Fortsetzungen zu einem Werke verbunden habe, cf. meine Abhandlung p. 70 und 71. Auch Wattenbach nennt die Gründe Habns ungenügend, cf. Deutschlands Geschichtsquellen im Mittelalter 1866, p. 90.

Wir besitzen also in dieser Fortsetzung Fredegars die wichtigste und ausführlichste Quelle für die Zeit Karl Martells in den Jahren 736—741.

Durch die Fortsetzungen Fredegars wurden bald die Gesta Francorum verdrängt; schon im Jahre 786 etwa benutzte der Verfasser der Annales Laurissenses minores Mon. Germ. SS. p. 114—115, die Fortsetzung Fredegars bis zum Jahre 741, hat die Chronologie aber ganz willkürlich dazu gesetzt, und die Annalen sind daher als Quelle von keinem Werthe. Von diesen Annalen sind wiederum die Ann. Fuldenses M. G. I, 337 ff., etwa 829 verfaßt, abhängig. Aus den Continuatoren entnehmen auch die Ann. Laureshamenses, die bis zum Jahre 788 reichen und die offiziellen Aufzeichnungen fortsetzen, ihre Notizen; sie sind also auch für die Geschichte Karl Martells nicht als selbständige Quelle anzuführen.

Die anderen Annalen haben nur hin und wieder für einzelne lokale Verhältnisse in einzelnen Angaben Werth.

Von besonderer Wichtigkeit sind für die Geschichte der Jahre 714—741 das Chronicon Moissacense, das bis 818 reicht, cf. Mon. Germ. SS. I, p. 280 ff., die Gesta abbatum Fontanellensium Mon. G. SS. II, p. 270 ff., die 833 geschrieben sind, auch die Ann. Mettenses M. G. SS. I, 314 ff., die im 10. Jahrhundert verfaßt sind, cf. Bonnell, Anfänge des karolingischen Hauses, Excurs VII. Die Chronik von Moissac benutzt in dem Theile, der sich auf die Jahre 714—741 bezieht M. G. I, l. c. p. 290—292, als Quelle die Gesta Francorum und zwar in den Lesarten der ältesten Handschrift codex Parisiensis Suppl. Lat. N. 125 und folgt ihr meistens wörtlich. Nach dem Jahre 726, mit dem die Gesta Franc. schließen, folgt sie den Ann. Laureshamenses.

Die drei ältesten Fortsetzer der Chronik Fredegars hat der Verfasser der Chronik nicht gekannt — die Erzählung zum Jahre 732 ist ganz selbständig — sondern erst den vierten Fortsetzer, der vom Jahre 741 seine Geschichte beginnt. Was nämlich der Chronist über die Gesandtschaft des Papstes Gregor III. l. c. p. 291 sagt, weist auf eine Ueberarbeitung des Continuators hin, die auch dem Verfasser der Gesta abbat. Fontanell. und dem Annalisten zu Metz, dem Verfasser der Ann. Vedastini in dem codex Duacensis mss. n. 753 fol. 77, vorgelegen hat. cf. Dorr, de bellis Francorum cum Arabibus gestis usq. ad obitum Karoli Magni Regimonti Pr. 1861, additamentum I.

Excurs I.

Die Gesta abb. Fontanellensium enthalten vieles aus der Geschichte des Klosters, glaubwürdige Nachrichten, da sie aus den Urkunden der Kirche geschöpft sind, weniges aus der allgemeinen Zeitgeschichte der Jahre 714—731; nur zum Jahre 732, 737, 739, 741 und 750 geben sie ausführlichere Aufzeichnungen cf. M. G. II, p. 282—289. Der Zusammenhang mit der Fortsetzung Fredegars ist unverkennbar, doch sind die Berichte der Gesta nicht immer wörtlich abgeschrieben, sondern weisen auf eine Quelle hin, die den Gestis und den Ann. Mett. gemeinschaftlich ist und wohl durch Umarbeitung des Cont. Fredeg. entstanden sein mag. So stimmen z. B. zum Jahre 732 die Gest. abb. Font. cap. 9. mit den Ann. Mett. bis ad propria revertitur wörtlich überein, nur corum und cum triumpho sind ausgelassen, und die Stelle hat Zusammenhang mit Cont. Fredeg. c. 108; ebenso verhält es sich mit den Angaben zu den Jahren 737, 739 und 741, in welchen die Worte acqua lance divisit, die nicht im Cont. Fredeg. stehen, die gemeinsame Quelle deutlich merken lassen. Im Jahre 750 wiederholen die Ann. Mettenses die in den Gestis abb. Font. gegebenen Nachrichten von der Erhebung Pippins zum Könige auf den Rath des Papstes Zacharias und seine Salbung durch Bonifaz, die im Cont. Fredeg. nicht erwähnt wird, wörtlich; es scheint mir demnach, daß beiden Verfassern eine Ueberarbeitung des Cont. Fredeg. vorgelegen habe, aus der der Verfasser der Ann. Mettenses wörtlich abschreibt, der Verfasser der Gest. abb. Fontanellensium aber nur die Stellen entnommen hat, die ihm für den Zusammenhang seiner Klostergeschichte mit der allgemeinen Reichsgeschichte passend erschienen. Die Gesta abb. Font. selbst sind von dem Ann. Mettensis nicht benutzt, denn aus ihnen ist nichts aufgenommen, was ihnen eigenthümlich ist. Als Beispiele solcher Ueberarbeitungen alter Annalen, dienen auch die Fragmente fränkischer Annalen, die Pertz als Fragmenta Werthinensia in den Mon. Germ. SS. XX, 1—7 veröffentlicht hat, die nach Waitz' Urtheil Umarbeitungen der Ann. Laurissenses majores sind; und auch mit diesen stehen die Ann. Mettenses in nahem Zusammenhange, vergl. Forschungen zur deutschen Geschichte, Band 8, Heft 3, p. 631. Göttingen 1868. Es ist sicher, daß der Metzer Annalist noch andere Quellen hatte, wie wir jetzt besitzen; aber aus den uns vorliegenden geht hervor, daß er sich gewaltige Freiheiten in ihrem Gebrauch erlaubt hat. Seine Darstellung der Geschichte Karl Martells ist daher auch nur mit Vorsicht aufzunehmen, doch sind deshalb nicht alle von ihm allein gegebenen Berichte zu verwerfen.

Den rhetorischen Glanzpunkt hat der Metzer Annalist in der Beschreibung des Ueberfalls, den Karl bei Amblève gegen Chilperich glücklich ausführt. Er erzählt: Es war aber ein bedeutendes Heer, das Chilpe bedeckte, wo Amblève liegt; in der Frühstücksstunde stärkte sich das Heer Chilperichs, wozu die Sommerszeit einlud, in Zelten und schattigen Orten. Als Karl von der Spitze eines nahen Hügels alles überschaute, trat ein Krieger an ihn mit der Forderung heran, er möchte ihm erlauben, durch einen von ihm gegen die Reihen der Feinde allein unternommenen Anlauf Verwirrung und Schrecken in das feindliche Lager zu bringen. Kaum hatte Karl den Bitten nachgegeben, da bricht der einzelne Kriegsmann in eiligem Laufe mitten in den feindlichen Heerhaufen der zerstreut Lagernden, ergreift dort einen Schild, zieht das Schwert. Mit dem Rufe, Karl werde sogleich dasein, sucht er von der Mitte des Lagers den Weg nach dem Rande wiederzugewinnen; wen er antrifft, schlägt er nieder. Die Neustrier laufen von allen Seiten zusammen; sie suchen den rasenden Feind zu tödten; der aber strengt sich aufs äußerste im Laufe an, um die sichere Stellung seines Führers zu erreichen. Karl hatte unterdessen seinen Genossen befohlen, die Waffen zu ergreifen; er stürmt zur Befreiung seines Kriegers kühn heran, wirft die Feinde vor sich nieder und treibt deren gewaltige Menge in die Flucht. Die Seinigen verfolgen eifrigst, dringen mit den Fliehenden zusammen in Amblève ein. König Chilperich hatte geeilt, eine Ebene zu erreichen; dorthin wagte die kleine Schaar der Austrasier die Verfolgung nicht. Karl selbst sendet die in der Kirche zu Amblève gefangenen Feinde unversehrt nach; von den Gefangenen nahm er nur die Rüstungen.

In dieser Erzählung werden Karls Tapferkeit, seine Treue zu den Kampfgenossen, die Milde gegen die Feinde, die Frömmigkeit gegen Gott und die

Heiligen geschildert und gelobt; man glaubt eine poetische Schilderung der Schlacht hier in Prosa zu lesen. Bonnell I. c. meint im Excurs VII, p. 177 nachweisen zu können, daß diese Schilderung in dem Berichte über den Ausfall, den die Bürger von Laon im Sommer 987 machten, als Herzog Karl von Niederlothringen dieselbe wiedergewonnen hatte und König Hugo Capet ihn daselbst belagerte, ihr Vorbild habe; sicherlich ist die Beschreibung erst aus später Zeit, aus dem 10. Jahrhundert.

Für andere Zufügungen, welche der Metzer Annalist macht, sind in andern Quellen Spuren zu finden, z. B. was er zum Jahre 725 über Karls Uebereinkunft mit Raganfred mittheilt, das hat Zusammenhang mit dem Berichte des Paul. Diaconus hist. Langob. VI, c. 42, der wahrscheinlich aus Metzer Notizen, die er bei der Abfassung der Gesta episcoporum Mettensium im Jahre 787 kennen gelernt hatte, schreibt: Cui (sc. Raganfrido) tamen unam hoc est Andegavensem civitatem ad habitandum concessit. Wahrscheinlich hat der Metzer Annalist dieselbe Quelle vor sich gehabt und nur sie vollständiger mitgetheilt, indem er fortfährt: filiumque eius obsidem ducens ipsum comitatum sibi quamdiu vixit solita pietate habere concessit. So haben auch die Zufügungen zu den Worten des Cont. Fredeg. c. 109, die der Annalist zum Jahre 735 macht: dneatumque illum (Aquitanicum) solita pietate Hunaldo filio Eodonis promisit, Zusammenhang mit der vita Pardulfi aus dem Ende des 8. Jahrhunderts Mabillon Act. SS. ord. S. Benedicti Sel. III, p. 1, p. 580. Die Chronologie des Annalisten ist wenig sorgsam und oft durch bessere Angaben zu korrigiren.

Einen Zusammenhang der Ann. Mettenses mit den Annales Vedastini vermittelst einer gleichen Umarbeitung des Cont. Fredeg. erkennt man aus dem Texte der letztgenannten Annalen, wie er in dem codex Duacensis mss. 753, fol. 71—78 mir bekannt geworden. Herr Dr. Wilhelm Arndt in Berlin hat die Abschrift des Codex, die er durch den Archivar der Stadt Douai, Herrn Abbé Deshaines, erhalten hat, mir freundlichst zur Benutzung mitgetheilt. Auf den Zusammenhang mit der Quelle der Ann. Mett. weisen die Ausdrücke zum Jahre 737 Amormacha; zum Jahre 741 aequa lance, cf. fol. 77, und plura, quae emendanda fuerunt. Die Annalen von S. Vaast sind weder für die Chronologie noch für die Thatsachen von Werth, geben aber einen interessanten Beitrag zur Entwickelung der Annalenlitteratur. Was sie allein mittheilen, z. B. über das Alter Karls bei seinem Auftreten zum Jahre 714, fol. 74, parvulum, zum Jahre 716, fol. 74, Karolum iam annis novennem solio patris statuunt; über die Flucht und den Tod Eudos, zum Jahre 718, fol. 75, hilpericum cum suis parvipendens thesauris. Quem (sc. Eudo) Karolus insequens interfecit, über die Flucht und den Tod Raganfreds zum Jahre 721, fol. 76, über die Wahl der Könige fol. 74, 75, 76, alles dieses widerspricht den Nachrichten der anderen Quellen. Es ist auffällig, daß die wichtigsten Ereignisse z. B. die Schlacht bei Poitiers fehlt, während die zweite Schlacht gegen die Saracenen am Flüßchen Berre ausführlich aus bekannten Quellen entlehnt wird. Mit Recht wird der künftige Herausgeber dieses Codex Duacensis ihn Compilatio Vedastina benennen.

Excurs II.

Ueber Chalpaida.

Chalpaida war von vornehmer Geburt und schön, sagt der einzige gleichzeitige Schriftsteller, der erste Fortsetzer Fredegars, in der einzigen Nachricht, die er über sie giebt.[1] Vielerlei berichten über sie die Verfasser der vitae S. Lamberti, Bischofs von Tongern. Die beiden ältesten Biographen Lamberts, Godeschalk, Diakonus der Lütticher Kirche, aus der Mitte des 8. Secl. (cf. Mabillon Act. SS. B. III, I p. 66 ff.) und Stephan, Bischof von Lüttich, der im Anfang des 10. Scl. die Darstellung Godeschalks überarbeitete (Surius vitae Sanctorum, V, 260—268), erzählen nur, daß ein fränkischer Großer, domesticus und Verwandter Pippins, Dodo, Lambert in Lüttich habe erschlagen lassen, weil zwei seiner Verwandten, die sich Eingriffe in die Güter der Kirche erlaubt hätten, von den Neffen des Bischofs getödtet seien.[2] Daß Lambert von Männern, die vom königlichen Palast ausgesandt waren, getödtet wurde, weil er gegen das königliche Haus aus religiösem Eifer sehr gescholten habe, erzählt schon Ado, Bischof von Vienne (859—874), in seinem Martyrologium zum 17. September (Ad calcem Martyrol. Romanum ed. Rosweyd. Antwerp. 1613).[3]

Diese Stelle wiederholt Regino, jedoch mit Auslassung der Worte: „cum rediens orationi incumberet", in denen die Andeutung liegt, daß die späteren Erzählungen über Lamberts Ankunft an dem Hofe, sein Streit daselbst und die deshalb erfolgte Ermordung schon im 9. Jahrhundert bekannt gewesen sei.[4] In dem Gedichte eines Anonymns, das im Anfange des 10. Jahrhunderts geschrieben ist, wird zuerst „einer Vielen bekannten Erzählung zufolge" gesagt, daß die Schwester Dodos vom Könige neben seiner Gemahlin als Kebsweib gehalten worden sei.[5]

---

[1] Cont. Fred. cap. 105. aliam duxit uxorem nobilem et elegantem, nomine Alpheidam. So genannt in der Ausgabe Fredegars v. Bouquet, Recueil des histor. des Gaules de la France tom. II, p. 452. Als andere Lesarten werden dort angegeben: Calpaida, Calpaide. Chalpaida hat Abel in der Uebersetzung der Continuatoren Fredegars in „Geschichtschreiber deutscher Vorzeit" p. 48. cf. seine Einleitung S. 9 und 10. Der erste Continuator endete sein Werk im Jan. 736. cf. Breysig de cont. Fred. Schol. chron. p. 7.

[2] Hirsch, de vita et scriptis Sigiberti Gemblacensis p. 287—301 giebt eine ausführliche Untersuchung über die Entwickelung der verschiedenen Angaben über die Veranlassung des Todes Lamberts und die Betheiligung Chalpaidas.

[3] Tungrensi dioecesi in Leodio, villa publica natalis sancti Lamberti episcopi. Qui dum regiam domum zelo religionis accensus increpasset, cum rediens orationi incumberet, ab iniquissimis viris de palatio regio missis, improvise conclusus intra domum ecclesiae interficitur. cf. Hirsch l. c. p. 299.

[4] cf. Regionis Chronicon ed. Pertz Mon. SS. I, 552 ad a. 635. cf. Hirsch l. c. p. 299 und 300. Regino setzt hinzu „in Leodio vico".

[5] cf. Hirsch l. c. p. 288, 298—299. Dodo wird der Bruder der Chalpaida genannt in annales S. Jacobi Leodiensis ad 688 aus dem 11. Jahrh. Mon. Germ. SS. XVI, p. 638. cf. Ann. Stadienses ad 715. Mon. Germ. SS. XVI, p. 307.

Lambert ist 708 oder spätestens 710 getödtet worden;[1] zu dieser Zeit lebte Pippin mit seiner Gemahlin Plektrub in der größten Einigkeit;[2] Chalpaida war also damals nicht bei Hofe, und die Vorwürfe Lamberts konnten auf die Verhältnisse, welche um 689 bis 691 bestanden hatten,[3] damals wohl nicht zutreffend sein. Die angeführten Quellen sprechen von „domus regia" und von Männern, die „de palatio regio" geschickt, Lambert ermordet hätten;[4] der poëta anonymus spricht von der Schwester Dodos, „quam rex cum coniuge viva ducebat pellicem";[5] sollten diese Nachrichten genau sein, so würde sich der Vorwurf auf König Childebert (695—711) beziehen müssen, von dem aber bei den späteren Biographen Lamberts kein Verhältniß dieser Art erwähnt wird. Zuerst spricht Anselmus[6] in gestis episcoporum Leodiensium ausführlicher über den Antheil der Schwester Dodos an der Ermordung Lamberts. Er kennt Godeschalks und Stephans Lebensbeschreibung, er führt Regino an und erklärt das Schweigen der beiden Ersteren über die Ursache der Ermordung daraus, daß sie zur Zeit Pippins des Dritten und Karls des Großen gelebt hätten, also sich nicht durch die Angaben der Schandthat, welche die Vorfahren Jener begangen hätten, einer Unbill hätten aussetzen wollen. Außerdem führt Anselm noch als Quelle an: „alterius scripturae relationem nobis a prioribus relictam",[7] nach der er erzählt, daß Pippin die Schwester Dodos neben seiner Gemahlin zum Kebsweib zu sich genommen habe. Lambertus habe seiner geistlichen Stellung gemäß Pippin öffentlich des Ehebruchs beschuldigt. Der Majordomus habe, dadurch bewogen, schon immer mehr und mehr von der Ehebrecherin abgelassen. Chalpaida, dadurch erzürnt, habe ihrem Bruder die Schmach, welche ihr der Priester angethan, mitgetheilt und geklagt, daß durch Antrieb Lamberts des „Königs" Sinn von ihr sich abgewendet habe; es sei besser zu sterben, als so ehrenvoller Zuneigung mit Schande verlustig zu gehen; er möge bewirken, daß der Priester untergehe, dann würde keine Uneinigkeit in Bezug auf die Ehe des „Königs" sein. Alle diese früheren Erzählungen benutzend, schrieb Sigebertus Gemblacensis zwei vitae Lautberti.[8] Die Erzählungen der Früheren werden dahin umgestaltet, daß Dodo nebst einflußreichen Männern seiner Familie versucht habe, Bischof Lambert zur Mäßigung im Schelten über das Verhältniß Pippins zur Chalpaida zu bringen. Als Lambert sich unbeugsam gezeigt habe, hätten zwei Verwandte Dodos, die Brüder Gallus und Riolbus, aus Mitleid für das Geschick ihrer Verwandten, Gelegenheit genommen, den Bischof zu verfolgen. Alle Kränkungen brachen nicht den Sinn des Priesters; aber zwei seiner Verwandten griffen ohne sein Vorwissen mit mehreren seiner Anhänger zu den Waffen, tödteten Riolbus und Gallus in einem Treffen. Um ihren Tod zu rächen, beschloß Dodo, Lambert zu ermorden. Pippin hatte unter dem Vorwande öffentlicher Geschäfte den Bischof zum Besuch nach Jüpille eingeladen. Bei einem Gastmahle, dem Chalpaida nebst allen Hofbeamten beiwohnte, befiehlt Pippin, daß der Becher, den ihm der Mundschenk gebracht hatte, vom Bischof Lambert gereicht würde, damit er ihn aus dessen geheiligter Hand empfange. Die Vornehmen folgen alle dem Beispiele des Fürsten; sie bitten, daß sie auch von Lambert den Becher erhielten. Da mischt sich heimlich unter die Vornehmen Chalpaida, damit sie, wenn sie diese Ehre listig erlangt hätte, den Weg, sich mit dem Bischof auszusöhnen, finden könnte. Lambert aber, der die List erkannte, schilt vor dem Fürsten laut die Verschlagenheit des Weibes und geht vom Gastmahle fort. Als er zu Vesperzeit nach Hause zurückkehren wollte, befiehlt ihm Pippin, er solle nicht fortgehen, ohne daß er seine Gemahlin begrüßt habe; doch Lambert erklärt öffentlich vor dem Fürsten, daß ihn göttliche Gesetze hindern, irgend eine Gemeinschaft mit jener zu haben, der Zorn

---

[1] cf. Hirsch l. c. p. 301, not. 2.
[2] Siehe Seite 7.
[3] Siehe Seite 7, not. 5.
[4] Adonis Martyrologium und Rogionis chron. l. c.
[5] cf. Hirsch l. c. p. 299.
[6] ap. Martene et Durand. Coll. ampl. IV, col. 848, cap. VI. cf. Hirsch. l. c. 290, 297; auch Pertz Mon. SS. VII, 89 ff.
[7] cf. Hirsch l. c. p. 297, 298.
[8] Pertz Mon. SS. VI, p. 328 zum Jahre 698; cf. Hirsch l. c. p. 285—287 vergleicht die beiden vitae.

Gottes aber drohe Pippin, wenn er nicht zur Einsicht zurückkehre. Es beschwört darauf Chalpaida ihren Bruder, daß er so schnell als möglich darauf denke, den Bischof zu tödten. Dodo, dessen Schmerz über den Tod der Neffen, noch mehr durch die Schmach seiner Schwester gereizt wird, geht, sobald Lambert nach Lüttich gekommen war, zu dem vicus Auridum, sammelt Genossen vom königlichen Hofe, die in seinem und seiner Schwester Namen aufgerufen wurden, mit denen er in der folgenden Nacht den „Märtyrer" angreift.[1]

Diese Erzählung behielten die Spätern bei, so Nikolaus, Kanonikus der Kirche S. Maria und S. Lambert, im 12. Jahrh.[2] In der vita Suidberti, die angeblich von Liudgers Zeitgenossen Marcellinus verfaßt ist, jedoch als ein Machwerk des 13. Jahrhunderts, und zwar mit böswilligen Lügen gefüllt, erkannt worden ist,[3] dadurch also alle Glaubwürdigkeit verliert, wird erwähnt, daß Pippin zu dieser Zeit mit „Alpaide pellice sua" zu Jüpille gewohnt habe, Plektrub aber, die vortreffliche Herzogin und demüthige Fürstin, habe zu Cöln verweilt; zum Jahre 714 wird der Tod Pippins aus dem Schmerze, der ihn über den ungerechten Tod Lamberts ergriffen und ihn krank gemacht, hergeleitet.[4]

Die neuesten Angaben über Chalpaida finden sich in Mémoire pour servir a l'histoire d'Alpaïde, mère de Charles-Martell, par Dewez, à la séance du 5 Mai 1823.[5] Das Resultat ist, daß Chalpaida in Jüpille, einem Dorfe ungefähr eine Meile von Lüttich, gelebt habe; sie habe sich später, als Plektrub im Jahre 709 wieder die Oberhand gewonnen habe, nach Orp-le-Grand, gewöhnlich St. Adéle genannt, einem Dorfe des südlichen Brabants, zwei Meilen von Jodoigne, zurückgezogen; hier habe sie eine Abtei für Nonnen gestiftet, die von den Normannen zerstört worden sei. Miraeus erzähle in fastis Belgicis, daß das Grabmal Chalpaidas 1618 in der Kirche zu Orp-le-Grand gefunden wäre; es habe nach Angabe von le Roi Topograph. hist. Gall.-Brabant. die Aufschrift „Alpaïs comitiss conthoralis Pippini Ducis" gehabt. 1674 sei die Kirche mit allen Altären verbrannt und spätere Nachgrabungen hätten zu nichts geführt.

Leicht ist zu erkennen, daß durch diese Abhandlung kein neues Licht in die Geschichte Chalpaidas gebracht wird, zumal da die oben angeführten Quellen ohne Kritik gebraucht werden. Daß Pippin noch bis 709 mit Chalpaida verbunden gelebt habe, ist schon von Cointius annal. eccles. IV, p. 262 zurückgewiesen;[6] die Erzählungen von dem Aufenthalte der Mutter Karls zu Orpen hält Eckhart, commentarii de reb. Franc. orient. tom. 1, p. 289 und die Erbauung des Klosters l. c. p. 320 für eine Fabel.[7] Es ist über Chalpaida nichts festzustellen; die wenigen Worte des Fortsetzers Fredegars bilden die einzigen zuverlässigen Nachrichten über sie.

---

[1] cf. Hirsch l. c. p. 295—297.
[2] cf. Hirsch l. c. p. 301—302.
[3] Surius, vita Sanctorum II, p. 22. cf. Rettberg, Deutsche Kirchengeschichte II, p. 395—397, der die Ansichten Colutés, Mabillons, Henschens recapitulirt und erweitert.
[4] Surius l. c. cf. Hirsch l. c. p. 299, not. 4.
[5] Nouveaux Mémoires de l'Académie Royale des sciences et belles-lettres de Bruxelles. tom. III, 1826, p. 315—340.
[6] Im Jahre 691 ist Pippin wieder mit Plektrud verbunden.
[7] unde orta sit et quo devenerit nemo fide dignus ostendit.

Excurs III.

Ueber König Chlothar.

Chlothar sei der Sohn Theoderichs III., Bruder Chlodwigs III. (691—95) und Childeberts III. (stirbt 711), der väterliche Oheim Dagoberts III. (711—715) gewesen, meint Cointius annales ecclesiasici tom. IV, p. 598. Er stützt sich auf eine Angabe von Petrus Lalande in supplemento ad concilia Galline p. 72 ff. in der Note zu dem Diplom König Chilperich II. für das Kloster Corbie z. J. 716; er sagt, zwei Codices, Thuanus und Bruxellensis hätten diese Lesart. cf. Coint. l. c. p. 265, not. V. z. J. 692. Bréquigny-Pardessus n. 501, p. 308 erwähnt diese Lesart nicht; Chilperich nennt daselbst nur seinen Vater Childerich, seine Großmutter Balthechild und seinen Oheim Chlodecharius.

Stellt man eine Genealogie Chilperichs aus seinen Diplomen zusammen, so werden nur Chlodwig und Childebert, einst Könige, zusammen nur seine parentes[1]) und Chlotwig, Childebert, Dagobert seine consobrini genannt.[2]) Chlothar findet sich als Bruder nicht aufgeführt. Stellt man die Genealogie Theoderichs IV. aus den Diplomen zusammen, so kommt zwar ein Chlothar mit Chilperich zusammen als avunculus Theoderichs vor,[3]) jedoch ist dies Chlothar III., König von Neustrien und Burgund, Bruder Childerichs, der 673 stirbt, da nach der scharfsinnigen Beobachtung[4]) Cointes in den Diplomen die Brüder der Könige, von denen er in gerader Linie abstammt, als avunculi bezeichnet werden. Theoderich III. war sein Urgroßvater in directer Linie, Chlothar und Childerich dessen Brüder.

Pagius[5]) meint, es sei Chlothar der Sohn Dagoberts II. (673—678), des letzten Königs von Austrasien, gewesen, doch giebt er keine Beweise. Gar keinen Werth haben die Angaben der Compilatio Vedastina fol. 75 z. J. 718: Quo anno Dagoberto rege morte amittente regnum, Karolus regni sui decus, regem esse consensit Lotharium eius filium, ut liberius posset debellare partes orientalium, denn der Verfasser verwechselt Chlothar schon fol. 74 mit Theoderich, dem Sohne Dagoberts, der im Jahre 715 in das Kloster Chelles gebracht wurde; siehe oben S. 18. Er sagt z. J. 716: Dagobertus rex anno Leonis imperatoris tertio obiit. Lotharius filius eius VII aetate mensium ad villam regiam, quae Kala dicitur, ad nutriendum committitur. Von Chlothar ist kein Diplom, das er selbst ausgestellt hatte, bekannt. Pardessus[6]) theilt mehrere Schenkungsakten, von Privatleuten für das Kloster Weißenburg im Gau von Speier ausgestellt,

---

[1]) Broq.-Pardessus n. 499 p. II, p. 307.
[2]) l. c. n 408 p. II, p. 306.
[3]) l. c. n. 515 p. II, p. 327.
[4]) Cointius ann. eccles. tom. IV, p. 658.
[5]) Mansi in annal eccles. Baronii cum critico Pagii tom. XII, p. 277, not. IV.
[6]) Broq.-Pardessus p. II, p. 446—448. additamenta ch. 39—40 nach Zeuss, Chartularium Weissenburgense.

mit, in welchen nach den Jahren Chlotbars gezählt wird. Sie sind sämmtlich im Saargau ausgefertigt. Die Charta additamenta n. 38,[1]) ein Geschenk des Chrodoinus, ausgestellt am 13. Februar anno primo regni domini nostri Luttharii regis, setzt Pardessus fälschlich ins Jahr 717, da Chlotbar frühestens April 717 König geworden ist.[2]) Die Urkunde ist in das Jahr 718 zu setzen. Die Charta 39,[3]) datirt vom October des ersten Regierungsjahres, also 717, die Charta n. 40,[4]) datirt vom 3. Februar des ersten Regierungsjahres, ist also 718 zu setzen.

Im Archiv für ält. dtsch. Geschichtskde. XI, p. 339 hat Waitz aus dem chronicon und chartalarium Epternacense codex Gotha 71 eine sehr abgekürzte Urkunde mitgetheilt: Arnulfus dux a. 1. Chlotharii. Actum publice in villa, quae vocatur Fidiacus die mensis Februarii 23.

Nur sehr späte Annalen erwähnen noch Chlothar als einen Knaben. Annales Marchianenses Mon. Germ. SS. XVI, p. 611. 719: Hilpericus regnat cum Raginfrido et Lotharium puerum Karolus sibi fecit regem. So auch die Annales Floreffienses Mon. Germ. SS. XVI, p. 620.

Es ist also weder über Chlotbars Verwandtschaftsgrad mit den Merovingern, noch über sein Alter etwas festzustellen. Nach der Charta 53,[5]) ausgestellt am 20. Juni des 4. Jahres Chilperichs, das von Anfang September 718—719 dauerte, könnte geschlossen werden, daß Chlothar spätestens Mai oder Juni 719 gestorben ist.

---

[1]) l. c. n. 38, p. II, p. 446.
[2]) Siehe oben Seite 20.
[3]) Breq.-Pard. l. c. p. 447.
[4]) l. c. p. 448.
[5]) Pardessus l. c. p. 451.

Excurs IV.

Ueber den Zustand der Kirchenzucht und Kirchengüter.

Was durch Concilien und Synoden im fränkischen Reiche über Glaubenssatzungen an Priestern und Laien, über Besitzverhältnisse der Kirche bis zur Mitte des siebenten Jahrhunderts geregelt worden war, gerieth seit der letzten Hälfte desselben in einen regellosen Zustand. Die Organe nämlich, welche über die Aufrechthaltung der kirchlichen Ordnungen wachen sollten, waren in Vergessenheit gerathen; die stete Unruhe und Angst, Folge der Kriege im merovingischen Reiche selbst, der häufigen Aufstände der herumwohnenden barbarischen Völker, machte, daß die Synoden gar nicht mehr zusammen kamen. In Austrasien war, wie Bonifaz 742 in einem Briefe dem Papste Zacharias mittheilt, seit achtzig Jahren keine Synode gehalten worden; es fehlte der Erzbischof und die kanonischen Rechte wurden vernachlässigt.[1] In demselben Briefe schildert Bonifaz die Folgen dieser Anarchie: es seien zum größten Theile in den einzelnen Theilen des Reiches die bischöflichen Sitze habsüchtigen Laien zum Besitz oder ehebrecherischen Weltgeistlichen, Hurern und Sündern zur Nutznießung nach Art weltlicher Güter übergeben. Noch näher charakterisirt er die Verwilderung der niederen Geistlichkeit. Es sind ihm Diakonen genannt worden, die, obgleich sie schon als Knaben Unzucht getrieben, stets in Ehebruch und in aller Art Buhlerei gelebt hätten, dennoch Diakonen geworden wären, die sich auch, während sie im Amte seien, ohne Scheu mehrere Beischläferinnen hielten.

Es war demnach bei den Geistlichen selbst die Ehrfurcht vor ihrem heiligen Amte geschwunden; das Amt war vielen nur eine Quelle des Wohllebens. Doch am schlimmsten offenbarte sich der entsetzliche Zustand der verfallenen Kirchenzucht darin, daß der sittenlose Wandel keinen Anstoß bei den kirchlichen und weltlichen Behörden gab; denn, fährt Bonifaz fort,[2] es steigen die Diakonen unter solchen Sünden zur Würde des Patriciats auf; sie verharren in solchen Vergehen, häufen sie, und doch werden sie von Stufe zu Stufe bis zu Bischöfen befördert. Unter solchen Leuten waren Trunken- und Raufbolde, Jäger; andere kämpften bewaffnet im Heere und vergossen mit eigener Hand Blut, sei es der Heiden oder der Christen.

Bei dieser Schilderung hatte Bonifaz bestimmte Personen und Verhältnisse im Sinne; es waren dies Milo, durch Karl Martell in das Bisthum Trier und Reims eingesetzt,[3] ein Krieger und Jäger; Wibo, Bischof von Rouen und

---

[1] Bonif. epp. n. 42 ad an. 742 l. c. p. 112: Franci enim, ut seniores dicunt, plus quam per tempus octoginta annorum synodum non fecerunt, nec archiepiscopum habuerunt, nec aecclesiae canonica iura alicubi fundabant vel renovabant.
[2] l. c. p 113.
[3] cf. oben Seite 27 z. J. 717.

Abt von S. Wandrille, ein ausgezeichneter Schütze, ein eifriger Liebhaber des Jagdvergnügens,¹) sowie Gewilieb, Bischof von Mainz und Worms.²) Doch werden auch viele Bischöfe in den alten Ordnungen geblieben sein; es ist dies von denjenigen, die meistens gar nicht einmal genannt werden, von den Bischöfen von Cöln, Metz, Toul, Speier, Utrecht, Lüttich vorauszusetzen.

Ueber die Zustände in Neustrien und Burgund sind uns keine directen Nachrichten erhalten, da die Schilderung des Bonifaz sich nur auf Austrasien bezieht; doch ba' auch dort die letzte Synode 677 zu Autun³) gehalten wurde, in der die Geistlichkeit die Gewaltthaten Ebruins bestätigte; bei dem Antheil, den die Bischöfe auch dort an dem Kampfe zwischen Neustrien und Austrasien nahmen;⁴) da ferner die Bestimmungen der ersten germanischen Synode 742 von Pippin auf der Synode zu Soissons 744⁵) übernommen wurden: so sind in Neustrien die kirchlichen Verhältnisse denen Austrasiens wahrscheinlich sehr ähnlich gewesen.

Es fragt sich, ob dieser Zustand in der Kirche unter Karl Martell erst eingetreten sei, oder ob er nicht schon bei dessen Auftreten vorhanden war.

Nach den Worten des Bonifaz im Jahre 742, daß schon seit 80 Jahren die kirchlichen Aufsichtsorgane in Unthätigkeit gerathen seien, daß die kanonischen Gesetze schon seit 60 – 70 Jahren mit Füßen getreten würden,⁶) ist es sicher, daß Karl schon 714 eine Verwilderung der Kirche vorgefunden habe.

Es ist auch ferner sicher, daß Karl nichts gethan, um den ungeregelten Zustand zu beseitigen, sondern daß er viel dazu beigetragen, ihn noch mehr zu entwickeln. Er hat nämlich die kirchlichen Gesetze darin verletzt, daß er Leute, die ihrem Wesen nach nicht zur Ausübung geistlicher Aemter fähig waren, in hohe Stellen einsetzte, daß er gegen die bestehenden Kanones mehrere kirchliche Aemter einer Person übertrug, daß er die Geistlichen, je nach dem sie für ihn oder gegen ihn Partei nahmen, ein- oder absetzte, und zwar dies ohne den Beirath der Synoden that, die für die Geistlichen als Gerichtshöfe verordnet waren.

Als Karl auf dem Zuge gegen die Neustrier 714 von Rigobertus, Bischof von Reims, nicht in die Stadt gelassen wurde, verjagte er ihn nach dem Siege über den Majorbomus Raganfred und setzte einen Kampfgenossen, der sich nur durch die Tonsur von den Laien unterschied, in seiner Denkungsart und Handlungen einem Geistlichen sehr unähnlich war, Milo, in das Bisthum Rouen ein, nachdem er ihm früher schon Trier gegeben hatte.⁷) Er entfernte den Bischof von Orleans Eucherius von seinem Amte und setzte ihn sammt seinen Verwandten gefangen, weil ihm der Bischof und seine Familie zu mächtig erschien.⁸) Hainmar, Bischof von Auxerre, wurde wegen seines Abfalls im aquitanischen Kriege,⁹) Symphorianus, Bischof von Gap, wegen seiner Stellung im burgundischen Kriege vom Bischofstuhle entfernt.¹⁰)

Karl häufte auf seinen Stiefneffen Hugo, Sohn Drogos, die Bisthümer Paris, Bayeux, Rouen, die Abteien von S. Wandrille und Jûmièges, da dieser ihm stets treu blieb.¹¹) Wando, Abt von Wandrille, von Karls Gegner Raganfred eingesetzt, mußte dem Parteigänger Karls, Benignus, wieder die Stelle einräumen.¹²)

Karl sah in den Geistlichen, welche durch das bedeutende Gebiet ihrer Kirchen ihm viele Gegner oder Kriegsgenossen stellen konnten, nur Männer von weltlicher Macht; er zog ihren geistlichen Charakter bei ihrer politischen Partei-

---

¹) Gest. abb. Fontan. l. c. c. 11.
²) Othlo vita Bonifacii lib. I. Jaffé Mon. Mogunt. p. 495. cf. Hahn, Fränk. Jahrb. S. 30.
³) vita Leodegarii c. 14. Bouquet l. c. II, p. 611.
⁴) cf. Bonnell, Anfänge des karoling. Hauses P. 123 ff.
⁵) Hahn, Fränk. Jahrb. S. 57 ff.
⁶) Bonif. epp. n. 42. l. c. p. 112. (Karolomannus) promisit, se de ecclesiastica religione, quae iam longo tempore, id est non minus quam per sexaginta vel septuaginta annos, calcata et dissipata fuit, aliquid corrigere et emendare velle.
⁷) vita Rigoberti Bolland. 4 Januar. 12. p. 176. cf. oben Seite 26 und 27.
⁸) vitae Eucherii episc. Aurelianensis Mabill. Act. SS. B. scl. III, tom. I, p. 597 ff. cf. oben S. 70.
⁹) historia episc. Autissiodorensium c. 27 bei Labbe l. c. I, p. 429. cf. oben S. 17, not. 1.
¹⁰) Testamentum Abbonis in Breq.-Pard. II, p. 377 ff., n. 559.
¹¹) Gest. abb. Fontan. c. 8. M. G. II. 280. cf. oben S. 45.
¹²) l. c. c. 3, p. 270. cf. Hahn, Fränk. Jahrbücher p. 29; Roth, Beneficialwesen p. 331 ff.

ſtellung nicht in Betracht; daher ſetzte er Leute in Bisthümer ein, deren Ergebenheit er gewiß war, deren ungeiſtliches Weſen ihm wohl bekannt war. Dadurch verlor aber die Kirche alle Selbſtändigkeit; die Geiſtlichen unterſchieden ſich nicht mehr in der Behandlung von den weltlichen Beamten; die Willkür Karls ward das Geſetz.

Die Synoden von 742 und 744 geben die Mittel an, dieſe ſchlimmen Verhältniſſe zu heilen, die kirchlichen Ordnungen wieder herzuſtellen und beſprechen dabei zugleich die Rückgabe der den Kirchen entriſſenen Beſitzthümer. Es iſt ſtets bei der Geſchichte dieſer Synoden die Frage aufgeworfen worden, in wie weit auf Befehl Karls der Beſitzzuſtand der Kirche verringert ſei, und unter welchen Formen er die Entfremdung des Kirchengutes bewirkt habe. Seit einem Jahrhundert ſind die Forſcher, welche die Verfaſſungsgeſchichte Deutſchlands oder die Geſchichte der merovingiſchen Zeit geſchrieben, über dieſe Frage miteinander uneins geworden, und auch heute noch ſind die Meinungsverſchiedenheiten nicht ausgeglichen. Beſonders heftig ſind die Fragen zwiſchen P. Roth und G. Waitz debattirt worden; denn nachdem erſterer in ſeinem Werke, Geſchichte des Beneſizialweſens von den älteſten Zeiten bis zum 10. Jahrhundert, 1850, in der Beilage V ſich dahin entſchieden hatte, daß Karl keine allgemeine Einziehung des Kirchengutes vorgenommen habe, ſo hat, nachdem noch Beugnot, sur la spoliation des biens du clergé attribué à Charles Martell, in den Mémoires de l'Institut, académie des inscriptions et belles lettres XIX, II partie p. 361—462, geleſen 1849, publicirt 1853, den Vorwurf der Kirchenberaubung von Karl abgewieſen hatte, im Jahre 1856 Waitz in der Abhandlung der Vaſallität S. 69 ff. und in der Deutſchen Verfaſſungsgeſchichte III, 1860, die Anſichten P. Roths zu entkräften verſucht. Dagegen hat letzterer in ſeinem Buche Feudalität und Unterthanenverband, 1863, und in der Abhandlung: Die Säculariſation des Kirchengutes unter den Carolingern, im Münchener biſtor. Jahrbuch f. 1865, p. 296, ſeine Anſichten aufrecht erhalten, wodurch Waitz, wie ſeine Abhandlung: Die Anfänge des Lehnsweſens in Sybel hiſtoriſch. Zeitſchrift, Jahrgang 1865, 1. Heft, S. 101 ff. zeigt, zu keiner Meinungsausgleichung gekommen iſt.

Hahn hat 1863 im Excurſe XI zu den Jahrbüchern des fränkiſchen Reiches 1863 die Meinungen der ſtreitenden Gelehrten verglichen und, wie ich überzeugt bin, den richtigen Zuſtand unter Karl Martell dadurch bezeichnet, daß er p. 180 ſagt: ich nehme keine allgemeine, von Karl befohlene Säculariſation, ſondern nur eine von der Rohheit der Zeit bedingte und von den bedrängten Fürſten benutzte, übrigens ſchon weit früher begonnene Beraubung der Kirche an. Seine Beiſpiele S. 179, wie allmählich durch Precarie die Güter den Kirchen entfremdet werden, geben ein gutes Bild der Verhältniſſe, die ſchon Waitz richtiger als Roth beurtheilte. Waitz ſtimmt den Anſichten Hahns cf. Anfänge des Lehnsweſens l. c. S. 104 und nach einer privaten Mittheilung auch jetzt noch bei; ich ſchließe mich ebenfalls ſeinen Anſichten an.

Leipzig, Bär & Hermann.